高速公路工程施工与管理

袁 江 著

吉林科学技术出版社

图书在版编目（CIP）数据

高速公路工程施工与管理 / 袁江著 . -- 长春 : 吉林科学技术出版社，2022.11

ISBN 978-7-5578-9904-2

Ⅰ．①高… Ⅱ．①袁… Ⅲ．①高速公路－道路施工－研究 Ⅳ．① U415.12

中国版本图书馆 CIP 数据核字（2022）第 205401 号

高速公路工程施工与管理

著	袁 江
出 版 人	宛 霞
责任编辑	潘竞翔
封面设计	树人教育
制 版	树人教育
幅面尺寸	185mm×260mm
开 本	16
字 数	260 千字
印 张	12
印 数	1-1500 册
版 次	2022 年 11 月第 1 版
印 次	2023 年 3 月第 1 次印刷
出 版	吉林科学技术出版社
发 行	吉林科学技术出版社
地 址	长春市南关区福祉大路 5788 号出版大厦 A 座
邮 编	130118

发行部电话 / 传真　0431—81629529　　81629530　　81629531
　　　　　　　　　　　81629532　　81629533　　81629534

储运部电话　0431—86059116

编辑部电话　0431—81629520

印 刷	三河市嵩川印刷有限公司
书 号	ISBN 978-7-5578-9904-2
定 价	75.00 元

前　言

　　随着经济的发展，我国的公路事业也获得了长足的发展，各类国道、省道、高速公路等质量也得到了提高，而高速公路事业的发展，对高速公路的设计、技术和工程质量提出了更高的要求，这就需要高速公路施工各个方面能够付出更多努力，在资金、技术等方面的支持下，有效提高高速公路的施工品质，加强高速公路施工的有效管理。

　　高速公路的建设水平，在一定程度上反映了社会发展水平，近几年我国经济发展突飞猛进，国内高速公路工程建设项目越来越多，一条高速公路的好坏能直接影响到国家的经济建设，加强高速公路施工项目管理，建设一条高质量的高速公路是一个建筑公司应该思考的问题。

　　随着我国高速公路建设的发展，工程技术、工程质量将会逐渐标准化、高科技化，尤其是随着计算机技术的发展，管理工作逐渐发展，促进施工人员和管理人员素质的提升。进行高速公路施工管理要掌握科学、合理和实用的方法，从而对高速公路工程施工进行全方位、全过程控制。管理是一种财富，是一种提高工程整体质量的重要因素，随着现在电脑技术的普遍运用，全面质量管理体系将得到广泛的推广应用，我国的工程质量管理水平必定会提高到一个新水平。

目录

第一章 我国高速公路情况概述

第一节 我国高速公路发展状况

一、我国高速公路发展概况

高速公路是汽车高速、安全、顺畅运行的现代化公路，可以极大地缩短行车时间、降低交通事故、加快地区之间的运输周转速度。高速公路在国民经济建设中起着越来越重要的作用。改革开放几十年间，我国高速公路发展迅速，尤其是自 1998 年以来，为应对东南亚金融危机，国家实施了扩大内需的积极财政政策，大规模启动公路交通基础设施建设，连续几年每年都有 2000 亿元以上的资金注入到公路建设中，公路在总量和质量上都实现了重大突破。以国道主干线为重点的国家高等级公路建设突飞猛进，成为近十年来公路基础设施建设中的成就之一。高速公路的建设不仅极大满足了交通增长对公路建设的需求，而且对国民经济的总体发展起到了促进作用。

回顾我国高速公路建设的发展历程，高速公路建设规模就是随着时代的变迁而变化的，这种变化与国民经济发展水平、交通增长对公路建设的需求、建设资金、建造技术、建筑材料及施工工艺等有着密切的联系，大体可分为三个阶段。

第一阶段为 20 世纪 80 年代。在这个阶段，我国改革开放已显示出良好成果，国民经济发展水平日趋增强，仅仅修建低等级公路难以满足交通需求，为此国家开始着手探索高等级公路的建设，修建了一批一级公路，如南京至六合公路、沈阳至抚顺公路、天津至塘沽疏港公路等。但是由于这些公路无法解决混合交通及平面交叉口的问题，虽然断面宽度已达 23~29m，但其通行能力仅为四车道高速公路的五分之一。当时的现实证明，高速公路修建势在必行。在这种形势下，我国开始了高速公路建设的规划设想，并派团考察了国外高速公路，先后于 1983 年北京召开了"交通运输技术政策论证会""公路运输发展座谈会"等一系列会议，就中国高速公路建设进行了热烈的讨论，逐步统一了认识。在广泛听取意见，并进行可行性研究的基础上，我国确定了首批建设的高速公路项目，如京津塘广深珠、沪嘉、沈大高速公路等；同时，在大量吸收和消化国外发达国家高速公路建设技术和经验的基础上，拟订适合我国国情和交通特点的标准、规范和设计理论，组建建设管理机构，初步形成了一套建设管理、设计技术和施工技术体系，培养了一批管理、设计和施工人才，为我国高速公路实现零的突破做了充分的技术准备，为我国规模化建设高速公路奠定了良好的基础。在京津塘高速公路建设的同时，全国部分省市也在京津塘高速公路建设过程中取得经验的基础上，在高速公路建设方面进行了有益的尝试。1989年7月17日至21日，交通部在辽宁省沈阳市召开了第一次全国高等级公路建设经验交流现场会。沈阳会议明确了我国必须发展高速公路，为高速公路大规模发展打下了坚实的思想基础，使我国公路建设走进发展高速公路的新时期。截至1989年，我国高速公路通车里程为271km，虽然这个时期高速公路的通车里程较短，但它是我国高速公路从无到有的辉煌标志，是从理论到实践迈出的坚强一步，高速公路快速、安全和高效益的运营使人们的传统观念得到更新，为今后我国在建设高速公路的决策方面起到了积极作用。

第二阶段为20世纪90年代。为适应社会经济发展，满足日趋发展的交通需求，合理使用建设资金，有计划、有步骤地建设我国高速公路网络体系，交通部于1991年规划了"五纵七横"国道主干线系统，总长约3.5万km，拟用30年左右的时间建成，届时将全国主要城市、工业中心交通枢纽和主要陆上口岸联结起来，逐步形成一个与国民经济发展格局相适应，与其运输方式相协调，主要由高速公路、一级公路组成的安全、快速、高效的国道主干线系统。这个规划的制定，拉开了我国高速公路规模化建设的序幕，以后近十年的高速公路建设基本围绕着这个规划进行，全国除个别西部省份外，各省均实现了高速公路零的突破。1993年6月，为了贯彻小平同志视察南方的讲话精神，解决全国高速公路怎样建的问题，交通部、全国各省市分管领导、各省交通厅（局）有关人员齐聚山东召开了全国公路建设工作会议。山东会议提出凝聚全国的力量，发挥社会主义集中力量办大事的优越性，全国一盘棋，把高速公路建设推上了新的发展阶段。山东会议确定2000年前集中力量重点完成国道主干线"两纵两横和三个重要路段"的建设目标，力争建成几条对国民经济和社会发展具有重要意义的公路运输主通道。从1993年到1997年的五年时间，全国高速公路建设规模不断扩大，建设速度不断加快，工程质量不断提高，共建成高速公路4119km。京津塘、济青、成渝、沪宁等一大批有重要影响的高速公路建成通车，对我国高速公路的发展产生了深远的影响。

在1989年至1999年的十年中，高速公路通车里程突破10000km，我国高速公路建设在组织管理、设计技术、施工水平及新技术、新材料应用等诸多方面取得了辉煌的成就，积累了丰富的经验。

第三阶段为1998年以后。1998年6月，交通部在福州召开了全国加快高速公路建设工作会议，确立了1998年到2000年公路建设的发展目标为快干七条线，建设主骨架，改善公路网，扩大覆盖面，力争全国公路总量、质量和管理水平实现新的突破。到 2002 年，"两纵两横三个重要路段"基本建成。虽然在第二阶段围绕着"五纵七横"国道主干线建成了一大批高速公路，但从总体上看，相对于我国广阔的国土众多的人口和快速增长的交通需求，我国高速公路总量不足，覆盖能力有限，尚未形成网络规模效益，地区发展不尽平衡，公路基础设施尚不能适应社会经济的发展需要。因此，交通部和发改委组织开展了大量调查、研究和论证工作，制定了"国家高速公路网规划"，并经国务院审议通过，标志着我国高速公路建设发展进入了一个新的历史时期。

二、国家高速公路网规划

国家高速公路网是中国公路网中最高层次的公路通道，服务于国家政治稳定、经济发展社会进步和国防现代化，体现了国家强国富民、安全稳定、科学发展的精神，满足了建立综合运输体系及加快公路交通现代化的要求。其主要联结大中城市，包括国家和区域性经济中心交通枢纽、重要对外口岸；承担区域间、省际以及大中城市间的快速客货运输，提供高效、便捷、安全、舒适、可持续的服务，为应对自然灾害等突发性事件提供快速交通保障。国家高速公路网规划采用放射线与纵横网格相结合的布局方案，形成由中心城市向外放射及横连东西纵贯南北的大通道，由 7 条首都放射线、9 条南北纵向线和 18 条东西横向线组成，简称为"7918 网"，总规模约 8.5 万 km，其中主线 6.8 万 km，地区环线、联络线等其他路线约 1.7 万 km，从我国高速公路现状和发展规划来看，我国今后若干年将面临两大主要任务：今后 5~10 年，继续建设规划中的高速公路网。建成"7918"国家高速公路网，届时 8.5 万 km 的高速公路网规模将列世界第一；对已建成高速公路的运营与管理。按照公路建设规律，当路网规模发展到一定程度时，道路的管理、维修与养护将成为道路管理部门的主要任务。在我国高速公路网初具规模的情况下，今后每年将有数万公里的高速公路需要维修与养护，需要进行一般性的养护和维修、预防性养护，而对相继进入大修周期的高速公路，面临大修或改扩建。如何科学地进行养护与管理，是今后道路工作者们面临的主要任务。

据调查，我国 90% 以上的高速公路为沥青路面铺装，所以，做好沥青路面的管理和养护对发挥高速公路运营效益，保证高速公路快速、安全、经济、舒适地运行具有重要意义。

三、我国沥青路面发展沿革

（一）沥青路面典型结构及使用现状

我国高速公路网已经逐步形成，路网密度也在不断提高。从路面结构形式上看，已建的高速公路绝大部分采用的是沥青路面，具有足够的强度和稳定性，且连续、无接缝，行车舒适，施工速度快，开放交通早，是世界各国等级公路的主要铺装形式。我国沥青路面典型结构的发展经过了三个阶段。

第一阶段：20 世纪 60 年代，用石灰稳定土基层渣油表面处治（渣油是一种质量很差、蜡含量很的石油炼制过程中的副产品），主要解决公路晴天扬尘、雨天泥泞的问题。在此阶段，我国公路等级低，路上交通量也不大，一般属轻交通，几乎没有高级路面，90% 以上的沥青路面都是渣油表面处治，而且基层材料类型繁多、品质不高。

第二阶段：20 世纪 70 年代，采用水泥、石灰粉煤灰等无机结合料稳定粒料半刚性基层和灌入式沥青路面、上拌下贯式沥青路面及半开级配沥青碎石沥青路面。加快了公路路面的"黑色化"，使我国公路沥青路面使用水平有了显著改善。70 年代中期，随着交通量的逐步增长，经过援外工程的实践特别是热拌沥青混合料的应用，在交通量较大的二级公路上，在石灰稳定土、泥灰结碎（砾）石及级配砂砾基层上铺筑较薄的沥青层结构成为主要路面结构形式，满足了当时实际交通量的需求。那时我国还没有一级公路，主要道路为二级公路，沥青路面设计交通量一般小于 5000 辆 / 昼夜解放牌汽车。1978 年年底，我国进入新的历史阶段和发展时期，公路建设也以改建和新建一、二级公路主干线为目标，以适应交通量增长和重车比例增加的需要。当时我国一、二级公路总里程约为 20000km，其中一级公路仅约 200km。

在这个阶段，通过全国范围内大量的调查研究，形成了由原交通部发布的《公路柔性路面设计规范》。1978 年的路面设计规范将柔性路面和水泥混凝土路面设计进行了区分，并形成了两本规范，将公路路面主要分为两种类型，即柔性路面和刚性路面。1978 年发布的《公路柔性路面设计规范》，按照全国自然区划，在区别公路路段所处的干湿类型的基础上，推荐了各自的沥青路面结构组合形式图。其中，适用于全国所有地区的高级路面结构形式有五种。

第三阶段：20 世纪 80 年代后，逐渐形成了以半刚性基层沥青路面为特征的路面铺装。随着改革开放的不断深入，国民经济蓬勃发展，交通量迅速增加，开始大量修建二级公路、一级公路和高速公路。由于国产沥青难以满足高速公路建设蓬勃发展的形势，而大量依赖国外进口沥青，则经济负担沉重，所以难以采用国外使用的柔性基层沥青路面；而半刚性材料具有较高的刚度和板体性，且造价低，可以充分利用当地材料，材料来源广泛，成为修筑路面结构的主要基层材料，于是在此阶段逐渐形成了以半刚性基层为特征的沥青路面典型结构。

"七五"国家科技攻关项目"半刚性基层重交通道路沥青路面及抗滑表层成套技术"的成果，成为半刚性基层沥青路面设计和施工的重要技术依据，并由此颁布了相关的技术规范。八五"期间又完成了国家重点科技攻关项目"半刚性基层沥青路面典型结构的研究"，半刚性基层沥青路面成为我国高等级公路的主要路面结构形式，"强基薄面"的设计理念初步形成。在此基础上修订的《公路沥青路面设计规范》(JTJ014-1997)

基本成为半刚性基层沥青路面设计规范，柔性基层材料除了在早期修建的几条高速公路得到应用外，95%的高等级公路沥青路面都采用了半刚性基层结构，为我国公路交通建设和发展做出了巨大贡献。

尽管在"六五""七五"和"八五"国家科技攻关项目的基础上形成了半刚性基层沥青路面成套技术，但过去十几年的使用经验证明，半刚性基层沥青路面结构在不同条件下的适用性并没有得到充分的考察与检验。在我国已建成的高速公路中，早期破坏比较严重，一些高速公路建成通车后，短的几个月或者半年，长的3~5年就不得不进行大面积维修。

严重的沥青路面早期病害现象引起了国内各界的广泛关注。2001年以前，高速公路沥青路面"水损坏"现象较为普遍，很多高速公路沥青路面在使用2~3年，甚至1年不到就出现了大量的坑槽、松散等水损害现象；2001年以后，路面车辙问题较为突出，不仅是平均气温较高的我国南方地区，在北方地区的高速公路也出现了大量的车辙病害。

这些早期病害现象促使我国公路界对沥青路面修筑实践进行了深入的研究和分析。近年来，国家和各省相关单位组织了广泛而深入的调查和研究，总结了经验和教训；通过研究和引进，新技术、新工艺、新材料不断应用到沥青路面建设中；受到国外相关技术规范、标准和新的研究成果的影响（如美国SHRP和NCHRP研究、欧洲CEN沥青混合料标准、永久性路面等），2004年以来，在相关研究成果的基础上，我国相继颁布了《公路沥青路面施工技术规范》（JTGF40-2004）和《公路沥青路面设计规范》（JTGD50-2006），也颁布了《公路技术状况评定标准MJTGH20-2007》和《公路养护技术规范》（MJTGH10-2009）等一系列新的规范。通过不断的研究和实践，路面早期病害现象也得到了比较有效的遏制。在这二十年的修筑实践中，在沥青路面的面层与基层的材料和组成设计中，既有成功的经验，也有失败的教训，沥青路面修筑经历着变化，也在不断地完善。

（二）沥青面层使用情况及变化

1.早期使用情况

我国早期修建的沥青路面采用的沥青混合料类型为《公路沥青路面施工技术规范》（JTJ032-1994）规定所列的混合料类型，分为沥青混凝土、抗滑表层和沥青碎石。剩余空隙率3%~6%(人行道路2%~5%)为I型密实式沥青混合料，剩余空隙率在4%~10%为II型沥青混合料，剩余空隙率10%~15%为半开式沥青混合料，剩余空隙率大于15%为开式沥青混合料。

I型沥青混凝土的优点是空隙率小、透水性小、低温性能好，缺点是高温性能差、表面粗糙度小、抗滑性能差。II型沥青混凝土的优点是表面构造深度大、抗滑性能好，缺点是空隙率大、透水性较大，且内部孔隙又不互相连通，水分易进难出，容易出现水损害。抗滑表层 AK-13A、AK-13B 和 AK-16 实际上也属于 II 型沥青混凝土。沥青碎石混合料的级配基本上可归属于密实级配的范畴，但它的剩余空隙率却在 10% 以上。具体的沥青混合料马歇尔设计标准早期修建的高速公路沥青路面的面层分 3 层，总厚多数为 15~16cm，少部分为 9~12cm 或 18~23cm。从 1999 年开始，沥青面层的厚度一般增加到 16~18cm。通常表面层厚 4cm，多以原规范中的 AC-I 型沥青混凝土和 AK 抗滑表层为主；中面层厚 5~6cm，以 AC-20I 型沥青混凝土为主；底面层厚 6~8cm，多以 AC-20II 或 AC-25II 型沥青混凝土为主。

原规范中所列 AC-I 型、AC-II 型及 AK-A 型和 AK-B 型等，各种类型在实践中都有使用，有的成功，有的不成功或有缺陷。经过调查，原规范的 AC-20II 和 AC-25II 型沥青混合料用于中下面层时，空隙率普遍偏大，是造成路面水损害的重要原因；中面层以 AC-20I 型沥青混合料为主时，虽然渗水小，但其高温稳定性较差，对重载车及超载车多的路段、长大坡度路段，抗车辙能力明显不足。如果厚度太薄，层厚与最大公称粒径比值偏小，会发生离析现象。

沥青路面表面层多使用抗滑表层级配，但使用发现原规范中 AK-16B 型沥青混合料透水严重，空隙率大，且设计层厚偏小，早期损害比较严重；原规范中 AK-13B 型沥青混合料空隙率也较大，调查表明大部分都不成功；原规范中 AK-16A 型沥青混合料易发生离析、稳定性差，有的还发生了严重的泛油和车辙；原规范中 AK-13A 型沥青混合料，各地使用时如果级配偏粗时，也产生了早期损害。

总体来看，沥青路面早期水损害现象的发生与片面地追求路面平整度和抗滑性、空隙率过大、路面压实度不足有很大关系。有些高速公路为了减少水损坏，采取了矫枉过正的做法（如采用空隙率小的密级配沥青混合料），而这又使高速公路产生了车辙病害。

2.近年来的变化

沥青面层早期损坏直接影响着路面的使用功能和耐久性，鉴于沥青面层逐渐暴露出来的问题，国内高速公路建设中逐渐通过研究和引进，在沥青面层采用一些新方法、新材料和新工艺，取得了很好的效果，从而在材料设计和结构设计上出现了如下新的变化：

（1）提出了新的道路沥青标准和沥青路面的气候分区。沥青混合料具有明显的黏弹性，其使用性能与温度、降水等自然气候条件有直接关系，我国不同地区气候差异较大，不同气候区沥青路面建设有相似的特性，不同地区沥青路面的设计有着较为相同的考虑。新规范在"八五"国家科技攻关课题"道路沥青与沥青混合料的路用性能"成果的基础上，提出了道路沥青标准和沥青路面气候分区，分别以高温、低温、雨量条件为依据，划分不同的气候区。针对不同气候区混合料提出了不同的技术要求，指导不同条件下沥青混合料的矿料级配选型、沥青标号选择、沥青用量调整等设计，具有针对性。

（2）沥青标准发生了变化。在借鉴美国战略公路研究计划（SHRP）的 Superpave 技术规范和欧洲共同体欧洲标准化组织的沥青标准的基础上，将原来的"重交通道路石油沥青"和"中、轻交通道路石油沥青"两个技术要求合并为一个"道路石油沥青技术要求"。根据当前的沥青使用和生产水平，按技术性能等级分为 A、B、C 三个等级，供不同公路等级、气候条件、交通条件和路面结构不同层位设计选用。新的技术要求中增加了感温性指标：针入度指数 PI.60 动力黏度等，修订了部分指标值。

（3）级配类型和范围发生了变化。我国新版的《公路沥青路面施工技术规范》（JTGF40-2004）取消了抗滑级配，并将原来的 AC（Ⅰ型和Ⅱ型）和 AK（A 型和 B 型）两类级配合二为一，级配范围扩大，统称为 AC 级配，给设计者提供了更大的设计和优化空间。

（4）改性沥青应用范围越来越广。改性沥青的使用，使沥青路面的使用性能得到明显改善，如 SBS 改性沥青现已逐渐成为一种常用的道路材料，越来越多的沥青路面除了表面层使用改性沥青，甚至中面层和下面层也使用改性沥青。由于改性沥青在改善沥青路面使用性能上的独特作用，使得其越来越多地应用在高速公路、重交通道路、气候条件恶劣地区公路、桥面铺装等部位。

（5）近年来修建的高速公路沥青层的层厚也发生了变化。沥青层总厚由原来的 15~18cm 增加到 18~25cm，各沥青层层厚与公称最大粒径的比值由原来的 2 倍增加到 2.5~3 倍。此外，面层除使用 AC 沥青混凝土之外，现在越来越多的高速公路项目也开始使用沥青玛蹄脂碎石 SMA、开级配抗滑表层、G-FC 等混合料类型。

（三）路面基层使用情况及变化

1. 早期使用情况

经调查，目前我国 90% 以上的高等级公路沥青路面的基层和底基层采用了半刚性材料。多数高速公路的半刚性基层厚 20cm，且多采用水泥稳定碎石（或砾石）或石灰粉煤灰稳定碎石（或砾石）;半刚性底基层厚 25~40cm，采用的材料有石灰土、水泥土、二灰砂、二灰和石灰水泥土等。半刚性材料层的总厚度一般为 40~60cm。

半刚性基层沥青路面结构的突出优点主要表现在以下几个方面：

（1）半刚性基层的刚度大，因此沥青面层层底的弯拉应力值通常小于 0.17MPa，从而具有较强的抵抗行车疲劳破坏能力，甚至可认为沥青面层不会产生行车疲劳破坏。

（2）具有较高的强度和承载能力。资料显示，近年来国内多数高速公路路面结构在使用期内的代表弯沉均在 20（0.01mm）以内，后期强度高，具有随龄期不断增长的特性。

但半刚性基层在长期使用过程中，也逐渐暴露出一些缺陷和不足，被认为是沥青路面出现早期损害的重要原因。"十一五"期间，交通运输部西部交通科技项目《高速公路早期病害预防措施的研究》课题组对全国大部分省份的高速公路早期病害现象进行了调查和分析，其中一个重要结论就是"频发的高速公路沥青路面早期病害与我国千篇一律地采用半刚性基层沥青路面有直接关系"。

大量调查和研究表明，半刚性基层沥青路面的固有缺陷是造成多种路面病害的内因，主要表现在：

（1）由于半刚性基层收缩性大、表面易积水，且与沥青面层的接触条件差等缺陷，使沥青路面易出现裂缝、水损坏病害。

（2）半刚性基层刚度大，使面层的剪应力急剧增加，超过面层的强度极限而发生剪切裂缝或剪切变形，是路面易出现车辙、拥包等病害的重要原因。

（3）半刚性基层刚度大，与沥青面层属于"硬连接"，相互嵌入不足，黏结性不好，存在层间黏结的薄弱环节，有层间滑移隐患。

（4）半刚性基层的固有缺陷使其易受交通荷载、气候因素的影响，导致路面的早期破坏，使沥青路面难有较长的使用寿命。

2. 近年来的变化

正是由于半刚性基层沥青路面出现的缺陷与不足，近年来，沥青路面基层的设计和应用中也出现了一些变化，表现在以下几个方面：

（1）基层形式多样化。近些年来，受国外沥青路面典型结构（诸如柔性基层沥青路面、全厚式沥青路面、永久性沥青路面等）的影响，高速公路沥青路面基层开始由半刚性基层一统天下的局面逐渐过渡到各种基层形式都将使用的新局面。国内一些高速公路工程中逐渐采用新的基层形式，并取得了较好的效果，在新的沥青路面设计规范中，也明确规定了相关内容，包括柔性基层沥青路面、组合式沥青路面、全厚式沥青路面和半刚性基层沥青路面。

（2）组合式基层得到了越来越多的应用。近年来，越来越多的新修高速公路中采用了组合式基层沥青路面，即在半刚性基层之上，再加铺一层柔性材料，如沥青稳定碎石、级配碎石等，在沥青面层与半刚性基层之间设置起过渡作用的沥青稳定碎石层，一则可以减小面层—基层模量梯度以减小拉应力；二则可以消除沥青面层与半刚性基层直接接触带来的副作用（反射裂缝，表面易积水，结合不佳）；另外可以进一步扩散路面应力。总之，设置该层可以取得很好的使用性能，减少路面病害。

（3）路面内部结构排水得到了重视。为了防止路面水损害，国内路面结构多采用空隙率小的密级配沥青混凝土，且研究多数集中于防水，但事实表明，水分渗入不可避免，水分从路面空隙、破损等处渗入路面结构，并滞留在半刚性基层表面，易形成路面隐患。美国等西方国家特别重视路面结构内部排水，而且越是重要的公路、交通量越大的公路越是要采用排水基层。为了消除水分对沥青路面的不利影响，国内也已开始研究和应用沥青路面排水基层 ATPB 等，新规范也对有关内容做了技术规定。

针对半刚性基层沥青路面，提出了针对性技术措施，以降低沥青路面早期病害发生率。如对半刚性基层材料采用骨架密实结构，增加粗集料含量、减少粉尘含量，提高抗冲刷性和抗裂性；将基层、沥青面层安排在一年内施工，避免层间污染；加强沥青层间、沥青层与基层之间的接触，做好黏层、透层和封层等；做好沥青路面整体包括边沟、拦水带、路面结构层中央分隔带等部位的防排水设计。

第二节　沥青路面的特点和分类

一、沥青路面的基本特性与要求

沥青路面是指用沥青做结合料黏结矿料修筑的面层与各类基层和垫层所组成的路面结构。由于沥青路面使用沥青结合料，因而增强了矿料间的黏结力，提高了混合料的强度，使路面的使用质量和耐久性都得到提高。与水泥混凝土路面相比，沥青路面具有表面无接缝、行车舒适、耐磨、振动小、噪声低、施工期短、养护维修简便、适宜于分期修建等优点，因而获得越来越广泛的应用。20 世纪 50 年代以来，各国修建沥青路面的数量迅猛增长，所占比重很大。近二十年来我国在公路和城市道路中修筑了相当数量的沥青路面。沥青路面已成为我国高速公路的主要路面形式。随着国民经济和现代化道路交通运输需求的进一步发展，沥青路面必将迎来更大的发展。

世界各国高等级公路大多采用沥青路面，是因为它具有下列良好的路用性能：

（1）足够的力学强度，能承受车辆荷载施加到路面上的各种作用力；

（2）一定的弹塑性变形能力，能承受应变而不破坏；

（3）与汽车轮胎的附着力较好，可保证行车安全；

（4）有高度的减振性，可使汽车快速行驶，平稳而低噪声；

（5）不扬尘，且容易清扫和冲洗；

（6）维修工作比较简单，且沥青路面可再生利用。

沥青路面具有不同于其他路面类型的特点，其使用性能主要体现在以下几个方面。

1. 沥青路面高温性能

沥青路面在高温季节，沥青胶结料会发生软化，混合料承载力降低，出现高温病害，因此具有良好的高温稳定性。沥青路面高温稳定性事实上是指沥青混合料在荷载作用下抵抗永久变形的能力。严格地讲，推移、拥包、搓板、泛油等类损坏均属于沥青路面高温稳定性范畴。稳定性不足问题，一般出现在高温、低加荷速率以及抗剪切能力不足时，也就是沥青路面的劲度较低的情况下。

随着交通量不断增大以及车辆行驶的渠化，沥青路面在行车荷载的反复作用下，会由于永久变形的累积而导致路面出现车辙，从而影响了路面的平整度；轨迹处沥青层厚度减薄，削弱了面层及路面结构的整体强度，从而易于诱发其他病害；雨天路表排水不畅，降低了路面的抗滑能力，甚至会由于车辙内积水而致车辆漂滑及车辆在超车或更换车道时方向失控，从而影响了高速行车的安全及车辆操纵的稳定性。由此可见，由于车辙的产生，严重影响了路面的使用寿命和服务质量。

推移、拥包、搓板等类损坏，主要是由于沥青路面在水平荷载作用下抗剪强度不足所引起的，大量发生在表处、贯入、路拌等次高级沥青路面的交叉口和变坡路段。对于渠化交通的沥青混凝土路面来说，高温稳定性问题主要表现为车辙。而泛油是由于交通荷载作用使混合料内集料不断挤紧、空隙率减小，最终将沥青挤压到道路表面的现象。如果沥青含量太高或者空隙率太小，那么这种情况将会加剧。沥青移向道路表面令路面光滑，路面在潮湿气候时抗滑能力很差。沥青路面在高温时最容易发生泛油，因此限制沥青的软化点和它在60℃时的黏度可减少泛油情况发生。

沥青混合料的劲度模量随温度升高而降低，因此为了保证沥青路面于高温季节在行车荷载的作用下不致产生诸如波浪、推移、车辙、泛油、黏轮等病害，沥青混合料应具有足够的高温稳定性，即在高温时应具有足够的劲度模量。

为了提高沥青路面的高温性能，应设法提高沥青混合料的高温稳定性，可采用如下措施：

（1）在混合料中增加粗集料含量或控制剩余空隙率，使粗集料形成空间骨架结构，以提高沥青混合料的内摩阻力。

（2）适当地提高沥青材料的稠度，控制沥青与矿粉的比例，严格控制沥青用量，采用较多的矿粉，以改善沥青与矿料之间的相互作用力，从而提高沥青混合料的黏聚力。

（3）在沥青中掺入高分子聚合物改善沥青性能，亦可取得较为满意的结果。

（4）在路面结构设计时，应根据沥青路面受力特性安排结构层次，上面层采用高温性能和表面功能好的沥青混合料，诸如SMA、开级配抗滑表层（G-FC）等。中面层处的剪应力高、温度高，可采用高温抗剪切强度高的沥青混合料，如改性沥青混合料、高模量沥青混凝土等。

2.沥青路面低温性能

沥青路面在低温环境下，失去柔性，表现出一定程度的脆性，并出现各种形式的低温裂缝。路面上出现的各种裂缝，包括纵向裂缝、横向裂缝、龟裂、网裂等多与沥青路面低温下的脆性有关。

沥青路面的低温缩裂不但在国外，而且在国内特别在北方地区是十分普遍和严重的。自 1975 年以来，国内先后对哈尔滨、沈阳、天津、西安、南京、上海等地的裂缝现象进行了调查，从调查结果可知，由于路面设计不周或施工，而导致结构层本身强度不足，不能适应日益增长的交通量及轴载作用而产生的开裂，最初一般表现为纵向开裂，然后发展为网裂，这一类由荷载产生的裂缝，在中、低级道路及一些超载严重的高等级道路车道轨迹处常见。对大多数高等级公路来说，由于普遍采用了半刚性基层，有足够的强度，因此这一类荷载裂缝并不是主要的。相反，另一类裂缝即非荷载裂缝（低温裂缝）则普遍存在，这一情况已引起了我国道路工作者的普遍关注。

非荷载裂缝大都为横向裂缝，主要由于降温及温度循环反复作用，在沥青路面产生的温度收缩裂缝；由于半刚性基层收缩开裂产生的反射裂缝。但是许多裂缝是多种因素共同作用而产生的。

沥青路面的低温收缩裂缝，不仅在寒冷地区，而且在温暖地区也是十分普遍的，它是目前世界上尚未完全解决的一种道路病害。它的产生不仅破坏了路面的连续性、整体性及美观，而且从裂缝中不断渗入的水分使基层甚至路基软化，导致路面承载力下降，从而加速了路面破坏，同时纵向无限长的沥青面层开裂后，其承载模式转变为有限尺寸板，冬季面层模量较高，承受重复车轮荷载时，开裂后的路面可能折断成更小尺寸的板，并发生龟裂、网裂。随着裂缝逐年加宽，边缘折断破碎，使路面平整度降低，严重危及道路的质量和使用寿命。

沥青路面低温性能与沥青混凝土的低温变形能力有关，在很大程度上取决于沥青材料的低温性质、沥青与矿料的黏结强度、级配类型及沥青混合料的均匀性。从低温抗裂性能的要求出发，沥青混合料在低温时应具有良好的应力松弛性能，有较低的劲度和较大的变形适应能力，在降温收缩过程中不产生大的应力积聚，在行车荷载和其他因素的反复作用下不致产生疲劳开裂。

为了提高沥青路面的低温抗裂性能，应采取如下措施：

（1）降低沥青混合料的收缩性，提高沥青混合料的低温柔性。收缩性小，沥青路面则不至于产生过量的收缩变形；柔性好则低温应力松弛能力好，温度应力不易累积，从而防止沥青路面低温开裂。因此，面层沥青混合料的收缩特性、温度应力松弛能力是影响沥青混合料低温抗裂性能的两个关键因素。

（2）使用稠度较低（针入度较大）及温度敏感性较小的沥青，可提高沥青混合料的低温抗裂性能。

（3）选用抗老化能力较强的沥青。沥青材料的老化会使沥青变脆，低温极限破坏应变变小，抗裂性能恶化。往沥青中掺入橡胶类聚合物，对提高沥青混合料的低温抗裂性能具有较为明显的效果。

（4）选择空隙率小、不透水的密级配沥青混凝土作为路面结构层，设计空隙率为2%~4%。尽可能采用沥青玛蹄脂碎石混合料（SMA）作为面层，兼具收缩小、应力松弛能力强的优点，具有良好的抗裂性能。

（5）适当增加沥青面层厚度，可有效减少沥青路面低温开裂，也能防止半刚性基层开裂引起的反射裂缝。

（6）采用组合式基层。采用具有一定厚度的沥青稳定碎石或者优质级配碎石作为上基层，而半刚性材料作为下卧层，这种上柔下刚式的"组合基层"在很大程度上能够防止和减少温缩裂缝和半刚性基层反射裂缝，同时还能充当具有排水功能的基层。但是应注意加强层间黏结。

（7）进行半刚性材料组成的合理设计。调整结合料用量与比例，增加粗骨料含量并严格设计级配，以尽可能减小其温缩和干缩系数，增加半刚性基层材料的抗裂性能。

（8）设置各种土工合成材料，可以防止裂缝反射到面层，并减缓裂缝进一步发展，如土工织物、玻璃纤维格栅、应力吸收层等。

3. 沥青路面水稳定性

在沥青混合料和沥青路面结构内部有水的情况下，沥青路面会发生水损害，而水损害是沥青路面的主要病害之一。行驶在沥青路面的汽车车轮动态荷载，在水分或冻融循环的综合作用下，使进入路面空隙中的水不断产生动水压力，从而在形成的真空负压抽吸的反复循环作用下，水分逐渐渗入沥青与集料的界面上，使沥青黏附性降低，并逐渐丧失黏结力，沥青膜从石料表面脱落（剥离），沥青混合料掉粒、松散，继而形成沥青路面的松散、剥落和坑槽等的损坏现象。

除了荷载及水分供给条件等外在因素外，沥青混合料的抗水损害能力是决定路面水稳定性的根本性因素。它主要取决于矿料的性质，沥青与矿料之间相互作用的性质，沥青混合料的空隙率，以及沥青膜的厚度等。

为了提高沥青路面的水稳定性，应分别从外在和内在因素加以控制：

（1）尽量使用与沥青黏附性较好的碱性矿料，可增强沥青与矿料之间的黏附性，从而防止沥青路面的水损坏。当使用酸性矿料时，可往沥青中掺加消石灰等碱性活化剂或抗剥落剂以改善矿料表面性质，从而提高沥青与矿料之间的黏附性。

（2）控制沥青混合料的空隙率是防止水损害的重要一环。据研究，沥青路面中的空隙率为8%以下（设计空隙率4%，压实度96%）时，沥青层中的水以薄膜水的状态存在，荷载作用下不会产生动水压力，不容易造成水损害破坏；而对于空隙率大于15%的排水性大空隙混合料，水能够在混合料内部空隙中自由流动，混合料很难留住水，再加上这种混合料一般都采用改性沥青，也不容易造成水损害破坏；当空隙率介于两者之间，即路面实际空隙率在8%~15%的范围内时，水容易进入混合料内部，又不会自由流动，以毛细水的状态存在，在荷载作用下产生较大毛细管压力，成为动力水，最容易造成沥青混合料的水损害破坏。近年来我国一些多雨潮湿地区的高速公路早期损坏大都表现为松散、剥落、坑槽等水损害破坏。

（3）路面结构设计，应做好路面封水和排水措施。从路面结构角度分析，沥青路面水损害是由于水分进入且长时间滞留于路面结构内部造成的，所以，应采取结构措施减少和防止水分的渗入，对进入路面内部的水分应能及时排除出去：

1）路面表层选择合适的沥青混合料类型防止水分渗入，如连续密级配沥青混凝土、SMA 等，也可采用能够迅速排除水分的大空隙路面结构，如开级配抗滑表层 G-FC；2）层厚要与混合料最大公称粒径匹配，减少离析，提高均匀性；3）可采用排水基层ATPB，加强路面内部排水，使渗入水能迅速排除；4）可设置封层，防止水分渗入。

4. 沥青路面疲劳性

随着公路交通量日益增长，汽车轴重不断增大，汽车对路面的破坏作用变得越来越明显，路面使用期间经受车轮荷载的反复作用，长期处于应力应变交叠变化状态，致使路面结构强度逐渐下降。当荷载重复作用超过一定次数以后，在荷载作用下路面内产生的应力就会超过强度下降后的结构抗力，使路面出现裂纹，产生疲劳断裂破坏。

沥青路面疲劳断裂与沥青面层各层混合料的抗疲劳性质有关，为了保证沥青路面不致过早出现疲劳损坏，应采取以下措施予以防范：

（1）需通过合理的设计，提高沥青混合料的劲度模量。

（2）改善沥青路面下面层混合料的抗疲劳性能。由于沥青路面疲劳破坏主要发生在沥青面层的底部，所以下面层沥青混合料更应具有良好的抗疲劳性能，如采用较硬且适当用量的沥青、质地粗糙且棱角性好的石料、较小空隙率的混合料等。

（3）适当增大沥青层厚度也有利于提高沥青路面的抗疲劳性能。

5. 沥青路面老化性

沥青材料在沥青混合料的拌和、摊铺、碾压过程及以后的沥青路面使用过程中都存在老化问题。老化过程一般分为两个阶段，即施工过程中的热老化和路面使用过程中的长期老化（氧化）。沥青混合料在拌和过程中的老化程度主要与温度有关，同时与沥青升温、储存的时间，脱水搅拌的程度及光、氧等因素有密切关系。当沥青混合料路面碾压成型后，沥青混合料的抗老化能力除了与光、氧等自然气候条件有关外，也与沥青在混合料中所处的形态有关，如混合料空隙率，沥青用量等。当沥青混合料产生老化后，会使沥青结合料黏附性降低、变脆，从而导致沥青路面路用性能的低温性能和疲劳性能降低。

沥青路面的抗老化性能是影响沥青路面使用质量和寿命的最主要因素。为减轻沥青混合料的短期老化，可考虑采取以下几项措施：

（1）在保证沥青混合料拌和、摊铺、碾压技术性能的前提下，尽可能采用比较低的施工温度。

（2）尽量缩短沥青混合料的高温保存时间，特别是对拌和好的沥青混合料避免长时间在热储料仓存放，还应避免混合料运输距离太长，或因拌和设备生产能力与摊铺设备摊铺能力不匹配而造成的等料时间过长。

（3）选择优质的重交通道路沥青材料，通过热老化试验，根据沥青的老化指数选择耐老化的沥青。

（4）合理地进行混合料设计，尽可能采用密实级配沥青混合料，降低空隙率，减少阳光、雨水通过空隙浸入混合料内，减轻沥青的氧化和剥落，将有效地提高沥青路面的耐久性。

（5）在保证沥青混合料具有足够热稳性的条件下，适当增加沥青用量，增厚集料颗粒表面沥青膜的厚度，能提高混合料的耐久性。

（6）使用适当的外掺剂，尤其在沥青中添加适当的外掺剂，可以提高沥青的耐久性，例如在沥青中掺加炭黑，能抵御紫外线的作用。

6. 沥青路面抗滑性

沥青路面应具有足够的抗滑能力，以保证在路面潮湿时，车辆能够高速安全行驶，而且在外界因素的作用下其抗滑能力不致很快降低。

汽车在光滑的路面上行驶时，车轮与路面之间缺乏足够的附着力或摩擦力。雨天高速行车，或紧急制动或突然启动、爬坡转弯时，车轮易产生空转或打滑，致使行车速度降低，油料消耗增多，甚至引起严重的交通事故。

沥青路面的抗滑性能取决于沥青路面的微观构造与宏观构造，而沥青混合料在很大程度上决定着沥青路面的构造特征，良好的路面构造能提高潮湿状态下路面与车轮间的排水能力，减少容易引起滑溜事故的弹性水动力润滑型摩擦的发生。粗糙度与矿料的微表面性质、混合料的级配组成，及沥青用量等因素有关。

为保证沥青路面的粗糙度不致很快降低，应采取以下措施：

（1）选择硬质有棱角的石料。

（2）控制沥青用量。沥青用量对抗滑性能的影响也相当敏感，当沥青用量超过最佳沥青用量0.5%时，就会导致抗滑系数的明显降低。

（3）提出新的路面结构形式。国内外对抗滑表层进行了大量的研究，并结合各自的实际情况提出了多种抗滑表层的结构形式和控制指标。作为路面抗滑表层的路面结构主要有嵌压式沥青混凝土路面、分异磨损面层、沥青玛蹄脂碎石（SMA）混合料路面、开级配抗滑表层G-FC、多碎石沥青混凝土等。

7. 沥青路面平整度

路面表面平整性是影响行车安全、行车舒适性以及运输效益的重要使用性能。路面不平整会引起车辆振动，从而对车辆磨损、燃油消耗、行车舒适、路面损坏和交通安全等都会产生直接的影响。因此，平整度是度量路面使用性能的一项重要指标。优良的路面平整度，要依靠优良的施工装备、精细的施工工艺、严格的施工质量控制以及经常和及时的养护来保证。同时路面的平整度同整个路面的结构，路基顶面的强度和抗变形能力，结构层所用材料的强度、抗变形能力及均匀性有很大关系。强度和抗变形能力差的路基路面结构和面层混合料，经不起车轮荷载的反复作用，极易出现沉陷、车辙和推挤破坏，从而形成不平整的路面。

8. 沥青路面防渗性

当沥青路面的防渗能力较差时，不仅影响沥青面层本身的水稳定性，而且会影响基层的稳定性。停留在基层表面的水将使基层表面的半刚性基层材料产生唧浆、软化，并导致承载能力降低。沥青路面的抗渗能力主要取决于沥青混合料的水密性，沥青混合料的空隙率越大，其抗渗能力就越差。

为了防止水分渗入沥青路面结构内部，路面结构设计时，沥青面层至少有一层密级配沥青混凝土，且沥青混合料的现场空隙率应控制在 8% 以下，也可根据需要做封层结构。

二、沥青路面分类

1. 沥青路面常用混合料类型及分类

沥青混合料的分类方法取决于矿质混合料的级配、集料的最大粒径、压实空隙率和沥青品种等。

（1）按结合料种类划分

按使用的结合料不同，沥青混合料可分为石油沥青混合料和煤沥青混合料。其中，石油沥青混合料又包括黏稠石油沥青、乳化石油沥青及液体石油沥青混合料。

（2）按矿料级配类型划分

1）连续级配沥青混合料：沥青混合料中的矿料是按连续级配原则设计，即从大到小各级粒径都有，按比例相互搭配组成的混合料。

2）间断级配沥青混合料：连续级配沥青混合料矿料中缺少一个或几个档次粒径的沥青混合料。

（3）按矿料级配组成及空隙率大小划分

1）密级配沥青混合料。按连续密级配原理设计组成的沥青混合料，按马歇尔试验的技术标准，设计空隙率为 3%~6%，但对不同交通、气候情况及层位，空隙率可作适当的调整。可分为密级配沥青混凝土混合料（AC）和密级配沥青稳定碎石混合料（ATB）；按关键性筛孔通过率的不同又可分为细型、粗型密级配沥青混合料等。沥青玛蹄脂碎石混合料（SMA）也属于密级配沥青混合料，其设计空隙率为 3%~4%。

2）半开级配沥青混合料。由适当比例的粗集料、细集料及少量填料（或不加填料）与沥青结合料拌和而成，经马歇尔标准击实成型的试件剩余空隙率在 6%~12% 之间。半开式沥青混合料主要指半开式沥青碎石，以 AM 表示。

3）开级配沥青混合料。矿料级配主要由粗集料嵌挤组成，细集料及填料较少，空隙率为18%的混合料。如排水式沥青磨耗层（G-FC）及排水式沥青基层（ATPB）。

（4）按矿料公称最大粒径划分

1）特粗式沥青混合料：集料公称最大粒径231.5mm的沥青混合料。

2）粗粒式沥青混合料：集料公称最大粒径226.5mm的沥青混合料。

3）中粒式沥青混合料：集料公称最大粒径为16mm或19mm的沥青混集料。

4）细粒式沥青混合料：集料公称最大粒径为9.5mm或13.2mm的沥青混合料。

5）砂粒式沥青混合料：集料公称最大粒径V9.5mm的沥青混合料。

（5）按制造工艺划分

1）热拌热铺沥青混合料：简称热拌沥青混合料，指沥青与矿料在热态拌和、热态铺筑的沥青混合料。

2）冷拌沥青混合料：是以乳化沥青或稀释沥青与矿料在常温状态下拌制、铺筑的沥青混合料。

3）温拌沥青混合料：是一种拌和温度介于热拌沥青混合料（150~180℃）和冷拌沥青混合料（常温10~40℃）之间，性能达到或接近于热拌沥青混合料的新型混合料。

4）再生沥青混合料：是指将需翻修或废弃的旧沥青路面，经翻挖、回收、破碎、筛分，与新再生剂、新集料、新沥青材料等按一定比例重新拌和，形成具有一定路用性能的再生沥青混合料，有冷再生和热再生技术。

（6）按混合料的结构组成特点划分

沥青混合料是由粗集料、细集料、矿粉与沥青及外加剂所组成一种复合材料。粗集料分布在沥青与细集料形成的沥青砂中，细集料又分布在沥青与矿粉构成的沥青胶浆中，形成具有一定内摩阻力和黏结力的多级网络结构。由于各组成材料用量比例的不同，压实后沥青混合料内部的矿料颗粒分布状态、剩余空隙率也呈现出不同的特征，形成不同的组成结构，而具有不同组成结构特征的沥青混合料在使用时则表现出不同的性能。按照沥青混合料的结构组成特点，将沥青混合料分为悬浮密实结构、骨架空隙结构和骨架密实结构。

1）悬浮密实结构

在采用连续密级配矿料见图1-1中曲线a配制的沥青混合料中，矿料颗粒由大到小连续存在，粒径较大的颗粒被较小一档的颗粒挤开，不能直接接触形成嵌挤骨架结构，彼此分离悬浮于较小颗粒和沥青胶浆之间，而较小颗粒与沥青胶浆较为密实，形成了所谓悬浮密实结构，按照连续密级配原理设计的DAC型沥青混合料以及我国传统的AC-Ⅰ型沥青混合料是典型的悬浮密实结构。

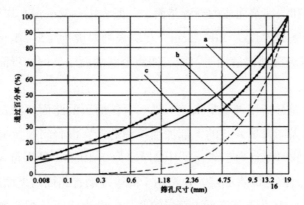

图 1-1 连续密级配矿料

悬浮密实结构的沥青混合料经压实后，密实度较大，水稳定性、低温抗裂性和耐久性较好，是使用较为广泛的沥青混合料。但这种沥青混合料结构强度受沥青性质及其状态的影响较大，在高温条件下使用时，由于沥青黏度降低，可能会导致沥青混合料强度和稳定性的下降。

2）骨架空隙结构

当采用连续开级配矿料如图 1-1 中曲线 b 与沥青组成沥青混合料时，较粗的集料颗粒彼此接触，形成互相嵌挤的骨架，但较细的粒料数量较少，不足以充分填充骨架空隙，以致压实后混合料中空隙较大，形成了所谓的骨架空隙结构。

在形成骨架空隙结构的沥青混合料中，粗集料之间的嵌挤力对沥青混合料的强度和稳定性起着重要作用，结构强度受沥青性质和物理状态的影响较小，因而高温稳定性较好。但由于压实后的沥青混合料空隙率大，空气和水分等容易进入沥青混合料内部，引发沥青老化或将沥青从集料表面剥落，因此这种结构沥青混合料的耐久性值得关注。

3）骨架密实结构

当采用间断型密级配矿料如图 1-1 中曲线 c 时，在沥青混合料中既有足够数量的粗集料形成骨架，又根据粗集料骨架空隙的大小加入了足够的细集料和沥青胶浆，使之填满骨架空隙，形成较高密实度的骨架结构使这种结构兼具上述两种结构的优点，是一种较为理想的结构类型。沥青玛蹄脂碎石混合料（SMA）是一种典型的骨架密实型结构。

2. 沥青路面分类

（1）按混合料的技术特性分类

根据沥青路面的技术特性，沥青面层可分为沥青混凝土、热拌沥青碎石、乳化沥青碎石、沥青贯入式、沥青表面处治五种类型。此外，沥青玛蹄脂碎石混合料及开级配抗滑表层（G-FC）近几年在我国也得到广泛应用。沥青表面处治路面是指用沥青和集料按层铺法或拌和法铺筑而成的沥青路面，一般为 1.5~3cm 厚。层铺法可分为单层、双层、三层。单层表处厚度为 1.0~1.5cm，双层表处厚度为 1.5~2.5cm，三层表处厚度为 2.5-3.0cm。沥青表面处治适用于三级、四级公路的面层、旧沥青面层上加铺罩面或抗滑层、磨耗层等。

沥青贯入式路面是指用沥青贯入碎（砾）石作面层的路面。沥青贯入式路面的厚度一般为 4~8cm。当沥青贯入式的上部加铺拌和的沥青混合料时，也称为上拌下贯式路面，此时拌和层的厚度宜为 3~4cm，其总厚度为 7~10cm。沥青贯入式碎石路面适用于二级及二级以下公路的沥青面层，也适用于高等级沥青路面的下面层。

沥青碎石路面是指用沥青碎石作面层的路面，沥青碎石的配合比设计应根据实践经验和室内试验的结果，并通过施工前的试拌和试铺确定。沥青碎石有时也用作联结层。乳化沥青碎石适用于三级、四级公路的沥青面层，二级公路的养护罩面及各级公路的调平层，也可用作柔性基层。

沥青混凝土路面是指用沥青混凝做面层的路面，其面层可由单层、双层或三层沥青混合料组成，各层混合料的组成设计应根据其层厚和层位、气温和降雨量等气候条件、交通量和交通组成等因素确定，以满足对沥青面层使用功能的要求。沥青混凝土常用作高等级公路的面层。

沥青玛蹄脂碎石路面是指用沥青玛蹄脂碎石混合料做面层或抗滑层的路面。SMA是以间断级配的集料为骨架，用改性沥青、矿粉及纤维素组成的沥青玛蹄脂为结合料，经拌和、摊铺、压实而形成的一种构造深度较大的抗滑面层。它具有抗滑耐磨、孔隙率小、抗疲劳、高温抗车辙、低温抗开裂的优点，是一种全面提高密级配沥青混凝土使用质量的新材料，适用于高速公路、一级公路和其他重要公路的表面层。

开级配抗滑表层是指用大空隙的沥青混合料铺筑、能迅速从其内部排走路表雨水、具有抗滑、抗车辙及降噪性能的路面。有较强的结构排水能力，适用于多雨地区修筑沥青路面的表面层或磨耗层。

（2）按施工工艺分类

按施工工艺的不同，沥青路面可分为层铺法、路拌法和厂拌法三类。

层铺法是指用分层撒布沥青、分层铺撒矿料并碾压的方法修筑的沥青路面，其主要优点是工艺和设备简便、功效较高、施工进度快、造价较低，其缺点是路面成型期较长，需要经过炎热季节行车碾压之后路面方能成型。这种方法修筑的沥青路面有沥青表面处治和沥青贯入式两种。

路拌法是指在道路修筑现场用机械将矿料和沥青材料就地拌和摊铺和碾压密实而成型的沥青面层。此类面层所用的矿料为碎（砾）石者称为路拌沥青碎（砾）石；所用的矿料为土者则称为路拌沥青稳定土。路拌沥青面层通过就地拌和，沥青材料在矿料中的分布比层铺法均匀，可以缩短路面的成型期。但因所用的矿料为冷料，需使用黏稠度较低的沥青材料，故混合料的强度较低。

厂拌法是指将规定级配的矿料和沥青材料在拌和站用专用设备加热拌和，然后送到工地摊铺碾压而成型的沥青路面。厂拌法按混合料级配类型的不同，可分为沥青碎石和沥青混凝土：若矿料中细颗粒含量少，不含或含少量矿粉，且混合料级配类型属于开级配（空隙率达 10%~15%），则称之为厂拌沥青碎石；若矿料中含有矿粉，混合料级配类型属于密实级配（空隙率 10% 以下），则称之为沥青混凝土。厂拌法按混合料铺筑温度的不同，又可分为热拌热铺和热拌冷铺两种：若混合料在专用设备加热拌和后立即趁热运到筑路现场摊铺压实，即为热拌热铺；若混合料加热拌和后储存一段时间再在常温下运到筑路现场摊铺压实，即为热拌冷铺。厂拌法使用较黏稠的沥青材料，且矿料经过精选，因而混合料质量高，使用寿命长，但修建费用也较高。

（3）按照路面结构基层的力学特性分类在整个沥青路面结构中，沥青面层更多是起功能层的作用，而面层下卧基层的形式和特性对沥青路面的力学特性和使用性能至关重要。

在长期的道路使用过程中，形成了较为丰富的沥青路面结构形式。

1）柔性基层沥青路面：以沥青稳定类材料、粒料等为基层的沥青路面，最常用结构形式为沥青混凝土面层 + 沥青稳定碎石基层 + 粒料基层。

柔性基层沥青路面总体结构刚度小，在车辆荷载作用下产生的弯沉变形较半刚性基层大，经路面各结构层传递，作用在土基上的单位压力较大。柔性基层沥青路面是国外发达国家主要使用的路面结构形式，通过合理的结构组合、材料组成和厚度设计可以保证路面结构整体具有很强的抵抗荷载作用的能力，同时通过各结构层将车辆荷载传递给土基，使土基承受的单位压力处于一定的范围内。虽然柔性材料模量较低，塑性变形较大，对减小表面弯沉、土基顶面压应力或沥青层底拉应变的效果不如半刚性基层明显，但柔性基层沥青路面的极限应变比半刚性基层沥青路面大。在柔性基层沥青路面的总变形中，路基变形约占 90% 以上，故对柔性基层沥青路面结构应提高路基强度或加强软弱路基处理。

2）刚性基层沥青路面：以水泥混凝土结构（通常为贫水泥混凝土）作为基层，上面铺筑较厚的沥青层的路面。

贫混凝土、碾压式混凝土、水泥混凝土等刚性基层与其他基层相比具有很高的强度、刚度，较好的整体性和稳定性，良好的抗冲刷性能，当采用多孔透水混凝土时还兼有内部排水功能。水泥混凝土材料作为沥青路面的基层，可以发挥水泥混凝土具有强度高、稳定性好的优点，同时沥青混凝土做面层，则具有行车舒适、噪声小的优点。这种复合式路面可以避免各自的缺点，具有良好的使用性能和耐久性。

贫混凝土和普通混凝土刚性基层比半刚性基层会产生更大的干缩和温缩裂缝，易导致其上沥青面层出现反射裂缝。所以在刚性基层的路面结构中，应采取防止反射裂缝的措施，以保护沥青面层不至于因为基层开裂而反射至沥青面层表面。研究表明，在基层和沥青面层之间铺设大粒径沥青碎石、级配碎石、应力吸收层等中间结构层都能有效地防止反射裂缝，但必须采取措施保证沥青层与水泥混凝土层之间有良好的黏结状态。

3）半刚性基层沥青路面：以半刚性基层材料为基层，其上直接铺筑沥青面层的路面，结构形式为沥青混凝土面层 + 半刚性基层。

半刚性基层、底基层的材料有水泥稳定类、二灰稳定类、石灰稳定类。半刚性基层在前期具有柔性基层的特点，而在后期强度和刚度均有较大幅度的增长，但是最终的强度和刚度仍远小于水泥混凝土等刚性基层。由于这类材料的刚性处于刚性基层和柔性基层之间，因此把用这种基层铺筑的沥青路面统称为半刚性基层沥青路面。半刚性基层沥青路面是我国高等级公路路面的主要铺装形式，占到90%以上。

但半刚性基层收缩性大、表面致密、易积水、与沥青面层的接触条件差，且这些缺陷易受交通荷载、气候因素的影响而变得更为恶化，从而导致路面的早期破坏，因此需采取合理的措施，消除其不利影响。

4）组合式基层沥青路面：即柔性基层与半刚性底基层组合使用的路面，最常用结构形式为沥青混凝土面层 + 沥青碎石基层 + 半刚性底基层，或者沥青混凝土面层 + 沥青碎石基层 + 粒料过渡层 + 半刚性底基层。

经研究发现，由于半刚性基层与沥青面层直接接触会带来诸多问题，而在半刚性基层与沥青面层之间加设一层柔性材料［如沥青稳定碎石（ATB）、沥青稳定碎石排水基层（ATPB）、级配碎石等］，却可以大大改善沥青路面结构行为和受力特点：①降低层间模量比，改善面层—基层接触条件，改善路面受力特性，提高沥青路面的抗车辙和抗疲劳开裂性能；②消除水分对路面结构的不利影响，防止路面水损害；③吸收半刚性基层裂缝应力，消除反射裂缝，保证沥青路面路面连续性和耐久性。

目前这种组合式沥青路面（特别是半刚性基层上加设沥青稳定碎石）得到了越来越多的应用。但值得注意的是，当采用级配碎石基层时，必须验算其上各结构层的疲劳性能，以避免由于整体性材料与非整体性材料界面出现的应力或应变突变而产生的疲劳破坏。

5）全厚式沥青路面：天然的或者经过简单处理的路基以上全部为沥青层的路面。全厚式沥青混凝土路面是路面结构全部用沥青混合料铺筑，一般沥青层厚达400~500mm以上，它仍属柔性基层沥青路面范畴。这种结构主要用于繁重交通道路或高程受到限制的街区道路和特殊路段。全厚式沥青路面在美国、德国等经济发达国家采用较多。

三、路面结构分层与技术要求

行车荷载和自然因素对路面的影响，随深度的增加而逐渐减弱。因此，对路面材料的强度、抗变形能力和稳定性的要求也随深度的增加而逐渐降低。为了充分利用当地材料，降低造价及满足路面的使用要求，按照路面功能、受力状况、土基支承条件和自然因素影响程度的不同，将路面结构分为若干层次：面层、基层、底基层和垫层。

1. 沥青面层

面层是直接承受车轮荷载反复作用和自然因素影响的结构层，它承受较大的行车荷载的垂直力、水平力和冲击力的作用，同时还受到降水的侵蚀和气温变化的影响。因此，为了给汽车运输提供安全、快速、舒适的行车条件，沥青面层应具有坚实、平整、抗滑、耐久的品质，同时，还应具有高温抗车辙、低温抗开裂、抗水损害以及防止雨水渗入基层的功能。

沥青面层可以分为单层、双层或三层。双层结构分为表面层、下面层；三层结构分为表面层、中面层、下面层。设计时，应根据公路等级与使用要求、气候特点、交通条件、结构层功能等因素，结合沥青层厚度和当地实践经验，合理地选择各结构层的沥青混合料类型，但在各沥青层中应至少有一层为密级配沥青混合料。抗滑面层宜选用沥青玛蹄脂碎石 SMA、密级配沥青混凝土 AC-C、有条件时可用开级配抗滑表层。

热拌沥青混合料面层应根据公路等级、交通组成和交通量、气候条件、路面结构类型等实际情况选用层厚。

当采用半刚性基层路面结构时，高速公路沥青层适宜厚度为 150~200mm。

当采用柔性基层路面结构时，面层可选用 100mm 或 120mm 厚的两层式，其下设沥青混合料基层或级配碎石基层、底基层。

当采用混合式沥青路面结构时，高速公路、一级公路最小层厚不得小于 100mm。

（1）沥青面层常用材料

对于高速公路沥青面层可用的沥青混合料类型有密级配沥青混凝土、SMA 和 G-FC。

密级配沥青混凝土混合料（AC）适用于各级公路沥青面层的任何层次。密级配沥青混凝土分为粗型（AC-C）和细型（AC-F）。粗级配以粗集料为主，具有表面粗糙、构造深度较大，抗车辙性能较好等特点，适用于多雨炎热、交通量较大地区的表面层，中、下面层也可以采用，以提高抗车辙能力。细级配因细料较多，施工和易性较好，水稳定性、低温抗裂及抗疲劳性能等较好。但是，其表面致密，构造深度小，可以用于抗疲劳结构层或干旱少雨、交通量较小、气候严寒地区的公路。

沥青玛蹄脂碎石是指由改性沥青、矿粉纤维及少量细集料组成的玛蹄脂填充间断级配的粗集料碎石骨架间隙而形成的一种混合料，或者说是由互相嵌挤的粗集料骨架和沥青玛蹄脂两部分组成的。综合 SMA 的特点，可以归纳为三多一少：粗集料多、矿粉多、沥青结合料多、细集料少。由于其采用了优质材料和间断级配，虽初期投资较大，但混合料的使用性能全面提高，除了具有高强的高温抗车辙能力之外，同时兼具良好的低温抗裂性能、疲劳耐久性和良好的表面功能，是沥青路面面层的首选材料。SMA 适用于铺筑新建公路的表面层、中面层或旧路面加铺磨耗层。

开级配抗滑磨耗层，是一种间断开级配沥青混合料，设计空隙率为 20% 左右，一般用于旧路面罩面或新设计的路面表层。为了保证 G-FC 沥青混合料矿料之间的黏结性、抗老化性，一般要求采用高黏度的改性沥青，因此，G-FC 沥青混合料具有很高的黏结力和内摩擦力，及显著的高温抗车辙能力。高速行车、多雨潮湿、不易被尘土污染、非冰冻地区适宜铺筑开级配磨耗层 G-FC。

热拌沥青碎石适用于二级及二级以下公路的面层、柔性路面的上基层以及调平层。乳化沥青碎石混合料适用于三级、四级公路的沥青面层、二级公路养护罩面以及各级公路的调平层。沥青贯入式碎石（含上拌下贯式）适用于二级及二级以下公路的沥青面层。沥青表面处治适用于三级、四级公路的面层、旧沥青面层上加铺罩面或抗滑层、磨耗层等。

（2）沥青面层结构设计

表面层是与气候环境和行车荷载直接接触的结构层，要求平整、密实、抗滑耐磨、抗车辙、抗老化等。对于路线平纵线形不良路段，宜选用表面粗糙的抗滑面层（AC-C），SMA 等；对于气候炎热、多雨潮湿地区，也可选用 G-FC。且沥青混合料的级配公称最大粒径与沥青层的厚度相匹配，常用的公称最大粒径为 13mm 或 16mm。

中、下面层承受从表面层传递下来的荷载，车辆荷载的剪应力在距路表 4~6cm 处达到最大，且此范围内的路面温度高，所以中、下面层应具有良好的高温抗车辙能力。此外，与基层模量相差较大的下面层还需要具有良好的抗疲劳开裂能力。中面层可选用粗型密级配、SMA、高性能沥青混凝土等级配类型的混合料，如 SMA-20、AG20C、Sup-19 等。

对于采用多孔沥青混合料的路面而言，尽管下卧层采用了密级配沥青混凝土，可以起到较好的防水作用，但毕竟仍还存在一定的空隙，当雨水渗入表层后，大部分水分通过表层内部的联通孔隙排向路面边缘，但仍有部分水分会继续向下渗透，因此，必须在排水表层下做防水层，防止雨水下渗。为了保证下卧层的密水性，下卧层的压实度必须达到现行规范中对压实度的要求，平整度也要满足施工检测要求；由于大空隙率沥青混合料表面层与下层的接触面积比一般沥青混凝土小，所以必须设置防水黏结层以增强层间的黏结力，以兼顾防水与黏结的作用。我国通常用 SBS 改性乳化沥青，日本采用橡胶改性乳化沥青。

下面层可选用 AC-25 或 LSM-25 或 ATB-25 做柔性基层。半开级配沥青碎石（AM），因空隙率大，渗水严重不宜做面层。半开级配沥青碎石 AM-13、AM-16、AM-20 主要用于调平层，且空隙率不宜大于 14%；若设计开级配排水基层（ATPB），其设计空隙率为 18%~24%，其下做好防水层。

2. 基层、底基层

基层是设置在面层之下，并与面层一起将车轮荷载的作用传布到底基层、垫层、土基，基层是沥青路面结构中的主要承重层。它应具有足够的强度和刚度，并应具有良好的扩散能力。基层遭受大气因素的影响虽然比面层小，但是仍然有可能受地下水和通过面层渗入雨水的浸湿，所以基层结构应具有足够的水稳性。在冰冻地区还应具有一定的抗冻性。高级路面下的半刚性基层应具有较小的收缩（温缩及干缩）变形和较强的抗冲刷能力。同时为了保证面层的平整度，基层也要求具有足够的平整度。

底基层是设置在基层之下，并与面层、基层一起承受车轮荷载反复作用，起次要承重作用的层次。基层、底基层视公路等级或交通量的需要可设置一层或两层。当基层或底基层较厚需分两层施工时，可分别称为上基层、下基层，或上底基层、下底基层。

（1）基层、底基层材料

按照材料的力学特性进行分类，基层、底基层可分为半刚性类、柔性类，刚性类；按照结合料种类可分为结合料稳定类和无结合粒料类，结合料稳定类又可分为有机结合料和无机结合料稳定类；按其混合料结构状态分为骨架密实型、骨架空隙型、悬浮密实型和均匀密实型四种结构类型。

1）半刚性基层

半刚性基层、底基层的材料有水泥稳定类、二灰稳定类、石灰稳定类。半刚性材料的优点是刚度大、板体性强、承载能力强、造价低，是目前我国沥青路面的主要基层形式。缺点是容易收缩开裂、表面致密、与沥青面层的接触条件差等。

水泥稳定集料类、石灰粉煤灰稳定集料类材料适用于各级公路的基层、底基层。冰冻地区、多雨潮湿地区，石灰粉煤灰稳定集料类材料适用于高速公路、一级公路的下基层或底基层。石灰稳定类材料适用于各级公路的底基层及三、四级公路的基层。

2）柔性基层

柔性基层多采用沥青稳定粒料类、级配碎石等修筑，柔性基层的优点是不会产生反射裂缝，耐冲刷，寿命长；缺点是面层承受拉应力，有可能导致面层的疲劳破坏，柔性材料模量较低，会产生永久变形，且造价较高。

级配碎石常用几种粒径不同的碎石和石屑掺配而成，适用于各级公路的基层和底基层。级配碎石的质量关键在于矿料的质量及其级配，尤其是级配，各国规范的级配范围较宽，在建议范围内可做成不同的混合料，如悬浮—密实、骨架——密实、骨架—空隙等，同时还有不同的级配原则如连续级配、间断级配等，这就为就地取材的设计原则拓宽了空间。有关试验研究表明，不同成型方法得到的级配碎石具有不同的 CBR 值和回弹模量。对于交通量较大的公路宜用骨架密实型级配。

沥青稳定碎石混合料基层分为三类：密级配沥青稳定碎石（ATB），设计空隙率为 3%~6%；开级配沥青稳定碎石（ATPB），设计空隙率大于 18%；半开级配沥青稳定碎石，设计空隙率为 6%~12%。

沥青稳定碎石基层（ATB）是在级配碎石基础上发展起来的，是用适量的沥青对级配碎石进行稳定后用作沥青路面的基层，采用连续密级配，属于悬浮—密实结构。与半刚性基层相比，沥青稳定碎石基层刚度相对较小，具有较高的抗剪强度、抗弯拉强度和耐疲劳性，不易产生收缩开裂和水损害；与传统的用于面层的沥青混凝土相比，它是针对基层用的，粒径偏大，级配偏粗，沥青用量偏少，对原材料的要求相对于面层要低；与沥青碎石相比，有较多的细集料和填料，级配和原材料要求相对较高。

排水式沥青稳定碎石基层（ATPB）是采用开级配的沥青稳定碎石基层，属于骨架—空隙结构，空隙率大，主要用于沥青路面内部的排水。其主要特点为粗集料所占比例较大，彼此紧密相接，细集料的数量较少或没有，不足以填充大颗粒之间的空隙，石料充分形成骨架，空隙率较大，渗透系数较高，混合料的强度主要是依靠粗骨料之间的内摩阻力。

由于排水基层的主要功能是排除低水头压力的路面内部自由水，往往在排水后一段时间内有持水现象，材料在水的浸泡及车辆的外力作用下可能发生沥青的剥落现象，从而影响渗透性能和抗变形性；另外，排水路面的寿命往往比较长，排水材料需长期保持稳定结构，沥青必须具有较好的抗老化性能。因此，为了防止沥青的剥落和提高沥青的抗老化性能，必须使用较好的沥青，国外普遍使用改性沥青来增加混合料的强度。

3）刚性基层

刚性基层常用材料有贫混凝土、碾压式混凝土、水泥混凝土等。刚性基层与其他基层材料相比，具有较高的强度、刚度，较好的整体性和稳定性，良好的抗冲刷性能，多孔透水混凝土还兼有内部排水功能，可用于重载交通的路面基层。

贫混凝土是由粗、细级配集料与一定水泥（集料用量的 6%~10%）和水拌和而成的一种混凝土，有时也称经济混凝土。按空隙率不同，贫混凝土可分为密实贫混凝土和多孔混凝土，其中，多孔混凝土的空隙率较大，一般在 20%~30%，有利于排水，可作为排水基层或排水垫层；按照施工工艺不同，贫混凝土可分为碾压贫混凝土、振捣贫混凝土和滑模贫混凝土。与水泥稳定粒料、二灰稳定粒料等常用半刚性基层材料相比，贫混凝土具有较高的强度、刚度和整体性，良好的抗冲刷、抗冻和抗疲劳性能。强度高（2~4MPa）、模量大（8000~20MPa）的贫混凝土基层能为沥青路面提供更高的承载能力和疲劳寿命。

水泥混凝土通常是以面层的形式早已出现在路面结构中，它能承受行车荷载的作用和环境因素的影响，具备优良的弯拉强度、疲劳强度、抗压强度和耐久性。采用水泥混凝土基层的沥青路面，由于水泥混凝土板体强度高，提高了整个沥青路面结构的整体性，路面将更能承受重载交通的作用同时可以显著改善平整度，有利于提高行车速度、舒适性和安全性；更重要的是处于基层的水泥混凝土温度梯度较小，温度应力远小于面层水泥混凝土，温度翘曲应力大幅度减小；另外，水泥混凝土优异的抗疲劳性能将更适合作为耐久性沥青路面的刚性基层。

连续配筋混凝土（CRC）是在纵横向配置连续钢筋的混凝土路面。连续配筋混凝土路面结构整体抗弯拉强度高。由于混凝土中钢筋的存在，路面裂缝不宽，裂缝一般不能穿过钢筋层而发展成为上下贯穿的通缝，也不会延伸到钢筋表面，路面结构钢筋不会受到锈蚀，因此路面的使用寿命会延长且使用性能不会改变。连续配筋混凝土基层沥青路面，由于基层底部的疲劳裂缝很难传递到该层顶部，而且该层的温缩和干缩裂缝也很窄，因此 CRC 基层顶部的裂缝将较少，即使有也很窄（小于 0.5mm）。这样的裂缝很难对沥青面层构成威胁，沥青路面即使不采取防裂措施也不会出现反射裂缝。

（2）基层、底基层设计

基层、底基层结构设计应贯彻就地取材的原则，认真做好当地材料的调查，根据不同公路等级、交通量对基层、底基层的技术要求，选择技术可靠、经济合理的基层、底基层结构。

1）级配碎石基层

级配碎石基层是世界各国普遍采用的基层类型之一，采用具有一定厚度和严格级配要求的优质级配碎石作为上基层，而半刚性材料作为下卧基层。这种上柔下刚的倒装结构，使上下基层优势互补，既充分发挥半刚性基层沥青路面强度较高的优点，又能克服其缺点，能在很大程度上防治和减少半刚性基层的反射裂缝。

但是，单一的级配碎石层整体强度不足，抵抗变形能力差，在荷载多次重复作用下易产生塑性变形积累，为达到较高的压实度应采用重型压实标准。然而当其厚度较大时，即使达到较高压实度，在重复荷载作用下也会产生较大的残余变形。

级配碎石的用途很多，既可用在沥青面层与半刚性基层之间，作为应力消散层；又可用在轻交通道路薄沥青面层下，作为主要承重层（此时厚度较厚）；还可用在中、重交通道路厚沥青面层下，作为基层或用在一定厚度的沥青稳定碎石下，作为底基层。

对于高速公路、一级公路，采用级配碎石作为基层或过渡层时，应先修试验段，着重控制材料规格、施工工艺管理和工程质量，并总结经验，不能盲目推广，尤其在交通量大、重车多的公路上应慎重采用。

2）沥青稳定碎石基层

沥青稳定碎石基层沥青路面的优越性主要体现在：由于面层和基层材料结构的相似性，路面结构受力、变形更为协调；设计优良的沥青稳定基层混合料能保证一定的空隙率，使水分顺畅地通过基层排出，不会滞留在路面结构中破坏路面的水稳性；沥青混合料对于水分的变化不敏感，受水和冰冻影响较小，不会因为干缩裂缝而导致面层出现反射裂缝。

沥青稳定碎石基层是世界各国最常用基层形式。沥青稳定碎石基层同沥青面层一起构成全厚式沥青面层；沥青稳定碎石与半刚性基层共同形成组合式基层。沥青稳定碎石设置在沥青面层与半刚性基层之间作为过渡联结层，一则可以减小面层—基层模量梯度，从而减小拉应力；二则可以消除沥青面层与半刚性基层直接接触带来的副作用，如反射裂缝、表面易积水，层间结合不佳等；另外还可以进一步扩散路面应力。

在 20 世纪 60 年代以前，美国和英国等国家就进行了沥青路面的足尺试验研究，比较了不同类型基层对沥青路面性能的影响，研究的基层类型包括碾压沥青混凝土基层、开级配沥青碎石基层、贫混凝土基层、级配碎石基层等，结果发现沥青混凝土基层的路用性能最好，开级配沥青碎石要差一些；60 年代，英国铺筑了几条试验路，分别采用贫混凝土基层、水泥稳定土基层、渣油碎石基层和沥青稳定碎石基层，通过几十年对试验路的变形和开裂观测及各项试验研究，结果表明沥青稳定碎石基层表现出较其他类型基层更好的使用性能和经济效益，因此沥青稳定碎石基层成为英国使用最为广泛的基层类型。

3) ATPB 排水基层

大空隙沥青稳定碎石基层（ATPB）作为一种改善半刚性基层沥青路面结构行为的功能结构，具有以下诸多优势。

①大空隙沥青稳定碎石具有大的空隙率，水能在荷载动力作用下或者无动力条件下，在混合料的有效空隙中自由流动，使路面上层渗下来的水能及时排走。

②沥青稳定碎石排水基层中沥青混合料的多空隙结构，可有效地阻断裂缝尖端的扩展路径，削弱拉应力、拉应变的传递能力，并且能消散、吸收由交通荷载及环境温度变化所产生的荷载应力和温度应力。

③沥青稳定碎石透水基层收缩系数较小，其多空隙结构具有较大的塑性变形能力，可充分吸收半刚性基层释放的应变能，减小应力集中现象，从而延缓反射裂缝向上扩展的速度和防止反射裂缝的产生，具有很好的抗裂特性。

④由于面层和基层材料结构的相似性，路面结构受力、变形更为协调，具有一定的自愈合特性，如果沥青混合料发生开裂且裂缝不大时，沥青混合料可以缓慢愈合。

但是在使用 ATPB 排水基层时，仍需充分考虑水分对路面结构的不利影响，应设相应的配套设施。采用改性乳化沥青石屑封层或稀浆封层作为下封层，防止水分的下渗；采用透水性材料做基层，使渗入路面结构内的水分，先通过竖向渗流进入排水层，然后通过横向径流进入纵向集水沟和排水管，再由横向出水管排出路基；排水层也可采用横穿整个路基宽度的形式，不设纵向集水沟和排水管以及横向出水管，渗入排水层内的自由水，通过横向径流，直接排到路基宽度之外。

4）刚性基层

刚性基层适用于重交通、特重交通及运煤、矿石、建筑材料等的公路工程。刚性基层的厚度一般为200~280mm，最小厚度应大于150mm。

贫混凝土有普通贫混凝土和多孔贫混凝土，都具有较高的强度和良好的抗冲刷性能。其中前者可抵抗水的冲刷，而后者由于具有较多的孔隙，可以将进入结构层内的水迅速排走而免受冲刷，同样具有良好的抗冲刷性能。因而使用贫混凝土做基层能为沥青路面提供更高的承载能力和疲劳寿命。尽管其初期造价高于一般的半刚性基层，但如计入养护费用，并考虑到使用寿命的不同，这种材料寿命周期费用低于一般的半刚性基层，也低于沥青类基层。鉴于其优良的路用性能，英国、美国、德国、法国、巴西、澳大利亚和比利时等国家的高速公路路面不少都采用了贫混凝土基层。

但贫混凝土和普通混凝土刚性基层比半刚性基层会产生更大的干缩和温缩裂缝，在刚性基层的路面结构中应采取防反射裂缝的措施，以保护沥青面层不至于因为基层开裂而反射至沥青面层表面。研究表明，在基层和沥青面层之间铺设大粒径沥青碎石、级配碎石、应力吸收层等中间结构层都能有效地防止反射裂缝。但各种处治措施在耐久性沥青路面中的适用性尚需进行比较分析。

3. 垫层

垫层是设置在底基层与土基之间的结构层。垫层一方面起排水、隔水、防冻、防污等作用，以保证面层和基层的强度、刚度和稳定性不受土基水温状况变化而造成不良影响；另一方面将基层传下的车辆荷载应力加以扩散，以减少土基产生的应力和变形。

为确保路面结构处于干燥或中湿状态，在下列情况下应设置垫层：在地下水位高，排水不良，路基经常处于潮湿、过湿状态的路段；排水不良的土质路堑；有裂隙水、泉眼等水文不良的岩石挖方路段；可能产生冻胀的季节性冰冻地区的中湿、潮湿路段；基层或底基层可能受污染以及路基软弱的路段。

修筑垫层的材料，强度要求不一定高，但水稳性和隔温性能要好。垫层材料可选用粗砂、砂砾、碎石、煤渣、矿渣等粒料以及水泥或石灰煤渣稳定粗粒土，石灰粉煤灰稳定粗粒土等。

当地下水位高，路基处于潮湿、过湿状态，而且粉性土的含量高时，在毛细水作用下水分将自下而上渗入路面结构，为隔断水的通路而设置防水垫层。材料可采用粗砂、砂砾、矿渣等粗粒材料，另外在垫层以下宜铺设土工织物反滤层，以防止垫层的污染。

为排除通过路基顶面渗入的潜水、泉水和毛细上升水或由路表渗入的水，可设置排水垫层。材料可采用粗砂、砂砾、矿渣等粗粒材料，材料规格、排水能力、与路基路面排水系统的衔接等，要按照路面内部排水系统的要求确定。同时其上下可能均需铺设土工织物反滤层。

在季节性冰冻地区，当冻深较大，路基土为易冻胀土时，路基土易出现冻胀与翻浆。为避免这种情况，当路面厚度小于最小防冻厚度的要求时，在路基顶面增加防冻垫层。材料可用隔温性能好，导热系数低的材料，如煤渣、矿渣、石灰煤渣稳定粒料等。

对于处于软土地带的潮湿路段，为了防止路基土浸入而污染路面结构，需设置防污垫层。可用土工合成材料与粒料分多层间隔铺筑。

第三节　沥青路面损害情况与养护维修

一、沥青路面早期损害情况及其原因

沥青路面在行车荷载和自然因素的长期作用下，会逐渐出现各种形式的路面病害。按照病害的形成原因和表现形式，沥青路面主要病害形式表现为车辙、水损害和裂缝类病害三大类。

1. 车辙

沥青路面车辙表现为车辆轨迹带上的竖向凹陷变形，是沥青路面在高温环境下，由于交通荷载重复作用而形成的永久变形累积。车辙是我国公路沥青路面比较常见的病害，不仅发生在常年温度高的南方地区，在我国年平均气温较低的北方地区也是多有发生。沥青路面的车辙主要有以下四种类型。

（1）结构性车辙。结构性车辙是路面在车辆荷载的作用下引起沥青面层、柔性基层（垫层）及土基在内各层的永久变形而形成的。

（2）流动性车辙。流动性车辙是路面在高温条件下，行车荷载产生的剪应力超过沥青混合料的抗剪强度，混合料内部出现剪切破坏，并在重复荷载的作用下，流动变形不断累积形成的，也称为失稳性车辙。在轮胎的反复作用下，轨迹部位下凹，并由于混合料的积压流动使轨迹两侧向上隆起。

（3）磨损性车辙。磨损性车辙是路面在车辆荷载的反复作用下，尤其是大量重型超载车辆或带钉轮胎车辆的作用，路表由于汽车轮胎的磨耗作用，表面颗粒逐渐散失而形成的。

（4）压密性车辙。压密性车辙是由于沥青混合料面层本身施工阶段压实不足，在通车后的第一个高温季节，经车辆荷载的反复碾压，混合料继续被压密并逐渐趋于稳定而形成的。

在我国，由于基层基本上是半刚性材料，强度和刚度较高，不会产生塑性永久变形，沥青路面车辙基本上是由于沥青混合料面层的永久变形而致的流动性车辙。车辙损害多发生在高温季节，特别是超载、重载车辆较多路段，及长大纵坡爬坡路段。

2. 水损害

水损害是我国许多高速公路沥青路面的主要损害形式，是多雨潮湿地区的高速公路尤为严重。水损害主要表现为路面出现松散、坑槽、辙槽、唧浆、沉陷等损害形式，使路面平整度明显变差，路面使用质量和服务水平显著降低。

松散是一种从路面表面向下不断发展的集料颗粒流失和沥青结合料流失而造成的路面损坏；坑槽是局部集料丧失而在路面表面形成的坑洞，可涉及不同的路面层次；沉陷是路面表面产生的大于 10mm 的局部凹陷变形，是沥青路面的主要结构性破坏形式之一；唧浆是由于渗入路面结构中的水分在行车荷载压力作用下，冲刷基层表面形成浆体，并唧出路面的路面损坏形式。以上几种损害多是由于水分的介入和作用而引起。

水是引起路面水损害的根本原因，按照进入路面的水源不同，水损害可分为以下四类：自然降水引起的水损害；路表积水引起的水损害；中央分隔带渗水引起的水损害；挖方路段的地下水引起的水损害。

水损害按其产生过程一般可以划分为表面性水损害和结构性水损害。表面性水损害多是自上而下产生，主要表现为麻面、松散、坑槽、辙槽等病害。结构性水损害多是由于水分进入路面结构内部，由下而上产生，主要表现为唧浆、沉陷、坑槽等病害。以上两种水损害在我国许多高速公路上都有产生，且结构性水损害更为突出一些，危害更大。

3. 裂缝类损害

裂缝也是沥青路面的常见病害形式，裂缝的产生不仅使水顺利进入路面内部成为可能，而且使行车荷载作用于路面的应力发生变化。如果对沥青路面上出现的裂缝不加处治，在水、荷载等外界条件的影响下，裂缝会不断扩展，进而导致其他病害的出现而影响路面的结构性能。

沥青路面建成后，不论基层是柔性的还是半刚性的，都会产生各种形式的裂缝。按路面开裂的主要原因，裂缝可分为三大类：由于行车荷载的作用而产生的结构性破坏裂缝，称之为荷载裂缝；由于沥青面层温度变化而产生的温度裂缝，包括低温收缩裂缝和温度疲劳裂缝，称之为非荷载裂缝；由于填土固结沉陷或地基沉陷而引起的裂缝，包括桥涵两端的横向裂缝和路段上较长的纵向裂缝，称之为沉降裂缝。按照裂缝的表现形式，可分为横向裂缝、纵向裂缝、龟裂和块裂。

横向裂缝是与道路中线近似垂直的裂缝，有时伴有少量支缝。按其成因可分为：低温缩裂；温度反复升降引起的温度裂缝；基层缩裂引起的反射裂缝；不均匀沉降引起的横向裂缝。

纵向裂缝是与道路中线近似平行的裂缝，按成因不同可分为：由于不均匀沉降引起的路面表面纵向裂缝；由于车辆荷载的反复作用，在轨迹带两侧而产生的 TP-DWN 裂缝；在行车荷载作用下，产生的纵向疲劳裂缝。

块状裂缝是纵向和横向裂缝的交错而使路面分裂成近似直角的多边形大块。块状裂缝的主因是材料，即面层材料的低温缩裂和沥青的老化，与行车荷载作用的关系不大。块裂可能出现在整个路面宽度内，范围较大，但裂缝深度一般仅限于路面表面，对路面承载力和功能性能都没有太大影响。

龟裂是沥青路面最为重要的一种裂缝形式，疲劳是产生龟裂的最主要原因。而疲劳破坏是在路面所用的沥青混合料脆硬或老化严重、路面结构局部软弱时，在行车荷载的反复作用下，沥青面层和其下的半刚性基层等整体性材料逐渐失去承载能力的情况下形成的。龟裂是沥青路面最主要的结构性损害之一，其发生的程度及范围是养护工程师用于判断路面是否存在结构性损坏及承载能力是否足够的重要依据。

4.其他类损害

（1）波浪拥包是指由于局部沥青面层材料强度不足而在路表面形成的有规律的纵向起伏，波峰和波谷间隔很近。波浪拥包是一种对路面行驶质量影响较大的损害形式。

波浪拥包产生的原因有很多，首要原因是路面材料及设计与施工的缺陷：材料组成设计差（如油石比过大、细集料过多）及施工质量差，使面层材料不足以抵抗车轮水平力的作用，从而产生波浪拥包；面层与基层之间存在不稳定夹层，面层在行车荷载作用下发生推移变形，从而形成波浪拥包；有些路基的冻胀也会在路面局部形成拥包。

（2）泛油是指路面混合料中的沥青向上迁移，而在路表面形成的一层有光泽的沥青膜。泛油一般发生在天气炎热时，而在天冷时又不存在逆过程，因而沥青积聚在路表面，造成路面抗滑能力降低，严重影响路面行驶的安全性。

泛油主要是由沥青材料或设计缺陷造成的。沥青含量过多，混合料中空隙率过小，拌和控制不严，沥青的高温稳定性差，是产生泛油的主要原因；施工时黏层油用量不当，或雨水渗入使下层沥青与石料剥离，在动水作用下，沥青膜剥落上浮也会形成路面表面泛油。

（3）表面磨光是指沥青路面在使用过程中，在车轮反复滚动摩擦的作用下，集料表面被逐渐磨光的现象。有时还伴有沥青的不断上翻、泛油等病害，导致沥青面层表面光滑，而在集料磨光的同时，路面噪声、水雾、溅水、眩光等一系列表面功能也跟着下降，常会因此而酿成车祸（尤其在雨季）。

这种现象与采用了敏感性比较大的沥青混合料级配类型有关。表面磨光的内在原因是集料质地软弱，缺少棱角，或矿料级配不当，如粗集料尺寸偏小、细料偏多或沥青用量偏多等。

（4）修补是指因龟裂、坑槽、松散、沉陷、车辙等损坏处理后在路面表面形成的修补部分。

二、养护技术分类与标准

1. 沥青路面养护技术分类

沥青路面在长期使用过程中，应采取及时有效的养护管理措施，以保证路面的功能和结构强度。我国《公路沥青路面养护技术规范》（JTJ073.2-2001）将沥青路面的养护工作按其作业性质、规模和时效性不同，分为未提及，小修保养、中修、大修、改建和专项养护工程等，其具体划分如下。

（1）小修保养

小修保养是对公路及其工程设施进行预防性保养，修补其轻微损坏部分，使之经常保持完好状态的工程项目。主要内容包括：修补路面的泛油、拥包、轻微裂缝、横向裂缝、坑槽、沉陷、波浪、局部网裂、松散、车辙、麻面、啃边等病害。

（2）中修工程

中修工程是对公路及其公路设施的一般性磨损和局部损坏进行定期的修理加固，以恢复原状的小型工程项目。它通常是由业主项目公司按照年安排计划组织实施。其主要内容有：沥青路面整段铺装、罩面或封面处理；局部严重病害处理；整段更换路面缘石、维修路肩。

（3）大修工程

大修工程是对公路及其工程设施的较大损坏部分，进行周期性的综合修理，以全面恢复到原设计标准，或在原技术等级范围内进行局部改善，或个别增建设施，以逐步提高公路通行能力的工程项目。它通常由业主项目公司在上级机构的帮助下，根据批准的年度计划和工程预算来组织实施。大修工程的内容包括路面的翻修、补强等。

（4）改建和专项养护工程

改建和专项养护工程是对于不适应交通量和轴重需要的公路及其工程设施，分期逐段提高技术等级，或通过改善显著提高其通行能力的较大工程项目。它通常由省级公路管理机构或者项目业主根据批准的计划和设计预算，组织实施或通过招标来完成。改建工程的工作内容有：提高路面等级；补强；加宽；对不适应交通要求、不符合路线标路段，通过局部改线，提高公路等级，使其符合技术标准要求。

2. 沥青路面养护技术标准

当沥青路面平整度、抗滑性能、路面状况、强度、车辙等达不到表 1-1、表 1-2 的规定标准时，应采取适当的措施对其进行处治予以修复，以达到使用要求。

表 1-1 部分公路评价标准

序号	项目		高速公路、一级公路	其他等级公路
1	平整度（mm）	平整度仪	≤ 3.5	≤ 4.5
		3m 直尺（h）	≤ 7	≤ 10
		IRI（m/km）	≤ 6	≤ 8
2	抗滑性能	横向力系数	≥ 40	≥ 30
		摆式仪摆置 BPM	—	≥ 32
3	路面状况蜘蛛 PCI		≥ 70	55

表 1-1 中对于其他等级公路的平整度方差沥青碎石，沥青贯入式应该取低值 4.5；沥青表面处治应取中值 5.5；碎砾石及其他粒料类路面应取高值 7.0。对于其他等级公路的平整度 3m 直尺指标：沥青碎石，沥青贯入式应取低值 10；沥青表面处治应取中值 12；碎砾石及其他粒料类路面应取高值 15。

表 1-2 沥青路面强度的养护、车辙养护质量标准

评价指标	高速公路、一级公路	其他等级公路
路面强度系数 SSI	≥ 0.8	≥ 0.6
路面车辙深度（mm）	≤ 15	—

对沥青路面实施大修、中修、改建及专项养护工程时，除遵照《公路沥青路面养护技术规范》（JTJ073.2-2001）的相关技术规定外，还应遵照《公路技术状况评定标准》（MJTGH20-2007）、《公路沥青路面施工技术规范》（HJTGF40-2004）、《公路路面基层施工技术规范》（JTJ034-2000）、《公路路基施工技术规范》（MJTGF10-2006）的技术规定。

路面使用性能评价是一个多指标评价体系，《公路沥青路面养护技术规范》（JTJ073.2-2001）主要根据各分项调查评价指标进行路面的养护决策。而高速公路则分别将四种评价指标（PCI、RQI、SFC 或 BPN、SSI）作为选择沥青路面养护维修措施的决策基准，当这四种指标都保持在良好及以上时进行以预防性养护为主的养护维修策略。

《公路沥青路面养护技术规范》（JTJ073.2-2001）规定：公路养护管理部门可根据公路等级、交通量、分项指标的评价结果，结合养护资金情况，采取如下维修养护对策：

（1）在满足强度要求的前提下（路面的结构强度系数为中等以上时），若高速公路及一级公路的路面状况指数（PCI）评价为优、良，或者二级及二级以下公路的路面状况指数评价为优、良、中时，以日常养护为主，并对局部破损进行小修；若高速公路及一级公路的路面状况指数（PCI）评价为中及中以下，或者二级或二级以下公路的路

面状况指数评价为次及次以下，应采取中修罩面措施。

（2）在不满足强度要求的前提下（路面的结构强度系数为中等以下时），应采取大修补强措施，以提高其承载能力。

（3）若高速公路及一级公路的行驶质量指数（RQI）评价为优、良，或者二级及二级以下的公路的行驶质量指数评价为优、良、中时，以日常养护为主；若高速公路及一级公路的行驶质量指数（RQI）评价为中及中以下，或者二级及二级以下公路的行驶质量指数评价为次及次以下时，应采取罩面等措施改善路面的平整度。

（4）高速公路及一级公路的抗滑能力不足（SFCV40）的路段，或二级及二级以下公路抗滑能力不足（SFC<30或BPN<32）的路段，应采取加铺罩面层等措施提高公路表面的抗滑能力。

（5）因路面不适应现有交通量或载重的需要，应通过提高现有路面的等级，或通过加宽等改建措施提高道路的通行能力和服务质量。

大、中修及改建工程的结构类型和厚度，可根据公路等级、交通量、当地经济条件和已有经验，通过设计确定，具体要求应符合《公路沥青路面养护技术规范》（JTJ073.2-2001）的规定。对项目级的养护维修对策，可根据公路网的资金分配情况和养护工作计划安排，结合各路况分项调查结果和本地区成熟的养护经验，选择具体的养护维修措施。

三、沥青路面维修养护措施

沥青路面损害维修与养护应根据沥青路面出现的损害类型、损害密度和范围等，采取合适的措施修复路面，以恢复路面的功能或强度。首先要对路面进行科学、合理的质量检测与评价，分析路面现时损害状况和损害原因，采用一定的决策程序，给出路面维修与养护方案。而按照沥青路面损害的程度和规模，可采用局部维修与处治、罩面、加铺、翻修和再生等方案措施。

1.局部损害维修与处治

主要是针对路面上的局部损害或某种单一形式的损害，如裂缝填封、车辙修补、坑槽修补等。

填缝和灌缝是目前养护部门较常用的两种方法。填缝适用于裂缝宽度较小，裂缝边缘损坏程度小的裂缝；而灌缝适用于裂缝宽度较大，边缘损坏较大的裂缝。根据裂缝的形式和程度，裂缝修复具体方法主要有清理并填缝、锯缝并填缝、开槽并填缝、灌缝、全深/部分深裂缝修补等。

常用的裂缝修复材料包括普通热沥青、乳化沥青、聚合物改性沥青、硅酮材料等。裂缝处理的施工时间最好应在气温0℃以上，路面中水分最少，裂缝张开至一半宽的时候。

路面坑槽类损坏大多出现在雨后,这主要是由于水降低了沥青的黏附性并阻断了与石料的相互黏结所致。根据修补所用材料及目标不同,坑槽修补主要分为临时性、半永久性、永久性修补三种类型。临时性修补只需要对坑槽进行简单的处理即可进行修补,速度快,但是修补耐久性较差;永久性修补需要对坑槽进行处理,修补成本较高,所需时间也比较长,但是具有良好的使用效果;半永久性修补与永久性修补方法类似,但是这种方法修补路面不需切割路面,修补后的区域也不是矩形。

用于沥青路面坑槽破损的修补材料主要有:热拌沥青混合料、冷拌沥青混合料、喷补料、沥青混凝土预制块等。其中,热拌沥青混合料和冷拌沥青混合料是较为常用的坑槽修补材料。路面坑槽修补的习惯做法是把坑槽四周修成垂直面,然后用集中拌和好的热拌沥青混凝土填充碾平。

车辙类损坏大多出现在车道轨迹带附近,根据车辙形式的不同可分为:车道表面因车辆行驶推移而产生的纵向车辙;路面受横向推挤形成的横向波形车辙。纵向车辙的修补,应将出现车辙的面层切削或铣刨清除,然后重铺沥青面层;横向车辙如果已经稳定,其修补应将凸出的部分消除,在波谷部分喷洒或涂刷黏结沥青并填补沥青混合料找平、压实,也可根据情况使用微表处理。

车辙类损坏的修补材料在高速公路及一级公路上可采用沥青玛蹄脂碎石混合料(SMA),或 SBS 改性沥青混合料,或聚乙烯改性沥青混合料。

2. 罩面

当沥青路面的整体强度符合要求,但出现平整度差,或路面产生车辙,或沥青老化开裂等现象时,可以采用罩面。罩面多用于路面表面功能的恢复,常被用作路面预防性养护措施。罩面的有效性和耐久性与原路面破坏的原因、程度及罩面层的施工方法有关。从不同的角度出发,罩面有着不同的划分方法。

罩面按使用功能的不同划分为普通型罩面(简称罩面)、防水型罩面(简称封层)和抗滑层罩面(简称抗滑层)。常见的普通型罩面有热拌沥青混合料薄层罩面等;防水型罩面有稀浆封层、碎石封层、雾封层等;抗滑层罩面有超薄磨耗层、开级配抗滑表层等。

罩面按施工工艺的不同,可分为洒铺类和拌和类。洒铺类罩面是指分层洒铺沥青和矿料,并经碾压形成的表面层,洒铺类包括表面处治、石屑封层、同步碎石封层、橡胶沥青封层和雾封层等;拌和类罩面是指将矿料、沥青结合料和其他成分在现场或在拌和后运输到施工现场摊铺、碾压而形成的表面层,拌和类包括超薄磨耗层、稀浆封层、微表处、热拌沥青混合料薄层罩面等。

罩面按施工拌和的温度不同,可以划分为热拌沥青混合料薄层罩面、温拌沥青混合料薄层罩面和冷拌沥青混合料薄层罩面。

罩面为原路面提供了一层新的表面层，使罩面后的路面具有了如下功能：明显改善路面的表观、平整度和抗滑性能，并具有密封裂缝、防渗水的效果；减缓原有沥青表面的硬化速率，阻止使沥青硬化的水分和空气的进入；改善路表的不规则性，提供均匀表面。

一般情况下，如果旧路面的结构无法承担未来 3~5 年的交通，则不需要考虑使用罩面；如果旧路面存在排水性差或基层不稳定导致的结构问题，也不宜采用罩面；如果旧路面存在严重的结构性损坏，也不宜采用罩面。

3. 沥青加铺层

随着使用时间的推移，沥青路面的使用性能和承载能力不断降低，以致无法满足正常通行的要求，此时就需要采用厚加铺层，即结构加铺层，以处理路面的结构性损坏，提高路面的承载能力。在原有路面上进行结构加铺层补强处理时，应按照规范规定的加铺层设计方法进行设计。

结构加铺层是提高沥青路面结构承载能力的常用方案，根据加铺作业方法，结构加铺层可以分为直接加铺和经过处理后加铺两种形式。如果原路面所显示的裂缝细微，路面的变形不大，则在原路面上直接铺设加铺层具有良好的效益；如果原路面呈现大面积龟裂及坑洞的局部软弱路段，可采用局部修补方法，将原路面挖除并换上强度大的材料，再进行加铺沥青层；如果原路面出现严重车辙，及由于路面材料不稳定而产生严重的变形等情况，此时可采取局部刨除的方法，车辙和变形较大的路段应先做整平层，后加铺沥青层；如果原路面出现较严重的裂缝现象时，铺设加铺层之前必须对原路面裂缝做有效的处理，以防止裂缝反射到加铺层之上从而导致路面的加速破坏。

在进行结构加铺设计与施工之前，需要对使用中的路面进行结构状况调查与评定，以获得旧路路面结构状况和强度，分析损坏的原因并结合调查结论提出加铺方案，加铺层厚度需根据沥青路面设计规范设计确定。加铺前需对原路面进行必要的处治，如果不对原有的路面病害做出必要的处治而简单地直接铺设加铺层，势必会导致加铺层过早被损坏。

4. 翻修

当路面状况处于以下状态时，可以采用挖除铣刨旧路面，换填、铺筑新的结构层进行修复处治：

（1）当受到路面高程限制，采用加铺方案不可行时，可采用铣刨、换填和铺筑方案。

（2）当路面病害达到严重程度，分布范围广，原路面结构层利用价值不大时，需采用翻修方案。

（3）损害主要成因在路面结构内部，当采用加铺方案不能根除损害时，或者病害会短时间重新出现时，需要采用铣刨翻修至损害部位并重新换填铺筑新的材料。

与加铺方案不同，翻修方案根据沥青路面的损害程度，需要挖除原路面的面层或者基层，必要时还需要对基层进行补强处理，然后再用新的材料或者旧路再生材料铺筑基层和面层，以修复结构性损害和比较严重的表面损坏。当路面出现结构性破坏时，如果采用结构加铺层也不能从根本上解决问题，则需要根据损害程度、损害位置等考虑采用铣刨与翻修的方案。而铣刨深度则由病害位置确定，可采用铣刨更换面层、铣刨至基层或底基层，以至铣刨至土基等。

在翻修方案设计前，应充分调查路面损害成因，分析原路面结构或材料设计存在的缺陷与不足，通过优化设计，采用更为科学合理的结构方案，而铺筑所用的新的混合料必须符合规范的要求。

为了防止路面损害的再次出现，在设计沥青路面翻修结构方案时，若路面损坏是由于原路面达到设计年限造成的，应尽量采用和原路面相同的设计方案；若路面损坏是由于设计和施工缺陷引起的，在翻修工程中，应进行路面病害的调查和成因分析，吸取教训，优化路面结构。

5. 旧路面再生利用

在旧路翻修改造过程中会产生大量的废旧料，旧料的再生利用也被作为大修方案之一。沥青路面再生技术，是将需要翻修的旧沥青路面，经翻挖、回收、破碎、筛分后，与再生剂、新沥青材料、新集料等按一定比例重新拌和，获得满足一定路用性能的再生沥青混合料，并用其重新铺筑路面的一套工艺技术。沥青路面再生技术不仅可以节约大量的沥青和砂石材料、降低工程造价，而且减少了废弃材料对环境的污染，具有良好的社会效益和经济效益。

沥青路面再生技术包括厂拌冷再生、就地冷再生、厂拌热再生、就地热再生四类。各类再生技术具有不同的使用范围，应用时应根据工程的实际情况，选择最适宜的再生技术方案。

就地再生的优点在于不需要运输原材料，节省大量运输费用，全部旧沥青路面得到再生利用，节省了大量宝贵资源，施工效率高、成本低、开放交通快。厂拌再生优点在于可以结合旧路材料状况，掺入一定数量的新集料、沥青和再生剂，并重新进行配合比设计，使混合料达到规范规定的各项指标，最后按照与新建沥青路面完全相同的方法重新铺筑路面，能达到较高的质量标准。

冷再生技术是在常温下施工的再生技术，具有环保、经济、施工工期短的优点。根据添加剂的不同，沥青路面就地冷再生可分为泡沫沥青再生和乳化沥青再生；根据再生层厚度的不同，又可分为沥青层冷再生和全深式再生，就地冷再生技术，适用于一、二、三级公路的沥青路面的就地再生利用，在用于高速公路时应进行论证；厂拌冷再生适用于对各等级公路的回收沥青路面材料进行冷拌再生利用，再生后的沥青混合料根据其性能和工程情况，可用于高速公路和一、二级公路沥青路面的下面层及基层、底基层，三、四级公路沥青路面的面层。

与冷再生技术相比，沥青路面热再生需要对旧路面材料进行加热。就地热再生是利用就地再生设备对旧路面进行加热与刨松，并加入一定量的新料，拌和摊铺、碾压形成路面结构；厂拌热再生是先将旧沥青路面铣刨后运回工厂，经破碎、筛分后，掺入一定数量的新料和再生剂，并重新进行配合比设计，并再经拌和运输、摊铺、碾压而形成路面结构。就地热再生技术仅适用于那些只存在浅层轻微损害的高速公路，以及一、二级公路沥青路面表面层的就地再生利用，再生深度一般为20~50mm，再生层可做上面层或者中面层；厂拌热再生沥青混合料路面能够达到所要求的各项性能指标，属于结构性再生，能够有效地用于各种条件下旧沥青路面的再生利用，是一种适用广泛、灵活、简单而又能保证施工质量的旧沥青路面再生技术。

除了以上介绍的几种再生技术外，还有一些其他的沥青路面再生技术，如冷刨和全深式再生。冷刨是指使用专门的设备，有控制地剥离现有路面至合适的深度、纵断面和横坡，可用于消除路面的不平整、提高摩擦系数；全深式再生是将全部厚度的沥青路面和预定比例的下卧层材料（基层、底基层和路基）进行统一粉碎、拌和，以提供均匀的基层材料的再生技术，类似于现场冷再生，在处理道路时不需要加热。

第四节　路面管理系统概述

路面在使用过程中，其使用性能会因行车荷载和环境因素的不断作用而逐渐降低。路面使用性能的恶化，将增加车辆的运行费用（包括燃油、轮胎和保修材料的消耗等费用）及行程时间。因而，在路面使用期内，还需继续投入大量资金以维护（包括养护和改建）路面，使之保持一定的使用性能。这就需要考虑怎样把有限的资金分配到最需要采取措施并能取得最佳效果的路段上，使现行路网保持合理的服务水平。因而，无论是新建路面或是维护现有路面，都需要进行有效的管理。

路面管理工作包括规划、设计、施工、养护、路况监测和评价、研究等方面的主要内容和相互关系。这些活动分属不同的管理层次，如规划活动主要关心的是网级水平上的投资决策和计划安排，而设计或施工活动主要涉及各个工程项目的技术管理。

每个道路管理部门都必须考虑如何向上级申请投资和决定如何使用好分配到的资金。这就需要对路网内路面的使用性能进行监测，对其现状做出评价，由此确定哪些项目需要投资，在预算容许的范围内按优先次序资助尽可能多的急需项目。

项目优先次序的安排，需依据该项目的使用性能或服务水平现状决定。而路面的现状显然同其结构、荷载、环境和其他因素等历史状况有关，它是以前所做出的某些管理决策的结果，同样，目前所做出的管理决策也将对未来的路面状况产生影响。因此，做出管理决策时，既要考虑它们的直接影响，也要预估它们对未来的影响，即不仅需考虑目前的需要和所需的费用，也要考虑对将来的需要和费用所带来的后果。因此，路面管理是协调和控制同路面有关的各项活动，其目的是使管理部门通过这一过程能有效地使用资源（资金、劳力、机具设备、材料、能源等），以最低的资源消耗，在预定使用期内提供并维持具有足够服务水平的路面。

路面管理系统则是通过应用系统分析的方法，综合考虑技术、经济、社会和政治等方面因素，协调各项路面管理活动，促使路面管理过程系统化。它是为管理部门的决策人提供分析的工具和方法，帮助他们考虑和分析比较各项可能的对策，定量地预估各项对策的后效，在预定的标准和约束条件下，选用费用—效益最佳的方案。因而，路面管理系统的建立和实施，可以帮助管理部门改善所做出决策的效果，扩大决策的范围，为决策的效果提供反馈信息，以积累管理经验，并保证部门内各级单位决策的协调一致性。

一、路面管理系统的分级

路面管理系统一般划分为网级管理系统和项目级管理系统两个层次。

1. 网级路面管理系统

网级管理系统通常包括一个地区，如省、市的公路网或一大批工程项目。其主要任务是为管理部门在进行关键性的行政决策时提供对策，包括：

（1）路况分析——路网内路面现有状况的分析及路面状况变化预估。

（2）路网规划——确定路网内需要新建、改建和养护的项目。

（3）安排计划——确定进行上述项目的合适时间和各项目的优先次序。

（4）预算安排——确定各年度的投资额。

（5）资源分配——各行政区域或不同等级道路或养护、改建和新建之间的资源分配。

2. 项目级路面管理系统

项目级管理系统则针对一个工程项目网。它的主要任务是为管理部门对某一工程进行技术决策时提供对策，以选择费用—效果最佳的方案。

项目级管理系统的基本要素及其同网级管理系统的关系。由网级管理系统的输出，可以得到某一工程项目三个方面的目标：行动目标（采取哪一种新建、改建或养护行动）、费用目标（可分配到的投资额）和使用性能目标（在预定期限内应具有的使用性能指标）。项目级管理系统则是通过进一步采集特定的现场资料，拟订备选路面方案，并结合具体条件进行详细的结构计算和经济分析，以确定采用费用—效果最佳或者更合理的行动方案。

二、路面管理系统的结构与组成

完整的路面管理系统通常由三个子系统所组成：数据管理系统、网级管理系统和项目级管理系统。

1. 数据管理系统

路面管理系统必须建立在大量信息的基础上，即必须以数据系统作为支撑，才能保证系统提出的对策具有客观性。数据管理系统由两部分组成：数据库和路况监测（数据采集）系统。数据采集是一项既费时又费钱的工作，而数据库的容量又有一定限制。因此，在采集数据前，必须先仔细分析哪些数据是必需的，避免把非必需的数据纳入系统。

数据管理系统通常包含下列四类信息。

（1）设计和施工数据——交通参数、道路等级、几何参数、路面厚度、所用材料及性质试验结果、路基土性质及试验结果等。

（2）养护和改建数据——曾进行过的养护和改建的类型、实施的日期和费用等。

（3）使用性能数据——主要包括四个方面，即行驶质量、路面损坏状况、结构承载能力和抗滑能力。通过路况监测系统定期采集得到。

（4）其他——环境（降水、温度、冰冻）、材料单价等。

2. 网级管理系统

网级路面管理系统通常由下述几个部分组成。

（1）使用性能评价模型——对于通过监测系统采集到的路况资料，进行评级或评分。要由多方面的属性来表征路面所处的状态，如损坏、平整度、结构承载能力或抗滑能力等。

（2）使用性能预估模型——仅靠路况数据和评价，难以比较各种对策方案，或保证得到最佳对策，因为尚不知道采取某项对策后的效果（路况的变化）。因此，需建立使用性能预估模型，即建立处于某种状态的路面在采取某项养护或改建措施后路况的有关属性（使用性能参数）随时间或交通的变化关系。

（3）使用性能标准和养护改建对策模型——根据使用要求、经济分析和经济条件，为公路网规定路面的使用性能标准。当路面的使用性能达不到这一要求时，须采取养护或改建措施，以恢复路况到可接受的状态。同时，要为不同等级和不同路况的路面，按当地的经验、条件和政策，制定出若干典型的养护和改建对策，以供提出各种对策方案时参考。

（4）费用模型——包括建筑费用、养护费用和用户费用三个部分。建筑费用是指新建或改建时的一次投资；养护费用则是路面在使用期间的日常养护费；用户费用是指使用道路的车辆所担负的运行费、行程时间费和延误费等。它反映了公路部门提供的投资和服务水平所产生的直接社会效益。

（5）优先次序或优化——建立管理系统的主要目的是提供最佳的路面养护和改建对策。这些对策能使整个路网在预算受约束的条件下维持最高的路况（服务）水平，或者使整个路网在满足最低使用性能标准的条件下所需的投资最少。为实现这一目标，可以采用不同的优先规划或优化方法。

目前，各国和各地区所建立的网级管理系统各具不同的形式。有的包含使用性能预估模型，有的简单地按路面服务水平的高低规划先后次序，有的则采用线性规划或整数规划法以达到优化的目的。

3. 项目级管理系统

项目级管理系统的组成基本与网级系统相同。由于项目级系统的主要任务是为网级系统所确定的工程项目提供在预定分析期内的费用—效果最佳的改建方案。因此，必须采集更为详细和结合当地情况的资料，并进行具体的结构和功能分析。项目级和网级所采用的使用性能参数基本相同，但在数据采集和路况评价方面有重要差别。

三、路面管理系统的功能

路面管理系统的功能主要表现在以下几个方面：

1. 通过监测系统采集到的客观数据评价道路的现状。

2. 利用具有一定可靠度的使用性能预估模型，预测各种养护和改建对策的后果。

3. 以客观的数据作为申请投资的依据，并可以论证不同投资（预算）水平对路网服务水平和路况的改善和影响。

4. 为合理和有效地分配投资和资源提供费用—效果最佳的对策。

5. 合理地评价各种设计方案。

6. 利用监测系统采集到的数据，为考察和评价设计、施工和养护方法提供依据。

为了保持和改善现有路网的服务水平和路面状况，如何使用好有限的资金，提供尽可能高服务水平的路面，是各级管理部门需优先解决的任务。因此，建立和完善依赖于管理科学、系统工程和计算机技术的路面管理系统是解决这一问题强有力的工具。

第二章 高速公路建设准备

第一节 驻地建设

随着国家对基础设施投资的不断增加，高速公路建设得到了迅猛发展，建设管理力度也在逐步加大。在高速公路建设发展历程中，公路交通行业已经制定了许多国家级的技术规范和管理标准，大型公路企业也制定了企业层面的各种标准、规范，但在公路工程驻地建设管理层面，标准化工作仍在探索中。由于缺乏相应的符合项目实际的、可操作性高的标准和规范，使高速公路施工现场管理呈现一种杂乱无序的状态，施工作业环境和办公生活条件恶劣，拥挤凌乱，消防设施不完善，设备不齐全，机构组织及专业人员配备不合理，安全事故时有发生，严重降低了工程建设进度及质量，因此亟须对高速公路驻地进行标准化建设以提高建设管理水平。

主要从机构设置及人员配备、选址和硬件设施等方面出发，结合高速公路项目部、监理和工地试验室等驻地单位自身的工作需求进行了标准化建设的系统分析，提出了合理的标准化人员构成框架、选址原则、硬件设施基本组成标准及布局规格等建议性规则，保证了驻地单位建设的规范性，提高了工程建设质量及进度。

一、高速公路建设项目部驻地标准化

为确保项目部能够实现对施工过程及现场的全过程管理、调度和控制，提高高速公路建设管理效率，亟须结合项目部功能定位从机构设置及人员配备、项目部选址、硬件设施等方面开展标准化研究，提出相应合理有效的参考性标准，约束当前存在的混乱无序状态。

1.机构设置及人员配备

项目部对于工程建设来讲是一个宏观全局的控制性管理部门，需要全面指挥工程的建设开展，一般应由技术部门、计划合同部门、安全环保部门、物资设备部门、综合管理办公室、工地试验室、农民工工资管理办公室等构成，与建设单位职能相匹配，必要时可根据实际情况增减。为实现各部门的有效运转，合理的人员配备必不可少。

项目部应以项目经理、项目总工为主要负责人，各部室及其组成人员应在基本配备的基础上，根据工程规模、工程进度实行专业调配，并建立完善考核、培训、培养机制，提高在岗工作人员技术业务素养，加强企业文化、思想文化、团队意识建设，进而促进建设工作全面开展。

2. 项目部选址标准化

项目部选址应由项目经理负责，遵循安全、适用、便利的原则，选址时应绕避取土弃土场地、高压和通信线路及高大树木等，尽量靠近现场临近公路，保证通信畅通，满足建设单位自动化要求。办公区和生活区应采用封闭式、独立院落布局方案，与机具停放场地适当分开，用房面积不小于 1000 m²、场地占地面积不小于 800 m²，场地及主要道路应硬化处理并适当绿化。出入口设置专职保卫人员，制定专门的管理制度，完善场内消防、安全设施设置并定期检查。当用房为租赁地方房屋时，租赁房屋必须符合安全要求，满足办公和生活的要求。

3. 硬件设施标准化

项目部办公区和生活区硬件设施配置应满足适用、安全、便利的要求，拼装式活动房所用材料应持有合格证明文件，按规定搭建，除满足通电、通水、通电话外，应实现宽带接入，满足网上办公、计量的要求。办公区应按需求设置办公室、资料室、会议室等，各科室门口应挂设指示标牌，标识标牌采用金属边框制作，并进行铝塑表面处理。

生活区用房应设宿舍、食堂、盥洗间、卫生间等，有条件的可设文体活动室或活动场地。办公区和生活区内均应配置必要的消防安全器具，建立安全、卫生管理制度，落实专人维护和保洁，房间净空高度应控制在 2.5 m 以上。

二、高速公路建设监理单位驻地建设标准化

监理单位作为公路工程参建之一，主要职能为采取相应的管理措施对工程施工者进行监控、督导和评价。监理单位驻地设施的标准化建设能够有效提高监理单位监控、督导作用，保证施工行为符合国家法律、法规规定，对于制止施工行为的随意性和盲目性具有十分重要的意义。

1. 机构设置及人员配备标准化

中标通知书下达后监理企业应按投标承诺及时组建监理机构，监理机构应由总监理工程师办公室、合约部、技术质量部、资料档案室及中心试验室等部门构成，对于设置二级监理机构的，还应设置驻地监理工程师办公室。

监理企业应根据投标承诺及工程实际配置监理机构主要负责人（总监理工程师）、部室负责人，其他人员在基本配备的基础上，根据工程规模、工程进展阶段，实行人

员调配。建立考核、培训、培养机制，提高在岗工作人员技术业务素养，加强企业文化、思想文化、团队意识建设，按照"严格监理、优质服务、公正科学、廉洁自律"的监理工作方针，忠诚地开展工作，推动建设工作全面开展。监理人员应由持相应资格证的人员担任，并根据工程任务特点进行职责合理划分，监理人员不得随意更换，并定期组织开展学习、培训、新规范宣贯等活动。

2. 监理单位选址标准化

监理驻地选址由总监理工程师负责，按照适用、安全、便利的要求进行调查选址，确定选址方案后，报建设单位备案，监理驻地选址与应符合项目部选址标准化的要求。

3. 监理单位设施标准化

监理驻地办公区和生活区用房和设施配置，应满足适用、安全、便利的要求，在满足通电、通水、通电话外，应实现宽带接入，网速满足网上办公计量的要求，办公区及生活用房应严格满足要求。

监理单位驻地和施工场地标识标牌应符合项目部标识标牌设置要求，并根据实际要求，各部室还应加设廉政监督牌，组织机构图，线路平、纵面缩图及工程形象进度图，监理规章制度，监理部门职责等，标识标牌一般采用如下做法：铝合金框、KT板面、白色板底、红色标题、蓝色字，规格尺寸为 55cm×39 cm。

三、高速公路建设工地试验室标准化

工地试验室是指导工程施工和评定工程质量数据与信息的重要来源，试验检测活动贯穿于工程项目建设的勘察设计、施工、监理、交（竣）工检测和运营养护各个阶段，是工程建设质量控制和评定的基础，做好试验室工作对于保障公路工程的顺利开展有着重要的意义。为保障工地试验室工作的有序开展，有必要强化试验室标准化建设。

1. 试验室选址标准化

通常而言，一个标段（路基土建、路面土建、监理或检测单位）上设置一个工地试验室，试验室选址应满足安全和便于管理的要求，硬件设施满足招标文件的要求，试验室建设完成后，报监理工程师和建设单位验收。试验室设置地点应以方便工作为原则，设置在混凝土集中拌和场或预制场附近，其周边场所通道均应进行硬化处理，同施工项目部合并在一起办公的，须经建设单位批准。

2. 机构设置及人员配备标准化

工地试验室的名称宜统一为"母体试验室（全称）+××高速公路＋标段号＋工地试验室"，试验室应设水泥室、水泥混凝土、工室、集料室、力学室、样品室、沥青原材料、沥青混合料、标准养护室、办公室等。工地试验室试验检测人员应根据合同约定合理配备，工地试验室主任、技术负责人其他试验人员及试验报告的签发和审核人员必须持有相应试验检测证书，并将所有试验人员的照片和资质等信息张贴在办公室或会议室的墙上。根据建设项目规模和投标承诺，参考交通运输部的有关规定，结合自身特点，配置满足现场施工需要的人员，至少应配备：试验人员总数不小于4人；技术负责人具有相关专业中级以上职称，具备试验检测工程师执业资格；试验工程师不少于2人。

3. 工地试验室设施标准化

试验设备方面，试验检测项目所需要的仪器设备应符合标准规范使用要求，并按规定对仪器设备进行校准和检定，对可自行校准的仪器或设备。工地试验室应配备符合量值溯源要求的专用计量器具，并编制切实可行的仪器设备自检自校规程，同时应建立仪器设备管理档案和台账，并做好使用和维护记录。而在办公场地方面，施工单位应按照投标文件有关承诺，规范用房及场地建设，在满足传统的交通条件、通电、通水、通电话外，应积极创造信息化办公管理条件，试验室用房建筑面积不少于200 m²，场地占地面积不宜小于60 m²。试验室房屋必须坚固、安全、耐用，并满足工作要求，工地试验室各试验场所面积最低要求，应符合相关规定。

4. 标识标牌标准化

设置清晰、合理、明确的试验室标志标牌，对于提高工作效率、保证检测结果可信具有十分重要的作用。试验室标志标牌设置应满足下列要求：（1）应在试验室的醒目位置，悬挂授权委托书、岗位操作规程、试验人员公示牌、试验人员职责、试验流程图、试验检测形象进度图等；（2）试验区域有毒有害气体存放处所设置禁止、指令标志；（3）试验室中的消防设施存放处所应设置提示标志，废旧物品存放区应设置明示标志；（4）试验规章制度及操作规程（试验室工作岗位责任制，试验检测工作程序，试验仪器设备操作规定，试验仪器的定期标定、保养、维修制度，试验室安全和卫生管理制度，试验资料管理的台账制度，标准养护室的管理检测制度，取样要求和样品管理制度，试验报告表格填写要求等）全部必须上墙；（5）各种试验室标志牌按矩形定制。

在分析公路建设项目管理层面中标准化管理存在问题的基础上，提出了项目驻地建设标准化的具体建议，并全面提高公路建设的技术和管理水平。为把标准化驻地建设真正落到实处，从高速公路项目部驻地、监理单位驻地和工地试验室标准化建设三个方面，对高速公路驻地建设标准化进行系统分析。确保高速公路驻地建设的规范性、科学性，提高高速公路建设管理效率。提出了合理的标准化人员构成框架、选址原则、硬件设施基本组成标准及布局规格等建议性规则，保证驻地单位建设的规范性，提高工程建设质量及进度。

第二节　工地实验室

一、一般规定

1. 工地试验室是工程质量控制和评判工作的重要基础数据来源，是工程建设质量保证体系的重要组成部分。

2. 工地试验室必须严格执行国家有关法律法规、技术标准和交通运输主管部门的有关规范、规程，遵循科学、客观、严谨、公正的原则，独立开展试验检测活动，为工程建设提供真实、准确的试验检测数据和报告。

3. 工地试验室应根据工程项目内容和规模进行设置，既要满足工程质量控制需要，又要满足布局合理、安全环保、环境整洁等要求。

二、机构设置

1. 施工、监理单位和检测机构应根据工程质量安全管理需要或合同约定，在工程现场设立工地试验室；设立工地试验室的母体机构应取得《公路水运工程试验检测机构等级证书》。

2. 工地试验室应按合同段单独设立，工程规模过大时应设立分试验室（混凝土拌和站距离工地试验室较远时，现场需设立标准养护室），并报质监机构登记备案。同一合同段内施工，监理单位的工地试验室不得由同一家母体检测机构授权设立。

3. 母体检测机构应在其等级证书核定的业务范围内对工地试验室进行授权，上一年度信用评价等级在 C 级及以下的检测机构不宜作为授权设立工地试验室的母体检测机构。

4. 工地试验室按照规定到项目质监机构登记备案后，方可开展试验检测工作。

5. 工地试验室应在母体检测机构授权的范围内，为工程建设项目提供试验检测数据，不得对外承揽试验检测业务。

三、工地试验室建设

1. 试验室驻地

（1）工地试验室选址应充分考虑安全、环保、交通便利及工程质量管理要求等因素，其周边场地一般应进行硬化处理。

（2）工地试验室建设施工前应将地址选取、试验室房间平面布置图（包括各房间的尺寸和各功能室的布局）报经建设单位批准，方可进行工地试验室施工。

（3）工地试验室规划应遵循总体布局合理、功能分区明确、组织协调顺畅的原则。

（4）工地试验室应将工作区和生活区分开设置，工作区总体上可分为功能室、办公室和资料室三部分。

（5）功能室应根据工程内容和特点设置，一般分为土工室、集料室、石料室、水泥混凝土室、水泥砼室、力学室、沥青室、沥青混合料室、化学室、标准养护室、样品室、留样室、外检室、储藏室等。

（6）各功能室面积不小于 15m²，混凝土室面积不小于 25m²，标准养护室不小于 20m²。

（7）工地试验室用房可新建或租用现有房屋。新建房屋应选择保温、环保材料，并综合考虑极端气候和自然灾害的影响，必要时采取加固处理措施，保证其在使用周期内的安全性。租用房屋应安全、坚固，其空间、面积、通风、采光和保温等条件应满足使用要求。

（8）工地试验室的空间和面积应满足试验检测工作和环境条件要求，一般应综合考虑仪器设备放置、人员操作和行动通道所占用空间和面积以及门窗位置等因素。对有温度、湿度条件要求的功能室，必要时可进行吊顶处理，以便降低有效高度、提高保温保湿效果。

（9）工地试验室应有良好的通风采光条件，化学室、沥青及沥青混合料室应设置机械强制通风设施。

（10）工地试验室应设置较完善的排水设施，并配备必要的应急水源，保证试验检测工作正常、连续开展。各功能室均应铺设上、下水管道，配备水池，地面应设置地漏。水泥砼室、石料室等房间地面应设置水槽和沉淀池。

（11）试验室操作平台应整齐、稳固，操作台表面采用防滑和防腐蚀的材料，工作台高度为 75~80cm，宽度为 60~65cm。

（12）仪器设备应严格按照试验检测规程和使用说明书中相关要求进行安装与调试，压力机、万能试验机应配置安全防护网。

（13）工地试验室应采用独立的专用线路集中配电，并设置应急电源，保证试验检测工作正常、连续开展。电线、电缆的布设应符合有关技术标准，保证使用安全。

（14）工地试验室应根据检测工作需要和当地气候特点设置集中采暖设备，集中空调或分散式空调等设施。

（15）工地试验室应配备必要的安全防护、防盗和环保设施，确保人员和设备安全，避免造成环境污染。

（16）标准养护室的墙体和屋顶应进行防潮和保温处理，地面应设置储水装置，方便养护水回流，防止地面积水。

（17）功能室应设置一定数量的操作台，操作台应选用坚固、防滑、耐腐蚀材料，几何尺寸应符合有关技术标准，外观应整洁、美观、方便操作。功能室地面应平整、防滑、耐磨。

（18）工地试验室标牌应悬挂于醒目处，其内容应与工地试验室印章内容一致。各功能室、办公室和资料室应设置统一规格的门牌标识，对有环境和安全条件要求的区域应设置警示及限人标识。

（19）办公室内应悬挂组织机构框图、主要管理制度、人员考勤表、工地晴雨表等，各功能室内应悬挂主要仪器设备的操作规程。

2. 人员配备

（1）工地试验室应综合考虑工程特点、工程量大小及工程复杂程度、工期要求等因素，科学合理地确定试验检测人员数量，确保试验检测工作正常开展。一般按以下规定配备：土建工程建安工程费用1.5亿元以内工程最低配置持证人员不少于5人，其中检测师1名，建安工程费用每增加1亿元增加1名持证人员。

（2）试验检测人员应持证上岗、专业配置合理，能涵盖工程涉及专业范围和内容。试验检测人员应注册登记在母体检测机构。

（3）授权负责人须持有试验检测工程师证书，全面负责工地试验室的管理和试验检测活动。

（4）试验检测人员不得同时受聘于两家或两家以上的工地试验室。

（5）工地试验室不得聘用信用较差或很差的试验检测人员担任授权负责人，不得聘用信用很差的试验检测人员从事试验检测工作。

3. 设备配置

（1）工地试验室应按照合同要求和母体检测机构授权范围内的试验检测项目及参数配备相应的仪器设备和辅助工具，使用频率高的仪器设备在数量上应能满足周转需要。仪器设备的功能、准确度和技术指标均应符合现行规范、规程要求。

（2）仪器设备应按照试验检测工作流程优化、整体布局合理、同步作业不形成相互干扰的原则进行布置。

（3）仪器设备应严格按照试验检测规程和使用说明书中的相关要求进行安装与调试。

（4）对有环境条件要求的功能室，应配置相应的温、湿度控制设备。

（5）标准养护室应配置一定数量的试件存放架，其刚度、尺寸应满足使用要求，且方便存取。

（6）办公室一般应配置计算机、打印机、复印机、空调等设备，以具备良好的工作和网络通信条件。

（7）资料室应配置一定数量的金属资料柜，并应采取防潮、防虫等措施。

（8）工地试验室应配置一定数量的交通工具，满足检测工作需要。

4. 体系和文化建设

（1）工地试验室应依据母体检测机构的质量体系文件，结合工程特点，编制简洁、适用、针对性和操作性强的质量体系文件及各项管理制度。

（2）管理制度一般包括试验室工作职责、主要岗位人员职责、试验检测工作制度、人员管理制度、仪器设备管理制度、样品管理制度、档案资料管理制度、安全生产管理制度、工作环境管理制度等。

（3）工地试验室应加强质量体系文件和各项管理制度的宣贯工作，并予以记录。

（4）工地试验室应积极营造"诚实守信、科学规范"的工地检测文化氛围，将"科学、客观、严谨、公正"的理念融入具体试验检测工作中。

第三节　场站建设

一、一般规定

1. 场站建设一般包括拌和站、钢筋加工场、预制场、施工材料存放场等建设。

2. 公路建设应推行集约化管理，工厂化生产，实现"三个集中"，即混凝土集中拌制，钢筋集中加工，混凝土构件集中预制，充分发挥集约化施工的优势。

（1）项目招标前，建设单位应充分考虑集约化施工生产的要求，统筹规划，将具备多个合同段集中生产的工程集中招标，对不具备多个合同段集中生产的工程应尽量要求在单个合同段实行集约化施工生产。

（2）路基排水工程的水沟盖板、防护工程预制块、隧道路基边沟盖板及其他设计要求的小型预制构件应集中预制，集中管理，统一工艺。

3. 场站选址应满足用地合法，周围无塌方、滑坡、落石、泥石流、洪涝等地质灾害；无高频、高压电源及其他污染源；离集中爆破区 500m 以外；不得占用规划的取、弃土场。

4. 施工材料存放应与拌和站、钢筋加工场、预制场等场地配套建设。施工单位进场后，应根据实际需要进行施工材料存放的选址与规划，明确其设置规模及位置等。

5. 场站临时用电应符合《施工现场临时用电安全技术规范》的有关规定，并按"临时用电"章节相关标准设置。

6. 场站消防设施应满足《建设工程施工现场消防安全技术规范》的有关规定，配置相应的消防安全标识和消防安全器材，并经常检查、维护、保养。

7. 施工机械设备产生的废水、废油及污水应经过处理，不得直接排入河流、湖泊或其他水域中，不得排入饮用水源附近的土地中。拌和站、钢筋加工场、预制场内标识、标牌设置明确，标识清晰，项目全线宜统一。

二、拌和站

1.拌和站选址除应符合一般规定外，还应根据本合同段的主要构造物分布、运输条件、通电和通水条件等特点综合选址，尽量靠近主体工程施工部位，做到运输便利、经济合理；并远离生活区、居民区，尽量设在生活区、居民区的下风向。

2.场地建设

（1）拌和站应根据工程实际情况集中布置，宜采用封闭式管理，四周设置围墙，入口设置彩门和值班室。

（2）场地建设

1）拌和站应根据工程实际情况集中布置，宜采用封闭式管理，四周设置围墙，入口设置彩门和值班室。

2）拌和站建设应综合考虑施工生产情况，合理划分拌和作业区、材料计量区、材料库、运输车辆停放区、试验区、集料堆放区及生活区，内设洗车池（洗车台）、污水沉淀池和排水系统。生活区应与其他区隔离，生活用房按照"驻地建设"章节相关标准建设。

3）拌和站场地面积、搅拌机组配置及产能应满足生产、施工需求和工程进度要求，一般不低于表2-1的规定。

表2-1 拌和站建设标准

拌和	场地面积	每个拌和站搅拌机组最低配置
水泥	5000	2台拌和机，每台至少有3个水
沥青	35000	1台拌和机，每台至少3个沥青
水稳	15000	1台拌和机，每台至少3个水泥

注：①场地面积为拌和站（含备料场）面积。

②场地面积、搅拌机组配置可结合施工进度要求、备料场大小等情况优化调整。

4）场内路面宜做硬化处理，主要运输道路应采用不小于20cm厚的C20混凝土硬化，基础不好的道路应增设碎石掺石屑垫层。场内排水宜按照中间高四周低的原则预设不小于1.5%排水坡度，四周宜设置砖砌排水沟，并采用M7.5砂浆抹面。

5）拌和站各罐体宜连接成整体，安装缆风绳和避雷设施，每一个罐体应喷涂成统一颜色，并绘制高速公路项目名称以及施工单位简称，两者竖向平行绘制，颜色（建议采用白底蓝字）、字体醒目。

6）原材料堆放应符合以下要求：

A.凡用于工程的砂石料应按级配要求，不同粒径、不同品种分场存放，每区醒目位置设置材料标识牌，并采用不小于 30cm 厚的混凝土隔墙等构造物分隔，隔墙高度应确保不串料（一般不小于 2.5m）。

B. 水泥混凝土、路面面层储料场应用混凝土进行硬化处理，路面基层储料场可用水稳材料进行硬化处理。料场底应高于外部地面，修筑成向外顺坡（不小于 3%），并在料场口设置排水沟，防止料场积水。

C. 水泥混凝土、路面面层储料场应搭设顶棚，禁止太阳直接照晒或雨淋，顶棚宜采用轻型钢结构，高度应满足机械设备操作空间（一般不宜小于 7m），并满足受力、防风、防雨、防雪等要求。路面基层储料场应采取切实有效措施，防止石料雨淋，宜采用彩条布进行覆盖。

7）所有拌和机的集料仓应搭设防雨棚，并设置隔板，隔板高度不宜小于 50cm，确保不串料。

三、钢筋加工场

1. 钢筋加工场选址除应符合一般规定外，还应根据本合同段的主要构造物分布、运输条件、钢筋加工量等特点，做到运输便利、经济合理。

2. 场地建设

（1）宜采用封闭式管理，场地内应按原材料堆放区、钢筋下料区、加工制作区、半成品堆放区、成品待检区、合格成品区、废料处理区等科学合理设置，功能明确，标识清晰。

（2）场地面积应根据钢筋（材）加工量的大小、工期等要求设置，一般不低于表 2-2 的规定。

表 2-2　加工场规模及面积标准

规模	加工总量（吨）	场地面积（m²）
大	t > 10000	3500
中	6000 < t < 10000	2000
小	3000 < t < 6000	1500

注：如受场地限制，可适当调整场地面积大小，但功能分区布局应科学、合理。

（3）场内路面宜做硬化处理，主要运输道路应采用不小于 20cm 厚的 C20 混凝土硬化，基础不好的道路增设碎石掺石屑垫层。场内排水宜按照中间高四周低的原则预设不小于 1.5% 排水坡度，四周宜设置砖砌排水沟，并采用 M7.5 砂浆抹面。

（4）钢筋加工场架构宜采用钢结构搭设，顶部采用固定式拱形防雨棚，高度应满足加工设备操作空间（一般不小于 7m），并设置避雷及防风的保护措施。

（5）个别桥梁、隧道、涵洞受地形、运输条件限制可视实际情况采用简易钢筋棚加工，简易钢筋棚面积应满足生产、施工需求。棚内地面应按规定进行硬化或设置支垫设置。

（6）钢筋加工机械设备应满足工程质量和进度需要，并符合以下要求：

1）机械设备应根据加工工艺的流水线要求合理布设，做到作业无缝化并悬挂机械操作安全规定公示牌（安全操作规程）和设备标示牌。

2）钢筋吊移宜采用龙门吊等专用吊装设备，设备应证照齐全、检验合格。

3）金属加工机械（如卷扬机等）工作台应稳固可靠，防止受力倾斜。

4）桥梁桩基、立柱等直径大于或等于 25mm 以上的主筋宜采用机械连接工艺。

第四节　临时工程

一、一般要求

1.临时工程与设施应包括为实施永久性工程所必需的各项相关的临时性工作，如临时道路、桥涵的修建与维护；临时电力、电讯线路的架设与维护；临时供水、排水系统的建设与维护及其他相关的临时设施等。承包人应按不同的类型和需要，对临时工程与设施进行设计。

2.承包人在进行临时工程与设施的设计和施工时，应遵守当地运输管理、公安、供电、电信、供水、环保等有关部门的要求和规定。

3.除非合同另有规定，按本节提供的全部临时工程与设施的费用，应被认为已包括了有关永久工程中所需要的所有临时工程与设施的全部费用。

4.承包人应将临时工程的设计与说明书以及监理工程师认为需要的详细图纸，在开工前至少 21 天报监理工程师审批。没有监理工程师的批准，承包人不得在现场开始进行任何临时工程的施工。

5.监理工程师应在收到承包人报送的临时工程和设计图纸后的 7 天内完成审批并通知承包人，这种批准是对于该项临时工程与设施开工的书面同意。

6.各项临时工程开工之前，承包人应取得当地有关管理部门及其他当事人的同意，并取得书面协议。监理工程师将据此作为审批开工的条件。

7.除非另有协议，当永久性工程完工后，承包人应移去、拆除和处理好全部临时工程与设施，并将临时工程所占用的区域进行清理或恢复原貌后，报监理工程师检查验收。

二、临时设施

1. 供电

（1）承包人应对本工程的实施与维修所需全部电力（包括提供监理工程师驻地的用电）的供应与分配做出配置。此外，承包人应根据工程需要配备发电机组，作为后备电源，以保证电网停电时以继续进行施工。承包人应负责安装、连接、操作、维修、燃料供应等，直至交工证书签发之日止。

（2）承包人应将拟议的发电与配电系统的说明与图纸，报监理工程师批准。

（3）承包人的电力安装工作必须符合国家电力标准，或监理工程师批准的其他标准。

（4）承包人应在业主的协助下负责就建立临时电力系统同当地政府和电力部门联系并取得批准。承包人应负担此项修建、安装和维修的费用，并向供电管理部门缴纳有关费用。

（5）本工程交工时，承包人应将所安装的发电与配电系统（监理工程师驻地除外）全部拆除，但在交工前双方另有协议者除外。

2. 电信设备

承包人应在业务协助下负责就建立临时电信系统同当地政府和电信部门联系，并取得批准。承包人应负担因建立临时电信系统所发生的有关修建、连接、安装和维修费用，并给有关管理部门缴纳有关电信费用。本工程交工时，承包人应拆除临时电信的所有设施，但双方在交工前另有协议者除外。

3. 供水

（1）承包人在实施和维修本程期间，应负责提供、安装和保养全部施工和生活用水（包括监理工程师驻地用水）设施，并保证按施工用水要求和国家规定的生活饮用水标准持续不断地供水。

（2）承包人应将拟议的供水系统的说明与图纸，报监理工程师批准。

（3）本工程交工时，承包人应将临时供水系统全部拆除，但在交工前双方另有协议者除外。

4. 污水与垃圾处理

（1）承包人应负责安装、维修和管理临时排污系统，用以排放全部施工和生活污水和废水。

（2）排污系统的设置说明及图纸应报监理工程师批准，同时应获得当地政府的水利部门和环境保护部门的认可。其设置必须符合环境保护要求，并且不妨碍当地排水和灌溉作业。

（3）承包人应收集和处理所有工作区域的垃圾，直到工程交工为止。

（4）承包人应提供工地污水处理与清洁工作所需的全部设备和劳动力。

（5）工程交工时，承包人应将其排污设施全部拆除，但在交工前双方另有协议者除外。

三、临时道路、桥涵

1. 一般要求

（1）承包人应将拟修建的临时道路和桥涵的详细设计与说明，提交监理工程师批准。

（2）修建的临时工程应包含设置标志、护栏、警告装置以及其他工程安全设施。临时道路、桥涵的标准，应不低于现有道路、桥涵的标准，除非监理工程师另有准许，临时道路、桥涵的宽度应不小于现有道路、桥涵的宽度。

2. 临时道路、桥涵

（1）本工程的施工与现有的道路、桥涵发生冲突和干扰之处，承包人都要在本工程施工之前完成改道施工或修建临时道路。临时道路应满足现有交通量的要求，路面宽度应不小于现有道路的宽度，且应加铺沥青面层。

（2）如果承包人利用现有的乡村道路作为临时道路，应对该乡村道路进行修整、加宽、加固及设置必要的交通标志，并经监理工程师验收合格方可通行。

（3）工程施工期间，承包人应配备人员，对临时道路进行养护，以保证临时道路和结构物的正常通行。

（4）工程结束时，除监理工程师另有批准外，应将临时道路和结构物做一次全面维修保养，恢复原有的交通标志。凡因施工需要而临时增加的设施均应拆除，并应经监理工程师检验合格。

四、临时用地

1. 临时用地范围包括承包人办公和生活用地、仓库与料场、预制场地、借土场、工地试验室及临时道路用地、临时堆土场等，承包人应按合同条款规定制定临时工程用地计划表报监理工程师，再转报当地土地管理部门批准。

2. 临时占地退还前，承包人应自费恢复到临时用地使用前的状况。未经审批的占地和超过批准占地使用时间的占地所发生的一切费用和责任由承包人自负。

第三章 高速公路的规划与建设

高速公路具有良好的行车效益和社会效益，在路网中占有比例小而承担的运输量却很大。我国将在 2015 年建成 8.50 万公里国家高速公路网，该路网由 7 条首都放射线、9 条南北纵向线和 18 条东西横向线组成，简称为"7918 网"。它将把我国人口超过 20 万的城市全部用高速公路连接起来，覆盖 10 亿人口。这些高速公路的建设是极其复杂而庞大的工程，需要极大的资金和技术投入，所以高速公路的规划显得十分重要。

第一节 高速公路规划的意义、任务及原则

一、高速公路规划的意义

高速公路规划的目的是根据规划区域社会经济的发展和公路交通客货流分布的特点，科学预测交通量，提出高速公路发展的总目标，并根据规划确定路线的控制点和分期实施建设步骤，提出确保实现规划目标的政策与措施。

高速公路规划的重要意义概括如下：

1. 高速公路规划是我国公路网规划的重要内容。

2. 高速公路规划可以起到合理利用资金、加快高速公路建设发展的作用。

3. 高速公路的合理规划将有利于促进综合运输网的合理构成，使高速公路建设更好地结合地区的社会经济发展，促进经济繁荣。

总之，通过对高速公路网络的合理规划，合理确定路线布局，恰当安排建设顺序，能够避免高速公路建设决策和布局的盲目性、随意性和重复性，使高速公路建设适应国民经济发展的需要，同时使管理工作趋于程序化、规范化和科学化。

二、高速公路规划的任务

高速公路规划是对规划区域的公路网络进行合理布局。高速公路网络是区域公路干线网系统的主骨架，做好高速公路规划，既是区域干线公路网的重要内容，也是区域交通运输系统规划的重要组成部分。高速公路规划是公路建设中的重要前期工作，

是进行公路网宏观规划与决策的有力支持系统。高速公路规划的主要目的在于通过系统分析公路现状，科学预测交通需求，合理搞好线路布局，恰当安排建设序列，避免高速公路建设决策和建设布局的随意性、盲目性及重复性，使高速公路建设适应社会经济发展的需要，同时使管理工作趋于程序化、规范化和科学化。

高速公路规划的主要任务是：

1. 通过深入细致的调查研究，系统地分析和评价现有公路交通状况。

2. 根据区域社会经济发展与公路交通客货流分布特点，科学预测交通量发展趋势，提出高速公路发展的总目标和总布局。

3. 对高速公路路线走向及重要控制点的选择制订出多种布局方案，通过比较，从中选优。

4. 在布局优化的基础上，再根据规划期内建设资金、路网交通量分布及路线的地位、功能与作用等条件，合理确定各条路线、路段分期实施的建设顺序。

针对高速公路规划实施过程中面临的资金、技术等重要问题，需要在前期的可行性研究工作中进行详细的研究和论证。同时，对高速公路的规划实施提出基本对策与措施，最后通过高速公路规划实施可能产生的各种影响（正面或负面）的全面分析，对高速公路规划方案作出技术、经济、社会、环境影响等方面的综合评价。

三、高速公路规划的原则

1. 先行于社会经济发展原则

高速公路是国民经济的重要基础设施，是发展社会主义商品经济的主要环节和必要条件。在进行高速公路规划时，要对区域的土地利用、社会经济发展及城镇布局规划等进行全面了解和预测。只有超前规划和建设，搞好战略性的长远规划，才能提高交通建设的连续性和系统性。也就是说，要按照社会经济发展的未来总目标要求，提出高速公路规划先行于社会经济发展的战略思想，由此制定出高速公路规划的总体布局。

2. 系统协调与长远发展原则

高速公路规划必须与区域内外的公路运输及其他运输方式视为相互联系的有机整体，彼此相互协调。同时，在规划高速公路过程中要有"高瞻远瞩、合理布局、科学安排"的思想，这样就能避免建设决策及建设布局的随意性、重复性与盲目性。

3. 工程经济性原则

高速公路建设占地多、投资大、造价高，在制定规划时，应注意在满足发展目标、技术要求的前提下，尽量珍惜土地资源，节约建设费用，使规划方案具有良好的工程经济性。

4.环境保护原则

规划中要注意施工过程中的环境保护和运营时的汽车废气、噪声污染和路面污水排放导流等问题。

第二节 高速公路规划的内容、方法及程序

一、高速公路规划的内容

1.公路网现状分析与评价

对高速公路规划涉及区域的自然地理条件和特征、社会经济发展水平、综合交通运输格局等做出宏观系统分析，特别是对现状公路网的等级、交通现状、建设与管理状况等应进行详细调查和剖析，并作出评价。

2.社会经济发展趋势预测

通过对规划区域的自然资源及生产力布局、城镇及人口分布、产业结构与经济发展水平的充分调查与综合分析，运用多种方法对社会经济发展的总趋势和新特点做出科学预测，指出在规划期内公路运输将面临的新形势和客、货流状况，并明确因此可能产生的新变化和新特点。

3.公路交通量预测

在对区域社会经济发展趋势的分析和预测基础上，研究综合运输与社会经济发展的相互关系。依据历史资料采用多种方法建立不同的数学模型，对规划区内的综合运输量、旅客运量和流向、大宗货物流量和流向及公路运输工具等，作出预测，其中尤以公路运输为重点。

4.高速公路布局优化

根据社会经济发展，紧密结合生产力布局、城镇分布及公路网现状特点，依据一定原理，对高速公路路线走向及重要控制点选择做出多种布局方案，通过比较从中选优。

5.高速公路规划分期实施

在高速公路布局优化的基础上，根据规划期内建设资金、路网交通流量分布及路线地位、功能、作用等条件，对布局规划优化方案中的各条路线、路段等做出建设序列安排。

6.实施高速公路规划的对策与措施

针对高速公路规划实施过程中面临的资金、技术、材料及其他重要问题，须在其

前期的可行性研究工作中进行详细的研究和论证。同时，应该对高速公路规划实施的管理体制提出基本对策与措施。

7. 高速公路规划的综合评价

高速公路规划的综合评价主要包括技术评价、经济评价、社会发展影响评价、国防安全评价、环境影响评价等。通过对高速公路规划实施可能产生的各种影响（正面或负面）进行全面分析，对高速公路规划方案做出综合性的评价。

8. 跟踪调整

由于高速公路规划实施周期长，在这期间，经济发展速度、生产力布局、投资结构或国家有关政策发生变化，会导致运输结构和公路交通需求与预期情况不符，致使路网结构、规模及路线等级对运输需求的适用性发生变化。此时，应区别情况，对所做规划进行全网、区域、局部或个别路线路段的调整，以便充分利用有限资源，使运输供给最大可能地满足运输需求的变化。

二、高速公路规划的基本方法

高速公路的规划属于公路网规划的范畴，因此，高速公路的规划方法可以借鉴公路网的规划方法，而且国内外已有很多成熟的公路网络规划方法。由于交通专业的很多教材有公路网络规划方法介绍，关于规划资料的调查、调查方法及其他的规划方法等内容可以参考相关教材，这里只简单讲解规划方法中较为成熟的四阶段法。

四阶段法的核心思想以调查得到的路网现状 OD 矩阵为基础，并预测未来的客货流的分布，进行路段交通量的分配，最后根据路段上的交通量对高速公路规划方案进行设计。交通量预测分为四个主要阶段：

第一，预测远景年规划区域内各个小区的交通发生量。

第二，以各规划区交通 OD 现状调查资料为基础，分析预测远景年份区域交通分布情况。

第三，在区域交通分布预测结果的基础上，进一步分析确定各种运输方式承担的运量。

第四，根据交通量分布预测结果（各小区间交通量），按照一定方法分配到小区间的各条公路上，最终获得规划高速公路（或路网）上各个路段的交通量。

三、高速公路规划的基本程序

高速公路规划涉及社会经济、交通运输、工程技术、运筹学原理等，是一项复杂的系统工程。我们必须从制定规划目标开始，以区域交通运输现状分析为基础，根据交通量预测，确定合理的发展规模和建设系列安排，并对规划方案进行综合评价。

第三节　高速公路建设

一、高速公路建设的基本程序

高等级公路建设有着细致的分工和广泛的外部协作关系，一条高速公路从计划建设到竣工交付使用，要经过许多阶段和环节。这些阶段和环节都有机地联系在一起，有着内在的规律性和客观必然的先后顺序。高速公路一般的建设过程要经过调查和勘测（了解掌握地质、地貌、水文等情况），设计并编写概算、施工、竣工验收等阶段。其基本程序为：

（一）根据可行性研究，编制设计任务书

可行性研究，是在公路建设项目决定之前，对建设项目上与项目有关的各项主要问题进行比较细致的调查分析，然后提出多种比较方案，从技术、经济、物资设备等不同方面对各方案进行比较，在分析、研究、比较的基础上，选出最佳方案，提出可行性研究报告。可行性研究是建设项目决策的基础和依据，是科学地进行建设、加快工程进度、缩短工期、提高工程效益的重要手段。

做了可行性研究后，即可根据可行性报告，编写设计任务书。设计任务书是确定基本建设项目、编制设计文件的主要依据。由公路建设管理部门会同勘测、设计单位编制，经交通主管部门批准后报计划部门审批。

公路工程设计任务书一般包括以下内容：

1. 建设目的和依据。

2. 建设规模，包括路线、桥梁长度、起讫及主要控制点。

3. 建设标准，如线路等级、路面等级、桥梁宽度等。

4. 技术水平和经济效益，如建成后的通行能力、载重标准、结构形式、微观和宏观经济效益等。如果是改建工程，还应说明对原有公路的利用情况。

5. 水文、地质、材料、燃料、动力、运输等协作条件。

6. 占用的土地。

7. 防震要求。

8. 建设工期。

9. 投资控制数及资金来源。

设计任务书还应附有必需的附件。例如：可行性报告，有关县和乡对土地占用的意见，水利、地质等部门的水文、地质资料，材料、燃料、动力、运输等有关协作单

位的意见或协议，等等。

（二）设计和编制概预算

设计是从技术和经济上对计划建设工程的全面规划，是具体指导工程建设的蓝图。在计划任务书被批准后，即可委托设计单位进行设计。公路工程的设计按照单项投资的多少和技术的繁简程度分为一阶段设计、二阶段设计和三阶段设计。

工程概预算是表明建设工程全部建设费用的文件，是设计文件的一个重要组成部分。交通主管部门根据批准的概预算编制基本建设计划，建设银行根据概预算控制工程拨款。工程概预算不仅对于精确地确定投资计划，控制建设费用，加强用款监督，进行财务结算有重要的作用，而且对于促进建设单位和施工单位合理使用人力、财力、物力，改善经营管理，降低成本，提高工程效益也有重要的作用。工程概预算包括如下内容：

1. 总概预算：是关于建设项目全部建设费用的计算文件，由各个分项概预算汇总编制而成。

2. 分项概预算：是建设项目内一个单项工程的建设费用的文件，如某公路工程中的某座桥梁、涵洞、隧道等。根据工程数量、工程单价、设备使用数量和设备使用价格及间接费用定额编制。

3. 其他工程和费用概算：是不能在分项工程中分摊的各项工程和费用的计算文件，如建设场地的准备费、完工后的清理费、建设单位的管理费等。

（三）列入年度基本建设计划

建设项目，必须有经过批准的初步设计和总概算，并经过计划部门综合平衡，在资金、材料和施工力量有保证的情况下，才能列入年度基本建设计划。年度基本建设计划是确定年度基本建设任务和进行建设拨款的依据。

（四）施工

工程列入年度计划后即可开始招标，由中标单位开始施工准备；如果公路部门自己施工，列入年度计划后，即可开始施工准备，在施工图设计获得批准和准备就绪后开工。开工要有开工报告。公路工程的地下工程和隐蔽工程，不论由公路部门自己施工或招标承包，开工后都要特别注意做好原始记录，并经检验合格后进行下一道工序。施工一定要严格执行公路施工规范，确保工程质量，不留隐患。

（五）竣工验收，交付使用

公路工程按设计文件规定的内容完成，能正常交付使用后，就可进行验收。

竣工验收是全面考核公路工程建设成果、检验公路工程质量的重要环节，对于确保工程质量、及时交付使用、发挥投资效益、总结经验教训、提高施工水平有着重要作用。所有公路工程在完工后都必须验收。正式验收前，建设单位要组织设计单位、施工单位进行交工验收，即初验，并提出交工验收报告，留给竣工验收单位。经过交工验收，符合设计要求后，即可绘制竣工图表，编制竣工决算，进行竣工验收，并办理交接手续。

竣工决算是计算工程施工实际耗费的全部费用。通过决算可以分析概算执行情况，考核资金使用效果。如果在竣工验收时由于特殊原因，可暂缓提交竣工决算，但必须提交劳力、材料、施工机械的使用消耗和财务开支的实际统计资料，并于验收后尽快补报。

二、高速公路建设管理

高速公路建设管理是以高速公路工程项目为对象，对其建设过程中的所有活动进行决策、计划、组织、协调和控制的过程。从上述高速公路建设程序可看出，其管理分为广义和狭义两种。广义的高速公路建设管理包括对高速公路项目前期工作、施工建设过程和项目后评价的全过程管理，属于交通主管部门进行的具有一定行政性质的宏观调控管理工作；而狭义的高速公路建设管理，则是对公路工程项目从准备施工到竣工验收全过程中，有关具体业务（如组建项目管理机构、施工管理基础工作、质量管理、材料设备管理、技术管理、成本管理等）进行的管理，属于各种经济利益主体对高速公路建设有关经济活动进行的微观经济管理。

第四节　高速公路建设投资与融资

一、我国高速公路建设基本投资与融资方式

高速公路属于准公共物品的范畴，需要政府和市场共同推进。在一定条件下，其建设资金可以由政府提供，也可以由市场提供，或者由两者联合提供。当由市场提供建设资金时，政府必须实行授权制度，并有严格的监管措施。由于高速公路项目的财务效益特点决定了绝大多数项目需要政府在资金上给予支持，尤其是在建设期和项目运营初期，所以在一般情况下，政府必须保证对高速公路建设投入足够比例的国家资金。但是，由于高速公路建设资金需求量大、建设周期长、投资风险大，完全依靠政府投资是不现实的。因为政府用于高速公路建设的资金是有限的，并且要照顾到整个公路网的发展。如果仅靠政府投资，高速公路建设就会受到资金的严重制约。高速公路的受益者是公路的使用者，采用"谁受益、谁投资"的原则，既符合市场经济的运

作规律，也可以调动社会各界修建高速公路的积极性，增加高速公路建设的资金来源。世界上不少国家如日本、法国、意大利等，都制定了由企业面向社会集资修建高速公路并收费还贷的特许经营政策，即由政府部门和投资企业签订特许经营合同，政府授予企业一定时期的特许经营权，主要是高速公路收费和管理权，由企业负责筹资、建设、经营管理和维修养护，特许经营期满后，投资企业将完好的高速公路移交给政府。这一政策的实施也大大加快了这些国家高速公路的发展。

我国的公路建设经历了由政府大包大揽到投资主体多元化的转变，逐步建立了"国家投资、地方筹资、社会集资、利用外资"和"贷款修路、收费还贷、滚动发展"的投资机制，严格执行国家基本建设程序，按"统筹投资、条块结合、分层负责、联合建设"和"贷款修路、收费还贷、滚动发展"等原则进行项目筹资。

我国目前高速公路建设项目资金来源有政府投资、国内银行贷款、国际金融组织贷款、项目融资（包括 BOT 融资、ABS 融资等方式）、高速公路经营权有偿转让融资和证券市场融资（包括股票融资与债券融资）等。

二、传统高速公路建设投资与融资体制的特征

我国传统的投资体制是计划经济的产物，是以政府直接干预、决定一切、操纵全过程为特征的投资体制。在交通基础建设方面，铁路、港口、机场的建设基本上都是由中央政府统一安排资金，而公路建设的资金来源只能采取挤占公路养路费、民工建勤、以工代收等方法建设公路。其结果是公路建设资金长期落后于经济发展，成为制约国民经济发展的重要因素。传统高速公路建设投资与融资的特征如下：

1. 投资决策权高度集中在政府，尤其是地方政府手中。

2. 投资主体和资金渠道单一。政府是唯一的投资主体，私人投资被完全排斥。

3. 投入要素按计划安排使用。对公路建设投资所需要的资金、设备、建筑材料和动力等实行按计划分配使用，直接以指令性计划和行政命令（红头文件）管工程、管拨款、管调配物资、管施工队伍。

4. 没有投资责任约束。传统的公路建设投资体制对投资决策没有任何约束力。道路建设没有明确直接责任者，如果出现事故也无法追究责任。

三、我国公路建设投资与融资体制改革的目标

为了更好地促进国民经济发展，解决长期传统的公路建设投资与融资体制的弊端，需要对传统的公路建设投融资体制进行改革。具体改革目标如下：

1. 以国家政策性投资为基础。一般来说，国家承担的投资项目是关系国民经济全局的、跨地区的、为全社会服务的重大项目，公路交通建设项目就是这样的项目。

2. 以市场型投资、融资为主导。建立和完善公路建设要素市场体系，使市场在公路建设资源配置中起到基础性作用。一个完整的公路要素市场包括资金市场、劳务市场、物资市场、人才市场、技术市场、信息市场、公路咨询、设计、施工、建材等。而其中资金市场是公路投入诸多要素市场中最主要的市场。资金是公路建设的第一推动力。

3. 多层次投资。要打破过去公路建设只有一个投资主体的旧模式，建立起国家、地方、企业、个人及外商等多元投资主体，真正实现投资—拥有产权—承担风险—收益一体化的经营思想，展开市场竞争。

4. 多渠道投资。开辟多个公路筹资、集资的途径和来源，改变过去只有政府拨款和提供养路费的单一渠道，还可通过银行贷款、金融市场等多种途径扩大公路建设资金来源。

5. 多形式投资。增加公路建设投资的形式，如货币资金投资形式，股票、债券投资形式，物资投资形式（将旧路折股也归为其入），以工代赈投资形式，技术投资形式，等等。

四、高速公路建设投资主体与结构分析

1978 年以前，我国公路建设是由各级政府作为投资主体，其资金来源于地方政府财政及养路费。改革开放后，公路建设投资政策发生了巨大的变化，投资主体多元化，资金来源渠道不断拓宽，公路建设投资也被划分为非经营性公路和经营性公路，而两者的投资主体和资金来源差异很大，因此下面将分别予以叙述。

（一）非经营性公路投资主体

大部分非经营性公路是普通公路，不收费，主要体现了公路的社会公益性，其投资主体包括：

1. 中央政府。中央政府是非经营性公路最高层次的投资者和管理者，负责全国公路交通发展规划的制定、实施、协调与管理，并对全国重点公路建设项目进行投资。

2. 地方政府。地方各级政府对本地区公路项目，特别是对非经营性普通公路的修建和养护进行投资。

3. 民工建勤，以工代赈。此种方法主要用于修建县、乡级道路，可以将这种投资的主体归为县、乡、村。《中华人民共和国公路管理条例》第九条规定："公路建设还可以采取民工建勤、民办公助和以工代赈的办法"，明确了在社会主义市场经济条件下这种投资方式的法律地位。

4. 企业、社会组织、个人的捐资。主要是企业、社会组织、个人对高速公路建设资金的无偿赠送。

（二）经营性公路投资主体

经营性公路项目体现了公路建设项目的基础性和竞争性。中央政府允许并鼓励各行各业、各种经济成分对经营性道路进行投资，公路建设投资主体的多层次主要表现在经营性公路项目上。经营性公路的投资主体包括：

1. 政府投资主体。各级政府通过预算拨款、政策性收费和交通规费所筹集的资金，除部分用于非经营性投资项目外，其余可作为资本金，成立公路建设投资开发公司，公司按照国家有关法律对高速公路投资资金进行统筹安排、分级经营、分成回收和滚动发展，对于高等级公路建设收费项目的经营性投资资金全部实行有偿使用。

在与其他经济成分（包括外商）联合投资筑路修桥，或与原有旧路入股合作时，经产权界定、资产评估，公路建设投资开发公司以企业法人的资格代表交通管理部门参股，成立相应的董事会，共同进行建设、经营、管理及收益分红。

公路建设投资开发公司的资金来源，除政府投入外，主要靠银行贷款及市场融资。当然，公司须承担贷款和市场融资的还本付息责任。

2. 企业投资主体。随着经济的发展和企业实力的增强，公路建设日益成为企业投资的一个热点。另外，政府也常常制定一些鼓励企业向公路建设投资的优惠政策。例如，地方政府划拨土地给企业开发，鼓励企业向公路投资；政府为了修建某条高速公路而拍卖该公路沿线的土地使用权，并将建设该条公路的投资作为附加条件；等等。这些做法在全国各地已多有尝试，吸引了不少企业向公路投入资金，企业已成为公路建设中的一个重要的投资主体。

3. 外商投资主体。近年来，外商对公路等交通运输基础设施的投资发展很快，特别是"九届人大"之后，很多外商已把交通基础设施建设作为一个投资热点。投资项目涉及公路、桥梁、机场、港口等，投资规模不断扩大，投资的形式包括借贷款、入股、购买公路经营权及合资开发等。外资已逐渐成为补充公路基础设施建设资金的重要来源。

4. 其他投资主体。随着我国经济的发展，人民生活逐渐富裕起来，我国城乡居民的个人储蓄已达到数万亿元人民币，这些都是公路建设重要的潜在资金来源。

（三）公路投资结构分析

所谓公路投资结构，就是不同渠道对公路建设投资数量在总投资中所占的比例。从投资结构分析中，可以得出划分各类投资主体的合理负担规律，形成符合我国国情的公路交通行业特点的多元化公路建设投资格局。划分各类投资主体并进行合理分工，首先要确定政府投资的领域，其次是合理划分各级政府的投资范围。

改革开放以来，我国财税制度进行了持续改革，改变了计划经济时期中央对地方统收统支的管理体制，建立了中央、地方两级预算和财政"分灶吃饭"的管理体制。

1994 年的税制改革又将税种统一划分为中央税、地方税、中央地方共享税三种。这样既调动了中央和地方的积极性，实现了中央和地方财政收入同步增长，也为地方政府投资积累了财源。由"八五"期间公路建设投资情况可以看出，地方政府的投资比例达到 80% 以上，实际上已经成为我国公路建设的投资主体，是公路建设资金的主要来源。

五、高速公路建设典型的融资方式——BOT 模式

随着我国高速公路建设步伐的加快，多渠道融资已成为高速公路建设的重要特征。积极利用外资和社会资金，利用 BOT 方式建设高速公路已逐步成为高速公路融资的重要模式。

（一）BOT 的含义

BOT（Build-Operate-Transfer），即"建设、经营、移交"，又称为"特许权融资模式"，是政府与投资商（一般为国际财团）合作建设经营基础设施项目的一种特殊运作模式。在我国，BOT 方式已越来越广泛地运用于收费公路、电厂、铁路、污水处理设施和城市地铁等基础设施项目。在高速公路 BOT 融资模式中，政府通过签订特许权协议，在规定的时间内，将高速公路项目授予投资商专为该项目成立的项目公司，由项目公司负责高速公路的投融资、建设、运营和维护，并通过收取车辆通行费，收回投资、偿还贷款并获取合理利润。特许期满后，项目公司再将高速公路无偿移交给政府。

（二）BOT 融资模式的优点

BOT 融资模式具有以下优点：

1. 通过 BOT 方式吸引国内外私人投资，可以缓解政府建设资金来源的不足，减轻政府的财政负担。

2. 由于公路等基础设施项目投资额巨大，整个建设和营运过程中都存在较大的风险，采用 BOT 方式可将项目的风险转移到私营机构。

3. 国有大型基建项目建设超支是各国政府常常碰到的现象。由私营机构以 BOT 方式承担项目运作，其效率会比政府部门更高，尤其是发达国家的大公司参与项目，不仅能获得所在国的先进技术、设备和管理经验，而且可以提高建设项目的设计和施工质量，还可以缩短施工期限，降低各种费用。

4.BOT 方式可以吸引国内外投资者向公路等基础设施产业合理化过渡，使之真正取得规模经济效益，实现基础产业发展的良性循环。

5. 项目公司可以集合具有一定实力的国际大公司共同完成项目，解决基础设施部门承担某些项目能力不足的矛盾。

（三）BOT 融资模式的风险特点

作为一种复杂的项目融资技术，BOT 项目投资额大，建设周期长，涉及面广，工程技术复杂，因此项目风险较高。并且，高速公路 BOT 项目还具有建设过程的线长面广、营运过程的车流量不确定等特点。高速公路 BOT 项目存在更大的风险，主要表现在以下几个方面：

①高速公路投资回收期长，一般为 30 年左右，对项目影响的不确定因素多，项目风险期长；②项目涉及政府、项目公司、银行金融机构、保险公司、工程建设承包商、经营管理公司、设备材料供应商等众多当事人，各方之间关系复杂，在实施过程中会产生许多风险；③ BOT 项目是政府特许项目，具有垄断性或独占性特点，政府的有关政策、法规以及政治经济环境对 BOT 项目的风险影响极大；④高速公路 BOT 实施有明细的阶段，包括投资、建设、运营等阶段，参与各方在各阶段所面临的风险有所不同。

（四）高速公路 BOT 项目主要风险分析

高速公路 BOT 项目存在的风险包括政治经济环境风险、法律政策风险、金融风险、前期运作风险、完工风险、运营风险、不可抗力风险等。

第一，政治经济环境风险。

政治经济环境风险一般是指由于项目所在国的政治经济状况发生变化而给项目带来的风险。如项目所在国由于发生政变、政权更迭、暴乱，或由于某种政治原因或外交政策的需要，对项目进行征用、没收、禁止运营等，给项目造成不利影响，以及由于经济危机、通货膨胀等经济不稳定因素给项目造成不利影响。政治经济环境风险是BOT 项目所面临的最重要的风险，对项目其他风险将产生重要的影响。在政治经济不稳定的国家，潜在政治经济风险较大，投资者进行 BOT 项目投资时，可通过与所在国政府签订特许权协议来明确风险，或向出口信贷机构投保来降低风险。在我国，政治社会稳定，经济快速发展，投资环境宽松，公路建设市场逐步开放，这方面的风险呈逐渐减少的态势。但针对具体高速公路项目，还需要结合当地经济社会发展水平进行分析。经济发展水平高的地区，项目风险水平较低；经济发展水平低的地区，项目风险水平较高。同时，项目所在地区行政领导的变化，以及由此带来的对项目的行政支持的变化也是我们在进行 BOT 项目投资时必须考虑的因素。

第二，法律政策风险。

政策法律风险主要指由于与 BOT 相关的法律法规以及政府政策的欠缺或变更而导致的风险。这种风险可能会引起成本增加、收益降低，甚至使项目失败。许多国家和地区为了有效开展 BOT 融资，都制定了相应的规章制度。目前国内尚没有关于 BOT 项目专门的法规或政策，对此项工作缺乏明确而统一的规划和引导，在产权界定、收费标准的确定及调整机制、保证利润的分配、风险分担机制、合作期限等一系列问题的关键细节上也缺乏明确的原则规定。因此，投资者往往要求政府在特许授权的法律文件中做出种种保证，如土地及后勤保证、不竞争保证、经营期保证、合理收益率保证等。政府保证与否及保证的充分程度，是 BOT 项目是否取得成功的重要前提。

第三，金融风险。

金融风险主要指由于汇率波动、利率上涨、通货膨胀等因素引发的风险。由于高速公路投资金额较大，项目贷款是高速公路建设重要的资金来源之一。项目贷款政策性强、涉及面广，不仅受国内经济、金融政策的制约，也受国外经济、金融形势的影响，还涉及公路项目的建设和营运等诸多因素。各种因素的不断变化给项目贷款带来较大风险，利率和汇率的微小变化都将对项目收益产生重大影响。因此，投资方一定要认真分析和预测金融市场上可能出现的变化，采取相应措施。如预测未来市场利率的变动，相应地采取固定利率投资或浮动利率投资的措施。

第四，前期运作风险。

高速公路 BOT 项目的前期运作风险指项目从规划、立项、招投标到开工阶段的风险。对于政府和项目投资者，BOT 项目缺乏可行性论证或可行性分析失误是该阶段的主要风险。需要指出的是，项目的前期运作风险并不会立即显现，而是出现在项目的其他阶段。如判断高速公路项目是否可行，要基于车流量预测是否准确，对于项目运作的成败至关重要。如果车流量远远低于先前的预测，则营运过程不会有足够的现金流量来支付经营费用，提供利润并且偿还债权人本息。除此之外，项目的前期运作阶段还存在招投标的不公正风险，政府擅自改变、撤回承诺或规避责任等不利风险，项目融资过程中可能出现由于各种原因资金无法及时到位而带来的风险，等等。

第五，完工风险。

高速公路 BOT 项目融资在完成有关手续、正式签署有关文件并经政府批准后便进入工程营建阶段。对项目公司而言，这一阶段面临的最大风险是工程能否顺利完工。完工风险是指项目延期完工、无法完工或完工后无法达到设计运行标准等风险，主要包括工程设计不合理、在工程施工中改变设计方案、项目发起人和工程总承包商技术能力和经验不足、资金不到位、气候条件恶劣等原因造成的项目建设延期、项目建设成本超支、项目达不到实际规定的技术经济指标，甚至项目完全停工等潜在的风险。在这些风险中，施工承包商在管理和控制完工风险中起主要作用。因此，选择资信良好、实力雄厚的承包商就成为能否减少完工风险的关键。如果是由于政府的干预或批准而导致完工延迟，则由政府承担相应责任。

第六，运营风险。

高速公路营运风险是指高速公路在投入营运后，由于市场、技术、管理等因素导致营运成本增加、车流量减小、收入降低、本息偿还困难和收益得不到保证的风险。高速公路营运风险包括技术落后、管理水平低下等对高速公路带来的不利影响，如养护技术落后、养护成本高、收费系统效率低等；还包括由于政治经济、法律政策、利率汇率、自然社会等外部环境变化对高速公路营运所产生的不利影响，如物价上涨、通货膨胀、车辆通行费下调、自然灾害等。另外还包括较突出的竞争风险，如政府在同一区域建设或许可建设与该 BOT 项目同样性质的项目，使已建项目的客户分流，利用量减少。这种情况需要在合同中明确规定：对由此产生的交通量下降或增长率降低而造成的损失应给予补偿。

第七，不可抗力风险。

不可抗力风险是指项目的参与方不能预见且无法克服及避免的事件给项目所造成的损坏或毁灭的风险，如地震、水灾、瘟疫、社会动乱、战争行为等。一旦出现不可抗力事件，整个 BOT 项目可能中断或完全失败。项目公司无法控制这些不可抗力风险，可在合同中约定采用顺延工期和延长营运期来补偿损失，或者通过投保，将此类风险转移给保险公司。

（五）高速公路 BOT 风险防范

随着我国高速公路 BOT 项目的逐步增多，风险防范已成为当务之急。为了有效防范风险，项目投资者需要重视以下几个方面的工作。

第一，树立风险防范意识，加强风险管理。

目前，我国高速公路 BOT 项目投资处于起步阶段，如果只注重项目投资可能带来的优惠和发展机遇，缺乏足够的风险意识，那么这将是我国 BOT 项目投资所面临的最大风险。国内外有许多由于对风险重视不够而导致项目失败的案例。因此，项目投资者必须树立良好的风险防范意识，重视风险防范和控制。为了加强风险管理，需要建立专门的风险管理机构，广泛咨询和听取专家们的意见，对项目各阶段、各方面可能存在的风险进行系统的识别和分析，采取有效的风险防范措施，建立完善的风险控制体系，防患于未然。

第二，争取政府支持和获得法律法规保证。

BOT 项目融资在很大程度上依赖于政府的特许经营权、特定的税收政策和外汇政策等，并以这些特许权和相关的政策作为项目融资的重要信用支持。因此，在 BOT 项目中，政府支持和法律保证显得比较突出，涉及项目的各个方面和各个阶段。项目的选择、建设、营运、移交的全过程都会受到政府的影响，因而争取政府支持和法律的保证尤为重要。同时，政府应设立专门的 BOT 主管部门，加强政府各职能部门的协调，为项目投资者和管理者提供各方面支持。特别是需要完善法律法规，增强法律的约束力。加快制定和通过相关法律法规，明确规定 BOT 招投标工作应遵循的原则和各环节应遵循的程序性规则，有利于政府和投资者规避风险，实现共赢的目标。

第三，加强合同管理，合理分担风险。

风险分担是进行风险防范的关键和核心。BOT项目涉及利益主体多，项目各方需要有合作和双赢的思想，在考虑利益分配与风险分担时，不但要考虑自己一方，也要仔细考虑对方对风险的承受能力和应得到的权益。风险分担主要通过项目公司与有关政府机构之间的特许权协议，及项目公司与项目的各个参与方谈判并签订一系列合同，通过合同来明确双方的职责、权利和义务，降低不可控风险出现的可能性，减少确已存在的风险所造成的不利冲击。

第四，重视风险管理人才的培养和引进。

人才是风险管理的基础和关键。没有风险管理的专门人才，就不可能制订出合乎实际的风险管理方案，企业也不可能达到规避风险、实现收益的目的。作为一种新兴的融资模式，BOT融资模式在许多方面都有一套独特的运行规则和方法，需要专业人员来实施，以确保项目的顺利进行。BOT融资模式的专业性很强，需要法律、财经、合同、工程等方面的人才，尤其需要熟悉国际工程建设管理的专业人才，而我国现有的人才储备不足，也缺少专业的咨询公司。因此要培养和引进既懂高速公路工程技术、运营管理，又懂金融、经济、贸易、外语、法律知识的复合型人才。

（六）BOT模式的基本操作程序

各个国家的国情导致该国的每个BOT项目均有自己的特点，因此BOT项目实施起来也就有较大的差距，但基本程序大体如下：

1.项目确定。BOT项目的研究既可以是政府也可以是私营机构，但是项目实施的决定最终只能由政府做出。

2.项目发包。作为业主，政府发包BOT公路项目，选择项目发起人，通常采用两阶段公开招标方式或邀请招标方式。无论何种方式，在开标后政府都将与投标者就项目运作的具体细节进行谈判，直到双方签订特许协议。

3.项目融资。BOT公路项目融资具有多元化的特点，由项目发起人提供项目启动股本资金，通过银行贷款、发行各种有价证券和股票、承包人带资承包、政府贷款及政府参股等多种途径筹措项目建设资金，但主要资金来源于银行贷款。

4.项目建设。BOT项目的建设由承建商与项目公司签订总承包建设合同（均采用"交钥匙工程"的方式），总承包人或为项目公司股东，或为项目公司的下属公司。在承建合同中应详细列明规定的项目价格，确定的开工、完工日期及预定的奖励及损失赔偿等。在具体实施过程中，总承包人把精力放在大桥或主干线的设计、施工上，而将项目的辅线或辅助工程交给分包人。分包人由总承包人通过公开招标的方式来确定。

5.项目营运。在项目营运期间，项目公司的主要任务是收取车辆通行费，对项目设施进行正常的养护维修及定期的大中修，并将收入按供款方的优先次序进行还债，收回股本，获得预期收益；同时也可根据实际情况与政府协商调整收费标准，还可经营其他辅助业务项目，如旅馆、加油站等。

6.项目移交。在特许期结束后，项目公司将项目所有权移交给当地政府。移交也可能发生一些情况。例如，项目公司在特许期限内违约或由于不可抗力因素使项目建设或运营不现实等。特许期结束后进行正常移交时，政府要向项目公司支付费用。如果在特许期内项目公司成员所获取的收入足以产生合理的利润，而项目维护得当，运作正常，那么移交时的支付是象征性的。如果在移交时项目设施损坏较多，修复费用则从项目公司的履约保证金中加以扣除。

项目移交标志着一个 BOT 公路项目的结束。

第五节　高速公路工程招投标管理

一、招标和投标的内容及意义

1.招标

公路工程招标，是指公路工程建设单位就拟建公路工程的规模、公路等级、设计图纸、质量标准等有关条件，公开或非公开地邀请投标人推出工程价格，在规定的日期开标，从而择优选定工程承包者的过程。

2.投标

公路工程投标，就是承包单位在同意建设单位拟定的招标文件所提出的各项条件的前提下，对招标项目进行报价。投标单位获得投标资料以后，在认真研究招标文件的基础上，掌握好价格、工期、质量、物资等几个关键因素，根据建设单位的要求和条件，在符合招标项目质量要求的前提下，对招标项目估算价格，并在规定的期限内向招标单位递交投标资料，争取"中标"。这个过程就是投标。

3.高速公路招投标的意义

（1）促使工程项目按基本建设程序办事，认真做好工程前期的准备工作。

（2）有利于降低工程造价，缩短工期，提高工程质量；有利于推进公路商品化，利用有限的资金加快公路建设速度。

二、招投标过程的阶段划分

招标过程一般可以分为三个阶段，即准备阶段，招投标阶段，评标、定标和签订合同的阶段。

1.准备阶段。首先按照招标人对设计、施工管理力量及工程项目复杂程度来确定项目的勘察、设计、监理、施工及材料和机械设备的招标方式，确定合同类型和数量；然后根据招标方式、合同类型编制招标文件，报送上级主管部门；同时编制资格预审文件，报送有关部门审定；最后还要编制标底，报上级主管部门审核。

2. 招投标阶段。即从资格预审开始到开标为止的全过程。招标人发售资格预审文件，审查确定合格人名单；再发售招标文件，组织现场考察及标前会议，回答投标人的问题；最后接受投标书及投标保函或保金，并召集开标会组织开标。

3. 评标、定标和签订合同的阶段。首先审查投标文件并且综合比较各个文件的优缺点，从中选出 3~5 个投标对象；再对这些预中标人进一步澄清问题，并对各个标书的投标报价、投标人的素质、设备情况、质量保证体系等进行评审比较；然后业主根据评标委员会提出的评标报告和推荐的中标候选人确定中标人；最后，业主同中标人进行合同谈判并签订合同。

三、工程招标方式

根据《建设工程招标投标暂行规定》和《公路工程施工招标投标管理办法》的规定，工程招标主要采用公开招标和邀请招标两种方式。

1. 公开招标

公开招标又称为无限竞争性招标，即招标单位通过公开出版物或通过广播、电视等新闻媒介公开发布招标广告，凡符合规定条件的承包商都可以自愿参加投标。这种招标方式叫公开招标。

2. 邀请招标

邀请招标又称为有限性招标，由招标单位向预先选择的数目有限（通常为 3~5 家）的承包商发出邀请信，邀请他们参加某项工程的投标。邀请招标的优点是被邀请参加投标的竞争者数量有限，可以节省招标费用，使每个投标者的中标机会相对提高，这在一定程度上对招标投标双方都有利。邀请招标的缺点是限制了竞争范围，把许多可能的竞争者排除在外，不利于公平竞争。因此，国际上对邀请招标的适用条件进行了限制，主要包括：

（1）由于工程性质特殊，要求有专门经验的技术人员和熟练技术工人及具备专用技术设备，只有少数承包商能够胜任。

（2）公开招标使招标单位支付的费用过多，与所能得到的工程价值不成比例，甚至是得不偿失。

（3）公开招标的结果不能产生中标人。

（4）由于工期紧迫和保密要求等其他原因而不宜公开招标。

四、招标文件的编制与组成

招标文件的编制是招标准备工作中最为重要的一环，招标文件既是提供给投标人编制投标文件的基本依据，又是招投标双方签订合同的基础，因此招标文件的编制必须做到科学、合理、完整、准确。

（一）招标文件编制的依据和原则

1.遵守国家法律和法规，如合同法、经济法、反不正当竞争法等；如果是国际金融组织，还应遵守该组织的要求和规定，并遵守国际惯例。

2.要公正地处理业主和承包人的利益关系，使承包人获得合理的利润。

3.招标文件应该正确地、详尽地反映项目的客观情况，使投标人的投标建立在可靠的基础上，这样也可减少履行过程中的争议。

4.招标文件中各部分内容应力求统一。招标文件必须用词谨慎、明确，避免因文字的歧义而发生争端。

（二）招标文件的组成

公路工程建设招投标是按照一定的程序进行的。一项工程实行招标必须具备一定的条件，其中最重要的是编制建设施工招标文件，它是投标人编制标书的主要依据。由于招标文件的编制不是本书的重点内容，因此只简单介绍文件的各个组成部分。

1.投标人须知。其目的是使投标单位了解招标项目的性质、规模及相关信息，并以此编制投标书。详细内容可参照《公路工程国际招标文件范本》。

2.合同通用条件。合同通用条件是已经形成规范化的文本，其目的是在招投标开始就对工程项目做出向导，使两方都处于公平竞争的合理位置。目前，我国交通系统采用国际咨询工程师联合会（FIDIC）颁发的《土木工程施工合同条件》第四版的订正版（1988年）或交通部制定的《公路工程国内招标文件范本》中的合同通用条件。

3.合同专利条件。由于不同的工程有不同的施工环境和专业特点，因此在使用合同通用条件时，应根据工程的具体情况对其加以修改和补充，这些就是合同专用条件的内容。通常采用国际咨询工程师联合会颁发的《土木工程施工合同条件》第四版的订正版（1988年）或交通部制定的《公路工程国内招标文件范本》中的合同通用条件。

4.合同格式。指合同中需要使用的各种文件的格式，包括合同协议书格式、履约担保书格式、动员费预付款银行保证书格式、劳务协议书格式和运输协议书格式等。

5.规范。即从设计到施工中的一般总则、材料规格、施工要求质量标准及计量与支付等内容，并按章节划分的各项技术指标、控制指标、实验规程和支付规定的总称。

6.投标书及其附件。投标书是专门为投标单位准备的一份投标报价的空白文件。投标单位在详细研究了招标文件，并经现场考察工地后，确定投标报价的策略，然后通过单价分析和计算，得出该项目投标工程的总报价。招标文件提供投标书的目的：一是为了保持各投标单位递送的投标书具有统一格式，二是为了提醒投标单位在投标后需要注意和遵守的有关规定。

7. 工程量清单。内容包括：一般条件（总则）、路基工程、路面工程、排水工程、桥梁工程、隧道工程、排水工程、防护工程、公路沿线设施工程、绿化工程、房屋工程等。

第六节　高速公路工程建设监理

一、工程建设监理的概念

工程建设监理是指监理单位受项目法人的委托，依据国家批准的工程项目建设文件，有关工程建设的法律、法规和工程建设监理合同及其他工程建设合同，对工程项目实施的监督管理。

实行建设监理已经成为我国的一项重要制度，故称之为"建设监理制"。我国的建设监理制指的是国家把建设监理作为建设领域的一项新制度提出来。这项新制度把原来工程建设管理由业主和承建单位承担的体制，变为业主、监理单位和承建单位三家共同承担的新管理体制。在一个工程项目上，投资的使用和建设的重大问题决策实行项目法人责任制，监理单位实行总监理工程师负责制，工程施工实行项目经理负责制。监理单位作为市场主体之一，对规范建筑市场的交易行为、充分发挥投资效益、发展建筑业的生产能力等都具有不可忽视的作用。

二、实施工程建设监理的必要性

（一）实施工程建设监理制度是历史经验的结果

实施工程建设监理制度是由专业化的建设监理单位接受建设单位的委托，代表建设单位监督管理工程建设。实施工程建设监理制度，使原来由建设单位自行管理工程建设的小生产方式向专业化、社会化的管理方式迈进了一大步，强化了建设单位的监督管理。由于监理单位不承包工程，而只是代表建设单位，以专业化、社会化方式强化和延伸了建设单位对工程实施过程的监督管理职能。与此同时，监理单位也并非对建设单位"俯首帖耳、言听计从"，而是以独立的地位，按照工程合同行事，维护建设单位和施工单位双方的合法权益，从而形成了三方相互制约的建设格局。

（二）实施工程建设监理制度是社会主义市场经济的要求

随着我国的经济体制由计划经济向社会主义市场经济的转变，工程建设出现了投资来源的多元化、投资使用的有偿化、承包主体的市场化，并普遍推行了各种形式的经济责任制。工程建设各参与者的独立地位得到了增强，追求局部利益的趋势日益突出，这就不可避免地产生了投资规模失控、工程质量低劣、损失浪费严重、市场秩序混乱的问题。1984年到1986年的三年中，全国已报竣工的80个大中型建设项目，因决策失误、标准提高、不按程序建设、工程质量差、工期过长等所造成的浪费达16.20亿元，占这些项目投资总额的4.60%。除此之外，拖欠工程款也成为一个突出问题，据有关统计，到1989年拖欠工程款已累计达到80亿元人民币。为了建立工程建设领域市场经济的良好秩序，约束工程建设各个环节的随意性，必须实施工程建设监理制度，加强对工程建设的有效控制。

（三）实施工程建设监理制度是对外开放的需要

改革开放以来，由国际金融组织及外商投资、合资、贷款而兴建的项目越来越多，已经构成我国工程建设的重要组成部分。这些项目的建设，投资者或贷款方基本上都要求实行国际通行的工程建设监理制度。但是，由于我国以前没有这项制度及相应的监理队伍，因而在上述项目的建设中常常处于被动和不利的地位。多数工程的建设不得不由外国人来监理，从而使企业的经济收入及信誉受损。据有关部门估计，从1979年到1988年的十年中，我国对外借款、接受外商直接投资及合资建设的工程项目，仅监理费一项就支出了15亿~20亿美元，其中绝大部分被外国监理拿走。此外，从1976年到1988年，我国开展对外承包工程和劳务合作业务，由于施工队伍不适应监理制度，少收入上亿美元。种种现实充分表明了我国建立并推广工程建设监理制度的必要性和紧迫性。另外，借鉴国际惯例组织工程建设，也是我国投资环境改善的标志之一，它有利于吸引更多的外资，进一步推动我国的对外开放。

三、工程建设监理的内容

工程建设监理的主要内容是控制工程建设的投资、控制建设工期和控制工程质量；进行工程建设合同管理，协调有关单位间的工作关系。因此，工程建设监理的主要内容也可以理解为"三控制""一管理""一协调"。

1. 投资控制

投资控制主要是在工程建设前期对工程的可行性研究进行监理，协助业主正确地进行投资决策，控制好估算投资总额；在设计阶段对设计方案、设计标准、总概算（或修正总概算）和概（预）算进行审查；在建设准备阶段协助确定标底和合同造价；在施工阶段审核设计变更，核实已完工程量，进行工程进度款签证和控制索赔；在工程竣工阶段审核工程结算。

2. 工期控制

工期控制首先要在建设前期通过周密分析研究确立合理的工期目标，并在实施阶段将工期要求纳入设计合同和施工合同；在建设实施期间通过运筹学、网络计划技术等科学手段审查、修改施工组织设计和进度计划，并在计划实施中紧密跟踪，做好协调与监督，排除干扰，使单项工程及其分阶段目标工期逐步实现，最终保证建设项目总工期的实现。

3. 质量控制

质量控制要贯穿在项目建设从可行性研究、设计、建设准备、施工、竣工动用到用后维修的全过程中。主要包括组织设计方案竞赛与评比，进行设计方案磋商及图纸审核，控制设计变更；在施工前通过审查承包单位资质，检查建筑物所用材料、构配件、设备质量和审查施工组织设计等，实施质量预控；在施工中通过重要技术复核、工序操作检查、隐蔽工程验收和工序成果检查，认证并监督标准、规范的贯彻，及阶段验收和竣工验收，把好质量关。

4. 合同管理

合同管理是进行投资控制、工期控制和质量控制的手段。合同既是监理单位站在公正的立场上，采取各种控制、协调与监督措施，履行纠纷调解职责的依据，也是实施三大目标控制的出发点。

5. 关系协调

关系协调是指监理单位在监理过程中，对相关单位的协作关系进行协调，使相互之间加强合作、减少矛盾、避免纠纷，共同完成项目目标。所谓相关单位，主要包括建设单位、设计单位、施工单位、供应单位，此外，还有政府部门、金融部门、有关管理部门等。

第四章 高速公路施工工程管理

第一节 路基工程

高速公路路基是公路的基础，是高速公路的重要组成部分，其施工质量的好坏直接关系到整条高速公路的稳定性和舒适性问题，因此要高度重视路基施工质量问题。

本章主要就路基施工过程中涉及机械设备配置、路堤施工、路堑开挖路堤压实、特路基处理排水、防护工程、路基季节性施工、路基安全、文明、环境保护施工和路基施工中质量控制及质量通病预防措施等方面的施工要点及技术进行了阐述。

一、路堤施工

路堤施工是公路工程施工中一个非常重要的环节，需要精心组织，精心施工，确保工程质量。高速公路的特殊性决定了对路基施工质量有着更高的要求。因此，路堤施工必须从基底处理、填料选择、压实、排水、防护等各方面加以重视，依靠科技进步，采用新技术，新材料，新的检测手段，从而保证路基具有足够的稳定性和耐久性。

（一）路堤施工的特点

与路堑开挖相比，路堤工程有以下特点：

1. 路堤基底处理

路堤是在天然地基上人为构筑的土体，是破坏原有状态而以一定要求填堆的土体，并与原面接触而呈结合状态。它对路基质量有着重要的影响，特别是对路基的稳定性影响很大，需要根据地形和土质条件做适当的处理。正式施工前，除了必须进行伐树除根，清除杂草垃圾及不稳定的石块以外，横坡较大时，还需要做表土翻松，开挖台阶或凿毛（石质基底）。特殊土质，如软土，沙滩和有地下水上溢的地段，必须做进一步的稳定处理或换土。

2. 填土要求

路堤对填土要求很严格，使用不适当的土填筑会直接影响路堤的稳定性和强度。例如，使用淤泥或腐殖质含量较高的土料填筑的路堤，会产生路堤整段或局部的变形，也可能因自重的原因产生滑坡，严重时将影响道路的使用。因此，一般最好采用强度高、水稳定性好的材料作为填料。另外，即使填土材料良好，但由于其所处状态不同，特别是含水率不同，所表现出的结果往往相差很大，解决填土的含水率问题是填筑路堤中一个很重要的环节，在一定程度上左右着工程的施工作业。

3. 填方压实

路堤的填筑都要通过压实以达到路基土体符合要求的密实度，所以填筑必须是分层作业。同时，由于土的种类，及所处状态不同，使施工的作业程序，环节变得复杂，铺填土料厚度、填土方式、层间结合及压实机械和压实工艺，都成为施工中必须认真对待的问题。

（二）基底及填土材料的处理

1. 路堤基底的处理

路堤基底是指路堤填料与原地面的接触部分。为使两者结合紧密，避免路堤沿基底发生滑动，防止因草皮、树根腐烂而引起路堤沉陷，需视基底的土质、水文、坡度和植被情况及填筑高度采取相应的处理措施。对于一些特殊地基，如软土冻土等处理时，技术比较复杂。对于一般的基底处理，通常包括以下内容：

（1）伐树除根及表土处理

路堤填筑时，如果不清除结合面上的草木残株等有害于路堤稳定的杂物。路堤成形后，一旦杂物腐烂变质地基将发生松软和不均匀沉降等现象。为了预防这种情况，就必须在填土之前做好伐树、除根和表层土壤处理工作，特别当路基填筑高度小于 1.0 m 时，应注意将路基范围内的树根、草丛全部挖除。伐树、除根和清除草丛作业可采用人工方法或机械方法作业。

如基底的表层土系腐殖土，则须将其表层土清除换填，厚度视具体情况而定，一般应不小于 30 cm，并予以分层压实，压实度应符合规范要求。如发现草炭层、鼠洞裂缝、溶洞等，都必须注意处理好，以防造成日后塌陷。有些清除物（如腐殖土），堆弃在易于取回的地方，路堤修筑后，可取回作为护坡保护层使用，也可作为中央分隔带及绿化带的回填土。

（2）耕地、水田的处理

路堤通过耕地时，筑填施工之前，必须预先填平压实，如其中有机质含量和其他杂质较多时，碾压时因弹性过大，不易压实，应换填干土。对于稻田，其表面往往存在一层松软薄层，如果直接填土，不但机械通行性很差，难以作业，而且填土也不能充分压实，若填土厚度大，第一层要填至 0.5~1.0 m 厚，施工机械才能通行，以后可以按规定厚度铺填，能够充分压实时可不必进行其他处理。若填土层较薄时，第一层则不能填得太厚，否则填土无法得以碾压密实。这时，应当在基底挖沟排水，使填土底层保持干燥，再进行填方压实作业。如果水田水位过高，简单地设置排水沟也不能使水充分外排，不能保证机械通行，且由于地下水毛细管作用侵入填土，恶化填土性质，应在原表土和填土之间加砂垫层，以利于水的排出。

如果填土基底有小池塘或泉眼，就应敷设暗排水管等排水设施，或者用耐水性强的道砟或碎石充填压实到原水位高度以上，在填土后进行有效排水，防止浸入填土。

（3）坡面基底的处理

填方路堤，如基底为坡面时.在荷载作用下，粒料极易失稳而沿坡面产生滑移。因此在施工前必须注意对基底坡面处理后方能填筑。通过以往的高速公路施工经验表明，当坡度较小，在1：10~1：5时，只需清除坡面上的树、草杂物后，将翻松的表层压实后即可保证坡面的稳定。但当坡度较大，在1：5~1：2.5时，应将坡面做成台阶形，一般宽度不宜小于2.0 m，高度最小为1.0 m，而且台阶顶面应做成向堤内倾斜4%~6%的坡度。如果基底坡面超过1：2.5时，则应采用修挡土墙、护脚等措施对外坡脚进行特殊处理。

2.路堤填料的选择和处理

用于路堤填筑的土料，原则上就地取材或利用路堑挖方土壤，但对填土料总的要求是，具有良好的级配和一定的黏结能力，易于压实稳定；具有基本上不受水浸软化和冻害影响等。淤泥腐殖质等稳定性较差的土一般不宜作为填土，必须使用时，应根据公路技术规范有限制地选用。

对于透水性良好的石块、碎（砾）石土、粗砂、中砂和湿度未超过所设计规定极限值的亚砂土、轻亚黏土和黏土等，均可用于填筑路堤。在特殊情况下，受工程作业现场条件的限制，在路堤填筑工地附近可能没有合适的填土材料，而从远处运来又不经济，这时通常是对附近不符合施工规范要求的土料进行适当处理后，作为填土使用。

（1）含水率调节

一般情况下，如料场土料的自然含水率接近最佳含水率时，这时只要对挖出的土料及时装卸上堤，及时摊平碾压即可。如果土料含水率过高，应予以翻晒，最好利用松土机或圆盘耙搂翻，增大曝气面，加速蒸发效果。另外，也可在取土场工作面下面挖沟，使地下水位降低，改变土料含水率，这也是一种有效的方法。如含水率过低时，常在材料上人工洒水，洒水率可由自然含水率和最佳含水率之差简单地求出，常用的洒水工具有洒水车和水泵等。在实际工作中，土料的人工湿润可在取土场和堤上进行，由于取土场场地宽阔，工作方便，易控制洒水均匀，如有洒水过度，也不影响堤上已有的土体，因而采用较多。在料场湿润土料，可以采取把取土场用水淹盖起来的方法，宜用于黏土层垂直孔隙较大的情况。作业时，应首先除掉表土植物层，并将土面整平，而后灌水掩盖，直至吸够必需水量为止。所需水量由地面至挖深厚度内全部土体计算，淹水后的土壤不宜立即取用，需让水经一定下沉或蒸发后方可使用。

在路堤施工时，也常采用洒水车直接在堤上喷洒，但应配用圆盘把等机具对土料进行翻拌，使其润湿均匀，还须预计润湿时间，绝不可洒水后立即碾压。

（2）化学稳定处理

即利用石灰或水泥做稳定剂对土壤性质进行改良，达到填土要求，这种方法对含水率大、塑性高的材料（如黏土），或强度不足的其他材料（如含有大量细粒砂的沙质土），都有较好的效果。

化学稳定处理的施工方法是将土和石灰、水泥等添加材料按一定比例混拌均匀后铺平压实。一般采用路拌式稳定土拌和机（灰土拌和机）和平地机等进行作业，也可由设于专门场地的厂拌设备制备。

（三）路堤的填筑作业

1. 路堤填筑方法

路堤填筑是把填料用一定方式运送上堤进行铺平、碾压密实的过程。路堤填筑分为水平分层填筑法、纵坡分层填筑法、横向填筑法和混合填筑法四种方法。

（1）水平分层填筑法。填筑时按照横断面全宽分成水平层次，逐层向上填筑。若原地面不平，应从最低处分层填起，每填一层经过压实符合规定要求后再填上一层。

（2）纵坡分层填筑法。宜用于推土机从路堑取料填筑距离较短的路堤，填方侧应按要求，人工开挖土质台阶后，依纵坡方向分层，逐层向上填筑碾压密实。原地面纵坡大于 12% 的地段常采用此法。

（3）横向填筑法。从路基一端或两端同时按横断面的全部高度，逐步推进填筑，仅用于无法自下而上填筑的深谷、陡坡、断岩、泥沼等运土和机械无法进场的路堤。横向填筑因填土过厚，不易压实，施工时需采取下列措施：

1）选用高效能压实机。

2）采用沉陷量较小的砂性土或附近开挖路堑的废石方，并一次填足路堤全宽度。

3）在底部进行拨土夯实。

（4）混合填筑法。即路堤下层用横向填筑，而上层用水平分层填筑，使上部填料经分层压实获得需要的压实度。混合填筑法适应于因地形限制或填筑堤身较高，不宜采用水平分层法或横向填筑法自始至终进行填筑的情况。

上述方法中，后三种路堤填筑施工方法工程质量较难保证，同时也不易检测。因此，除非工程特殊要求外，一般应尽可能采用第一种方法施工。

2. 路堤机械化作业

（1）推土机作业

1）推土机横向填筑

这是一种水平分层填筑方法。推土机在路堤一侧或两侧取土场取土，一般沿线路分段进行，每段距离以 20~40m 为宜，可以单机作业，也可多机作业，多在地势平坦或两侧有可利用的山地土场的场合采用。

推土机在路堤单侧取土时，可采用穿梭法进行作业。作业时，推土机铲满土料，推送至路堤的坡脚，卸土后，按原路返回到铲挖位置，如此往复在同一路线上。采用槽式作业法送 2~3 刀就可挖到 0.7~0.8 m 深，然后做斜线倒退，向一侧移位，同样方法可推送相邻土料。整个作业区段完成后，可以沿作业时相反方向侧移，可推净遗留土埂，整平取土坑。

当推土机由路堤两侧取土场取土时，每侧作业方法与上述方法相同，所不同的是路堤用土由两侧分别推至路基中心线即可。作业时，为使中心线两侧运土的结合处能充分压实，两侧运来的土料均应推送超过中线。采用这种作业方法时，每个作业区段最好由两侧相同台数的推土机相向同步作业，可使路堤均衡对称地成形。

用推土机从两侧取土填筑路堤，适用于取土距离较短、路堤较低的场合，一般在 1 m 以下。作业时要分层有序地进行，每层层厚视土质及压实特性而定，一般为 20~30 cm，并须随时分层压实。

2）推土机纵向填筑

用推土机进行移挖填土施工时，多采用这种方法（一般多用在丘陵、山地）。可做纵坡分层，只要挖方土壤符合填土要求，即可采用，但以开挖部分坡度不大于 1：2 为限。开挖中应随时注意复核路基标高和宽度，避免超挖和欠挖。

3）综合作业法这是上述两种方法的综合，即在纵横方向联合作业。沿线路分段进行，每段长 60~80 m，

每段中部设有横向送土道，用横向作业的方式，将两侧土壤送上路堤，再由另外的推土机纵向推送铺平，同时分层压实。

（2）铲运机作业

利用铲运机填筑路堤，其基本方法与推土机大致类似，仅以作业现场条件不同而有所区别。其最大特点是曲线作业散落料少，故有更灵活的作业路线，并适宜于较远距离取土（一般为 100 m 以外，且填筑高度为 2 m 以上）。其作业的运行路线，在根据地形条件，考虑施工效率时，有以下几种基本方式，可在实际工作中灵活应用。

1）椭圆形运行路线

此方法适用于填土高度在 1.5~2 m 以内，且工作长度在 100 m 以下的情况。主要缺点是重载上坡转向角大，转弯半径小；每一循环，铲运机需要转两次 180° 大弯。

2）"8" 字形运行路线

实际上是上述椭圆形路线的组合，每一个作业循环，在同样两次 180° 大转弯的情况下，可完成两次铲装运送、卸土的过程。而且可以容纳多机作业，功效比单椭圆形作业路线有一定程度的提高，多用于工作段较长（一般为 300~500 m）的填筑作业，

要求取土场在路堤两侧。作业区段较长时，可以多个"8"字形工作面首尾相连，可在整个区段内连续作业，适宜于群机作业。如果各机间隔适当，可使其互相不受干扰，并把每次填挖段与上次的错开作业均衡，缺点为一次循环的时间较长。

3）全堤宽循环作业

上述几种方法均在路堤单侧取土（指一个循环内），对于两侧取土场同时取土作业时，可采取全堤宽循环作业的方法。即铲运机连续相间地在路堤两侧取土场取土，而在路堤全宽上均匀铺散。这种作业方法，适宜于作业区段较长，且宽度较大的路堤填筑。铲运机每次循环中，多次装卸土壤，运行路线可均匀错开，因此碾压质量较好。

用铲运机填筑路堤，无论采取何种运行路线，在路堤整个宽度上，应注意从两侧分层向中间填筑，始终保持两侧高于中间，可防止铲运机向外翻车。当两侧填至标高时，再填平中间并按要求修整成一定的坡度。

另外，铲运机进行路堤填筑作业时，经常是利用自重压实的。因此，作业过程中，卸土应均匀分布在堤面上，同时铲运机车轮应使路堤上的卸土都能被压到，以保证路基的压实质量。当路堤高度在 1m 以上时，应修筑运行通道。高度大于 2m 时，每隔 50~60m 修筑一个通道或缺口，最小宽度为 4 m，使铲运机转弯半径不小于 6 m。上坡通道坡度一般为 15%~20%，下坡极限坡度为 50%，整个填筑作业完成后，所有进出口通道应予封填。

（3）挖掘机（或装载机）与运输车辆配合作业

用正铲、反铲和抓斗挖掘机或装载机与运输车辆配合进行路堤填筑施工，适用于取土场较远或特殊地形的施工条件下作业，工作过程比较简单。挖掘机或装载机按其基本作业方法进行挖掘装载，由运输车辆将土料送上路堤，然后由推土机或铲运机按规定厚度铺平并由压实机械压实。采用这种作业方法，影响功效的主要因素是与一定装载能力的挖掘装载机械相配合的运土车辆数及运行路线。

其他挖掘机和装载机作业时方法与此相同，仅在于各种挖掘装载机械施工条件不同。如拉铲装车较为困难，要求司机操纵技术熟练，由于抓斗对土壤适应性差，一般不做直接挖土工作，这些类型的工作装置进行填土作业时，效率不及正铲。

与挖掘装载机械配合作业的车辆数，除与挖掘机、汽车性能有关外，同时还与运输距离、道路条件驾驶员技术素质有关，并且受到平整和压实机械生产能力的影响。因此，应尽可能使各种设备，而不仅仅是运输车辆，做到相互平衡、协调，才能即使总的工效最佳，提高各机种利用率和单机效率。

（四）填土边坡施工

1.一般规定

路堤边坡施工是路堤作业中的重要环节，如果注意不够，不但延误工期，降低工程质量，造成经济损失，而且也可能给运输安全带来很大的威胁，施工中务必充分重视。

路堤边坡的要求应符合《公路工程技术标准》（JTG B01-2014）中的规定，还要在施工时注意以下几点：

（1）放样。根据线路中桩和设计图表，通过放样，定出边坡的位置和坡度，确定路基轮廓，要求放样准确可靠。

（2）做好坡度式样。按照规定，首先在适当位置做出边坡式样，作为全面施工的参照，以免沿错误边坡延续施工。

（3）随时测量。对高路堤或深路堑，每做一段距离就要抄平打线一次，发现问题应及时纠正，变坡点处更要注意测量检查。

（4）留有余量。路基修筑（包括路堑、路堤）时，边坡部位要留有一定的余量，以方便进一步修正后，达到设计要求的标准，岩石边坡要尽量一次完成。

此外，边坡附近如遇打眼放炮时，要严格控制炮眼方向及装药量，防止将边坡震松破坏。

填土边坡面，除了截面符合施工图纸形状，并注意上述各点外，施工中最重要的一点是边坡的压实。如果边坡面层和路堤主体相比不够密实，在遇降雨天气时，很可能在水的作用下发生滑坡等破坏。为了防止这种情况，要对路堤边坡尽可能采用机械压实的方法，达到密实度要求。

施工中需估计施工过程中降雨的情况，采取必要措施预防因遭雨水冲刷和水渗透而发生边坡滑移。由于填土坡度面的施工程序和压实方法不当，引起的路堤崩溃和路侧下沉的情形是经常发生的，路堤边坡施工应尽量选定既简单又能有效保证路堤边坡安全的方法。

路堤边坡坡度在 1∶1.8 左右时，坡面要拉线先放粗坡，用自重 3 t 以上的振动压路机从填土坡脚开始向上卷振压实，注意必须是从下往上振压。

放下过程中不能振动，防止斜坡上的材料被振松而滚滑。土质良好且坡度不大时，也可用推土机在斜坡上往返行驶压实，这也是压实边坡行之有效的方法。对含水率较高的黏性土，须选用湿地推土机进行压实。

另外一种路堤边坡施工方法是填土时适当加大宽度和高度，然后分层填土、压实，多余部分可利用平地机或其他方法铲除修整即可。这种方法作业面增大，需要有一定的施工回旋活动余地，但在没有条件进行坡面压实的情况下，往往可以取得满意的效果。

路基经过填土压实后，要进行整形作业。除路基顶面以外，施工作业较复杂的也是边坡面的整形，可用平地机或推土机进行。

2.平地机坡面整形作业

由于平地机的性能和刮刀长度的限制，当坡面坡度为 1∶1.5~1∶5 时，坡面在平地机刮刀宽度以内时，可以用一台平地机在一个平面上行驶作业。如果坡面超过刮刀宽度或坡度较缓时，台平地机在一个平面上无法完成全坡面整形，可采用两台平地机在上下两个平面上同时进行作业，或一台平地机分两次在上下两个平面内分别作业。对于平地机在上下两平面上仍不能完成整形作业的大坡面，则必须在分层填筑过程中选择恰当的时候进行修整。

无论采取何种方式进行坡面整形，施工作业前，都必须在作业段两端做好标准坡面，以便在刮削时有所参照，或者随时用线绳连接两端标准坡面同一位点并指导、检查平地机作业情况，防止超刮及欠刮。对于有找平装置的平地机，也可以用拉线的方式，设置基准进行作业。

当坡面一旦出现超刮，要用人工分层夯实的方法，超高回填后，再做刮削，使之与原坡面构成一体。对于要求较高的过水坡面，上述回填应采取齿阶接合，这个工作一般较为困难，且不易保证工程质量，故要尽量避免发生超刮现象。

3. 推土机坡面整形作业

推土机坡面整形作业，只适应于坡度较小（小于 1：2.5）的坡面。一般先用人工做出标准坡面，然后推土机紧靠标准坡面，自下而上或自上而下进行刮削。为了保证推土机不至于远离标准坡面而造成超刮现象，作业段内应有一定数量的标准坡面以对推土机的作业加以控制，标准坡面布设一般为铲刀宽 4~6 倍为宜，即 10~15 m。

由于推土机进行整形作业时是与机车在坡面上行驶同时进行的（而平地机是在平面上行驶）。因此，推土机作业过程中，虽然可以多布设些标准坡面，以便对照，但仍然比较难以掌握，所以对操作人员的技术水平要求较高。可根据推土机行驶的坡度与铲刀切削坡度一致的程度，采用简易的环形测坡仪进行监测，以便控制。一般而言，推土机进行坡面整形作业的质量远不如平地机容易控制。

二、路堑施工

路堑开挖是路基施工中工程量最大、最普遍的施工内容，有多种施工机械，使机械优势得到充分发挥。因此，路堑开挖主要采用机械化施工。

（一）路堑施工的特点

从作业程序上说，路堑施工较为简单，按一定要求把土挖掘并运到弃土地点，不像路堤填筑有材料选择、分层碾压密实等问题存在。然而，从以往施工经验和公路使用的角度看，路基上发生的问题，却大多出在路堑上。例如，路堑施工往往成为整个工程的控制工程，影响工期。

施工中常发生塌方，落石等事故。在道路使用过程中，路堑地段又是塌方、滑坡、翻浆、冻害等路基损害的多发区段。而这些又在很大程度上与路堑施工得当与否有着密切的关系。如由于开挖坡度不合适或弃土太近，使土体失去平衡而发生塌方；由于排水不良造成土体松软发生边坡溜滑；由于没有及时修筑挡土墙等防护工程而发生滑坡现象。因此，在路堑施工中，对采取的作业方式，开挖步骤，弃土位置等应予充分重视，进行全面规划，保证有较高的质量和效率。在挖掘作业特别是深挖掘作业时，应将粗加工和挖掘作业同时进行，使坡面作业尽量减少，并且必须经常不断地检查尺寸。单面挖掘、单面堆土时，应尽量避免土堆太高，即使设计上没有防滑措施，也要将基底面进行阶梯挖掘，才比较合理。

深挖掘的另一特别需要注意的问题是，应保证施工过程中或竣工后的有效排水。一般应先开挖排水沟槽，并设法排除一切可能影响边坡稳定的地面水和地下水，为此，路基开挖作业时应注意以下几点。

1. 由于水是造成路堑各种损害的主要原因，所以，不论采取何种开挖方法，均应保证开挖过程中及竣工后的有效排水，施工时均应先开挖截水沟，并设法引走一切可能影响边坡稳定的地面水和地下水。开挖路堑时，要在路堑的线路方向保持一定的纵坡度，以利于排水顺利和提高运输效率。

2. 开挖时应按照横断面自上而下，依照设计边坡逐层进行，防止因开挖不当，而引起边坡失稳崩塌。对坡度较大，开挖厚度较薄的地形，由于挖削部分较薄，对坡体崩塌问题往往容易忽视。应按原有自然坡面自上而下挖至坡脚，不可逆转施工，否则，可能引起滑坡体滑塌。

3. 在地质不良拟设挡土墙的路堑中，路堑开挖应分段挖掘，同时修筑挡土墙或其他防护设施，以保证安全。

4. 路堑弃土应按要求，整齐地堆在路基一侧或两侧。弃土堆内侧坡脚（靠路堑一侧）至路堑边坡顶端距离不得小于 5 m。

5. 对于弃土运往他处时，挖掘工作面的运输散落土料，要及时清除。尤其是每个工作日作业结束时，更要注意及时用推土机将散落土清除干净，以防土遇淤积水，造成滑坡损害，以致发生崩塌事故。

6. 松软土地带或其他不符合要求的土质地段，要采取各种稳定处理措施，并注意地下水的上升情况，据需要应设置排水盲沟等。

（二）路堑的开挖方法

路堑开挖前，应做好现场伐树除根等清理工作。如果移挖作填时，还需将表层土壤单独掘弃，路堑的开挖方法根据现场施工条件，可采用以下几种基本方法：

1. 全断面开挖法

从开挖路堑的一端或两端按断面全宽一次挖到设计标高，逐渐向纵深挖掘，挖出的土方一般都是向两侧运送。这种方法适用于深度不大，且较短的路堑。

2. 分层横断面挖法

从开挖路堑的一端或两端按横断面分层挖至设计标高，每层都有单独的运土出路和临时排水设施，适用于开挖深而短的路堑。土方工程数量较大时，各层应纵向拉开，做到多层、多方向出土，可安排较多的劳动力和施工机械，以加快施工进度。每层挖掘深度视工作方便和安全而定，一般为1~2 m。

3. 分段纵挖法

当路堑较长，开挖深度不大时，把开挖路堑横断面分成若干段，并沿纵向条形开挖，一般出土于两侧。若是傍山路堑，一侧堑壁不厚，选择一个或几个地方挖穿路堑壁出土。

4. 分层纵挖法

如果路堑宽度及深度都不大，可以纵向分层挖掘。在短距离及大坡度时，可用推土机施工，较长的宽路堑则宜用铲运机作业。

5. 通道纵挖法

在开挖路堑全长上，沿路堑纵向先挖出一通道，然后开挖两旁，这是一种快速施工的有效方法，通道可用于机械通行或运输土料车辆的运土。

第二节　桥梁工程

一、桥梁的类型与结构

（一）桥梁的主要类型

桥梁由承载结构（桥跨结构）、支承结构和基础组成。承载结构是直接承受行人、车辆的重量并使之通过的结构。因在桥体上部，所以又称上部结构。支承结构是支持承载结构，并将荷载传到基础的结构，因在桥体下部，所以又称下部结构。

按照组成结构的不同，桥梁有下列几种主要类型：

1. 梁式桥：承载结构是梁而得名。支承结构是桥台（位于桥两端）与桥墩（位于桥的中部）。两个桥墩中线之间的空间称为跨。单跨桥只有两个桥台，多跨桥除了两端的桥台外，中间还有桥墩。

梁式桥外力（恒载和活载）的作用方向与承载结构的轴线接近垂直，梁内产生弯矩，需用抗弯能力强的材料（钢、钢筋混凝土等）建造。我国古代也有用石料修建的石梁桥。这些材料修建的梁式桥跨度不超过25m。当跨度很大，以及承受很大荷载的特大桥梁，可建造钢结构桁架桥或预应力混凝土梁桥。

2. 拱式桥：主要承载结构是拱圈或拱肋。

拱式桥在竖向荷载作用下，桥台或桥墩将承受水平推力。由于拱以受压力为主，通常用抗压强度高的石、混凝土或钢筋混凝土建造。特别值得一提的是，我国的石拱桥技术在古代就很有成就。如举世闻名的河北赵县赵州桥，建于公元605年左右。此外，还有举世闻名的北京永定河上卢沟桥，也是一座石拱桥。

拱桥的跨越能力很大，在全世界范围内石拱桥跨度最大为135m，钢筋混凝土拱桥为390m，钢拱桥达518m。

3.钢架桥：此类桥的主要承载结构是梁（或板）和主柱（或竖墙）整体结合在一起的钢架结构。梁和柱联结处有很大的钢性。在竖向荷载作用下梁主要受弯，柱脚处有水平压力，其受力状况介于梁桥与拱桥之间。

4.吊桥：吊桥的支承结构是悬挂在两边搭架上的缆索，通过吊在缆索上的吊杆吊起桥的承载结构，在竖向荷载作用下，缆索受到很大拉力，所以要在塔架的后方修筑非常巨大的锚定结构。

5.组合体系桥：为了增大桥的跨度或改善桥的工作状态，将几种不同体系结构组合起来构成组合体系桥。如下：

（1）梁拱桥：由梁和拱组合而成。这种组合梁与拱均为承载结构，可增大桥的跨度，且对墩台没有推力作用。

（2）斜拉桥：由主梁与斜缆组合而成。这种桥的支承结构是悬挂在塔架上的被张紧的斜缆，桥承载结构是主梁。斜缆将主梁多点吊住。既发挥钢缆高强度的作用，又显著减少主梁截面，使结构减轻而能增大跨度。

（二）混凝土梁桥

1.钢筋混凝土与预应力混凝土梁桥

钢筋混凝土梁桥利用了钢筋的抗拉强度高和混凝土抗压性能好的优点。能工业化施工，耐久性、整体性好，适应性强。但本身结构自重大，约占全部设计荷载的30%~60%，跨度愈越大自重所占的比值显著增大，这就限制了钢筋混凝土梁桥的跨径。装配式钢筋混凝土简支梁合理的最大跨径在20m左右，悬臂梁与连续梁为60~70m。因此，对跨径大的钢筋混凝土梁桥，则应用混凝土。预应力混凝土能减小构件截面，节省钢材30%~40%。显著降低自重所占全部设计荷载的比重，增大跨越能力。预应力混凝土简支梁的跨径为50~60m，悬臂梁、连续梁最大跨径已接近250m。

2.钢筋混凝土梁桥承载结构的截面形式

钢筋混凝土梁桥的承载结构截面形式有板、肋板和箱梁等几种。

（1）板桥：板桥可以用钢筋混凝土，也可以做成预应力混凝土。有整体式和装配式两种。整体式简支梁板桥的跨径在10m以下，跨径不超过8m的多采用装配式板桥。整体式板桥截面形式主要为矩形或矮肋式。装配式板桥截面形式为矩形或空心，此外，还有装配与整体组合式截面，是以小型预制构件安装后做底模，再在其上现浇混凝土结合式整体。在起重设备能力小的情况下可采用这种方式。

（2）肋板式：肋板式由板与板下之肋组合而成。当跨度在 13-15m 以上时，通常采用肋板式梁桥。肋板有整体式与装配式两种。整体式肋板桥为减少桥面的跨径，可在两主肋之间增设内纵肋。装配式肋板桥也称装配式 T 型梁桥，主梁间距多在 20m 以内。梁是主要承重结构，主梁间设有横隔梁（也称横隔板），以保证车辆荷载各主梁间能良好地横向分布。主梁上翼缘构成行车道板，承受车辆荷载的局部用力。

（3）箱梁：其截面是一个或几个封闭的箱形梁桥。它可以用于较大跨径的悬臂梁、连续梁，也可用作预应力混凝土简支梁，跨径可达 30m 以上。箱形梁桥可做成单箱或多箱，可做成整体式，也可做成装配式。

二、桥梁施工

桥梁施工单位应根据工程规模，技术要求、水文、地质、劳力、机械设备能力等条件，选择最优的施工方案，按切实可行的施工进度计划，做出合理的施工场地布置，在监理工程师的监督下按施工规范进行施工，保证施工质量。

桥的类型不同，施工方法也不同，下面介绍钢筋混凝土简支梁、拱桥及斜拉桥的施工方法。

（一）钢筋混凝土简支梁的施工方法

钢筋混凝土简支梁有普通钢筋混凝土和预应力混凝土两种，施工方法有现场浇筑和预制安装。

1.现场浇筑：混凝土施工工艺包括模板工、钢筋工、混凝土浇捣、养护与拆模。

（1）模板工：模板工模板是混凝土成型质量的前提。模板必须有足够的强度、刚度和稳定性，保证施工中不走模、变形。接缝严密不漏浆，制作与安装方便。模板通常用的有木模、钢模、钢木组合模板等。具有一系列的标准尺寸的标准钢模，能根据混凝土结构尺寸拼装成要求的尺寸，装拆方便，周转次数多，应用普遍。

近年来，应用工具式钢管立柱，效果良好。在顺桥方向，立柱间距为 3~5m。靠桥台（墩）处立柱设在台基的襟边上，在横桥方向，立柱设置在梁肋下。

模板安装应与架立钢筋配合进行。先安装底模并整平，再架立钢筋，最后安装侧膜与端模。在模与钢筋之间要注意留够保护层的厚度。模板安装后要进行验收，精度合格，方能进行混凝土浇筑。

（2）钢筋工：钢筋应按钢筋型号、直径分别堆放。进场后依次抽样检验，合格品方能使用。钢筋工包括钢筋加工与安装。

钢筋加工包括整直、除锈去污、按照设计图下料弯曲成型。下料应用优化法以减少废料，接头以对焊为宜。

钢筋安装有现场绑扎和骨架吊装两种方法。现场绑扎应按一定顺序，一般梁肋钢筋，先放箍筋，再装下排钢筋，后装上排钢筋。柱的钢筋先立主筋，后扎箍筋。钢筋的交结点用铅丝绑扎，也可用点焊。骨架吊装是先将钢筋骨架焊接成型，用起重设备吊入模板，安装简单。钢筋安装必须按设计图纸进行，安装后经检验合格方能浇筑混凝土。

（3）混凝土浇捣：包括拌制、运输、浇筑、振捣几个工序。混凝拌制多混凝土搅拌机。工程量很小，也可用人工，要求搅拌均匀。需掺的附加剂，如减水剂、早强剂、促凝剂、缓凝剂、加气剂、膨胀剂，应将其溶液加入水中，与其他材料拌匀。

混凝土运输为避免离析，转载次数宜少，从高处落距不应超出 2m，否则应用溜管、溜槽或串管。运输延续时间应尽可能短，避免在浇筑过程中发生初凝，当混凝土温度为 20℃~30℃时，运输延续时间不超过 1 小时，10℃~19℃时不超过 1.5 小时，5℃~9℃时不超过 2 小时。

混凝土浇筑应分层浇筑，每层浇筑厚度不应超过 0.3m 浇筑过程中应连续进行。且在前层混凝土初凝之前，此层混凝土拌和物应浇筑振捣完毕。因故间歇，间歇时间一般控制在 1.5~3.0 小时之内。中断后浇筑次层混凝土时，前层混凝土表面必须凿毛，用水冲洗干净，表面涂 10~20mm 与混凝土相同水灰比略小的水泥砂浆。

为保证混凝土具有应有的密实度，浇筑混凝土每层必须振捣。大面积面板用平板式振捣器，钢筋密布的梁、柱用插入式振捣器和附着式振捣器。安装在侧模、高低模上的附着式振捣器，频率必须一致，位置均匀交错排列，间距 1.0~2.0m。插入式振捣器，插入点直线排列时，插入间距不得超过振捣起作用半径的 1.5 倍，交错排列时不超过 1.75 倍，插入时不要碰及模板钢筋，插入下层 5cm，使两层结合为一体。插入要快拔出要慢，边振边拔。振捣时间以混凝土不再发生气泡，不再下沉，砂浆开始上浮，混凝土表面平整即可。不可过度振捣以免混凝土分离。

（4）养护及拆模：在常温下养护主要使用湿润的草垫、麻袋、稻草覆盖，并经常洒水。洒水日期：硅酸盐水泥不少于 14 昼夜，矾上水泥不少于 8 昼夜，矿渣水泥、火山灰水泥或加塑化剂时不少于 21 昼夜。每日洒水次数以保证湿润为宜。冬季施工多加促凝剂或早强剂，养护可用蓄热法、蒸气法等。当混凝土达到设计要求强度的 2.5MPa 时，即可拆除侧模，达到设计强度 100% 即可拆除底模。拆模应仔细进行，不可硬拆猛打，以免损伤混凝土表面。

2. 预制装配施工

预制装配施工是将预制的梁运用到桥位处，用起重设备进行吊装和完成横向连接成桥。预制梁运输通常用大型平板车。长距离运输时，车辆转弯时要保证梁在车上自由转动，梁上应设置整体式斜撑，并用绳索将梁、斜撑与车架绑成整体，以防梁倾斜。

预制梁安装方法很多，依跨径、梁座及所有起吊设备而定。在陆地上建桥较低，可用履带式或轮胎式起重机，直接起吊。用配有起吊设备的船装载预制梁，船行至桥跨中，将梁吊装就位。浮船应逆流而上，先远后近安装。架设时，浮船应牢固锚定。注意施工安全，此法用于大跨、多孔桥时很有效的。

小桥或跨径较小的中桥可用扒杆吊装。在桥跨两墩上各设一套扒杆，预制梁的两端分别系在两扒杆的起吊索上，由两起吊索的拉动使梁平稳进入安装位置。

在多跨长桥和中、小跨径桥梁上，可用龙门架—导梁法。在两个墩上各设置一台龙门架，用长度两倍于桥跨的导梁架在桥墩上，其上敷设轨道。预制梁用平车系在导梁上运至桥孔，用龙门架吊起预制梁横移就位。此跨吊装完毕，用托架托起龙门架到下一个桥墩，继续吊装。

（二）拱桥施工

拱桥施工方法分为有支架施工和无支架施工两大类。前者用于坼工拱桥，后者用于肋拱、箱形拱、桁架拱等。

1. 有支架施工：是先支立拱架，在拱架上砌筑石拱或浇筑混凝土拱的方法。

（1）拱架：拱架多用木制，其形式有立柱式、撑架势和桁架式。

立柱式拱架上部为拱形桁架，下部为支架。上、下部之间放置卸架装置。这种拱架构造制作简单，但立柱多，木料用量大。适合于跨径和高度均不大的拱桥。撑架式拱架的下部为框架式支架，材料用量少，且支架空间大，有利通航和通过洪水。桁架式拱架适用于墩高、水深、流急或通航的河道。跨径很大时，可用钢桁架拱架。

（2）拱圈砌筑或浇筑：在拱架上砌（浇）筑拱圈时，拱架因受荷而变形。为使拱架变形最小，应使其受力均匀。因而，必须采用适当的砌（浇）筑次序与方法。跨径10m以下，可按全宽全厚由两拱脚同时对称向拱顶砌（浇）筑，要快速施工，在拱脚处的砂浆或混凝土尚未凝结前在拱顶合拢。跨径在10~15m，可在拱脚留空缝，待拱圈达到设计强度70%后，再填塞空缝，为防止拱架顶部上翘，在自拱脚向上砌（浇）到1/3矢高时，在拱顶1/3范围内预压拱圈总重20%的压重。大、中型拱桥则应分段分环施工。

2. 无支架施工：有悬臂法、缆机施工法等。

悬臂施工法也有几种不同的方法。仅以塔架斜拉索法为例作简要说明。在拱脚处设定塔架用斜拉索拉住钢支架。拱脚段的混凝土在钢支架上浇筑，其余拱圈为分段预制构件，用转臂起重机拼装，每拼装一节即用辅助钢索拉住，直到拱顶。

（三）混凝土斜拉桥施工

可以采用有支架施工，在支架上拼装或现浇，施工简便。但只有当桥不高，桥下容许搭支架时方可采用。由于斜拉桥梁体尺寸较小，各节段间有拉索，塔架可以用以架设辅助钢索。因此采用无支架施工更为有利，无支架施工以用悬臂法最为普遍。

悬壁法施工有单悬臂法与双悬臂法两种方法。单悬臂法是在支架或支墩上建造边跨，然后用悬臂法拼装中跨，双悬臂法是对称平衡拼装主梁节段。

第三节　隧道工程

一、隧道工程基本知识

公路隧道可按以下几种情况进行划分：

1. 根据《公路工程技术标准》（JTG B01-2014）的规定，公路隧道按长度分为四类，即特长隧道、长隧道、中隧道和短隧道。见表 4-1。

表 4-1　公路隧道分类

隧道分类	特长隧道	长隧道	中隧道	短隧道
隧道长度 L/m	L > 3000	3000 ≥ L > 1000	1000 ≥ L > 500	L < 500

2. 按地质构造分为石质隧道、土质隧道。

3. 按结构形式分为深埋隧道、浅埋隧道、明洞隧道。

4. 按穿越方式分为陆地隧道、水下隧道。

5. 按衬砌方式分为有衬砌隧道、无衬砌隧道。

6. 按平面布置分为直、曲线隧道，单、双曲线隧道，小间距隧道和连拱隧道。

7. 按断面形状分为圆形隧道、拱形隧道、卵形隧道、矩形隧道等。

8. 按位置分为傍山隧道、越岭隧道、水底隧道和城市地铁隧道等。

二、隧道围岩分级和施工方法的选择

（一）隧道围岩分级

围岩稳定程度与其周围岩体的性质有密切的关系。围岩分级见表 4-2。

表 4-2　隧道围岩分级表

围岩级别	围岩或土体主要定性特征	围岩基本质量指标
I	坚硬岩，岩体完整，巨整体或巨厚层状结构	> 550

围岩级别	围岩或土体主要定性特征	围岩基本质量指标
Ⅱ	坚硬岩，岩体较完整，块状或厚层状结构； 较坚硬岩，岩体完整，块状整体结构	550~451
Ⅲ	坚硬岩，岩体较破碎，巨块（石）碎（石）状镶嵌结构； 较坚硬岩或较软硬岩层，岩体较完整块状体或中厚层状结构	450~351
Ⅳ	坚硬岩，岩体破碎，碎裂结构； 较坚硬岩，岩体较破碎~破碎，镶嵌碎裂结构； 较软岩或软硬岩互层，且以软岩为主，岩体较完整~较破碎，中薄层状结构	350~251
	土体：①压密或成岩作用砂性土； ②黄土（Q：Q）； ③一般钙质、铁质腔结的碎石土、卵石土、大块石土	
Ⅴ	较软岩，岩体破碎； 软岩，岩体较破碎~破碎； 极破碎各类岩体，碎、裂状、松散结构； 一般第四系的半干硬至硬塑的黏土及稍湿至潮湿的碎石土，卵石土，圆砾，角砾土及黄土（Q_3、Q_1）。非黏土呈松散结构，黏土及黄土星松软结构	≤ 250
Ⅵ	软塑状黏土及潮湿，饱和粉细砂层、软土层	

注：本表不适用于特殊条件的围岩级别，如膨胀性围岩、多年冻土等。

（二）施工方法

1. 施工方法

（1）山岭隧道施工方法。包括钻爆法、掘进机法。

（2）浅埋及软土隧道施工方法。包括明挖法、暗挖法 . 盖挖法、盾构法。

（3）水底隧道施工方法。包括沉管法、盾构法。

每种方法的详细流程和关键技术可参阅相关专著。

2. 施工方法的选择依据

在选择开挖方法时应对隧道断面大小及形状、围岩的工程地质条件、支护条件、工期要求、工区长度、机械配备能力、经济性能等相关因素进行综合分析，选用恰当的开挖方法，尤其应与支护条件相适应。

（1）钻爆法

即通过钻眼爆破的方法开挖坑道。它对围岩的扰动破坏较大，同时由于爆破震动易产生坍塌，故一般常用于石质隧道。随着控制爆破技术的发展，爆破法的运用范围也逐渐加大，如在城市地铁隧道中也有应用。

（2）全段面开挖法

全段面开挖法是按照隧道设计轮廓一次爆破成型，然后修筑衬砌形成隧道的施工方法。用于 IV 级围岩时，围岩应具备从全断面开挖到支护前这一时间内保持其自身稳定的条件。

1）施工特点

工序少，便于施工组织和管理。开挖一次成型，对围岩扰动小，有利于围岩稳定。开挖断面大，可采用深孔爆破以提高爆破效果，加快掘进速度。作业空间大，有利于采用大型施工机械设备，实现综合机械化施工，从而提高劳动生产率，减轻施工人员的劳动强度。

2）施工要点

①由于一次开挖断面大，围岩相对稳定性降低，且每循环开挖工作量较大，要求具有较强的开挖、出渣和支护能力。

②各工序使用的机械设备务求配套，以缩短循环作业时间，合理采用平行交叉作业工序，加快施工进度。

③利用深孔爆破增加循环进尺，控制周边眼间距及角度改善光面爆破效果，减少超欠挖，及时施作初期支护，根据围岩条件变化及时调整施工方法，确保施工安全。

④二次衬砌及时紧跟，Ⅱ级围岩二次衬砌距掌子面距离 ≤ 200 m，Ⅳ级围岩 ≤ 80m。软弱破碎围岩中使用全断面开挖时，应加强辅助施工方法设计与检查，加强动态量测与监控。

（3）台阶法

隧道断面分上、下两台阶（也可分上、中、下三台阶）进行开挖，根据台阶长度分为长台阶法（上下台阶距离较远，一般上台阶超前 50 m 以上或大于 5 倍洞跨）、短台阶法（上台阶长度小于 5 倍但大于 1~1.5 倍洞跨）及超短台阶法（上台阶仅超前 3~5 m），这种方法对地质的适应性较强。

1）施工要点

①上台阶施作钢拱架时，采用扩大拱脚和锁脚锚杆等措施，控制围岩和初期支护变形，必要时施作临时仰拱。

②下台阶在上台阶喷射混凝土达到设计强度 70% 以上时开挖，下部开挖时要注意上部的稳定，根据稳定情况决定下部循环进尺。

③当岩体不稳定时需缩短进尺，必要时下台阶分左、右两部分错开开挖，并及时施作初期支护和仰拱。

④施工中解决好上下台阶的施工干扰问题，下部施工应减少对上部围岩、支护的扰动。

（4）分部开挖法

1）环形开挖预留核心土法

环形开挖预留核心土法是将开挖面分成环形拱部、上部核心及下部台阶三个部分。根据地质好坏将环形拱部断面分成一块或几块。先开挖上部导坑弧形断面留核心土平台，再开挖下部两侧边墙、中部核心土的隧道开挖方法。

施工要点如下：

①开挖前应在拱部进行超前支护、环形开挖循环长度为 0.5~1 m，开挖后及时施作喷锚支护、安装钢架支撑。

②每两根钢架之间采用钢筋连接，并设置锁脚锚杆，全断面初期支护封闭距拱部开挖面不超过 15m。

③预留核心土面积大小根据围岩地质情况，便于施工且满足开挖面的稳定，必要时可喷混凝土保护。

④上部弧形、左侧、右侧墙部，中部核心土开挖各错开 3~5 m 进行平行作业。

⑤仰拱及填充超前拱墙分别全副浇筑，距离掌子面 ≤ 70m。

⑥全断面衬砌时间根据监控量测稳定情况及时施工。

2）中隔壁法（CD 法）

中隔壁法（CD 法）是以中隔壁为界限将隧道分为左、右两部分进行开挖，各个部分独立按超短台阶法施工。一般适用于地质条件为 IV≈V 级的围岩，也适用于浅埋地层隧道暗挖。

施工要点如下：

①在 CD 法中，常用的超前支护类型有超前锚杆、超前小导管注浆及管棚。当隧道地下水发育时，也可采用超前帷幕注浆加固与堵水。超前锚杆、超前小导管注浆施工时，两组超前支护搭接长度不小于 1 m，超前支护般要与钢架相配合。

②左右部的台阶开挖高度根据地质情况隧道断面大小和施工设备确定。

③台阶开挖长度控制在 3~5 m，开挖进尺视围岩状况、钢架间距、超前支护有效长度确定。及时施作初期支护和中隔壁临时支护，左、右两侧洞体施工纵向拉开间距，一般情况为 1~2 倍隧道跨度的距离，并不大于 15 m。

④后一侧开挖形成全断面时，应及时完成全断面初期支护闭合。加强排水，防止拱脚岩体软化。

⑤中隔壁设置为弧形临时支护，隧道左、右开挖面初期支护连接平顺，确保钢架连接状态良好。

⑥加强监控量测，确保隧道稳定。初期支护稳定后分段拆除中隔壁临时支护，一次拆除长度应根据变形监控量测信息确定，但不宜超过 10m，并加强拆除过程监控量测。

⑦临时支护拆除后及时施作隧道仰拱和二次衬砌。

3）交叉中隔壁法（CRD法）

和CD法稍有不同，在每部分台阶施工时增加临时仰拱水平支撑作为横隔板就成了交叉中隔壁法，又称CRD工法，它将大断面隧道分部、分块开挖，先开挖隧道一侧的上部分和下部分并施作封闭的初期支护和临时支撑，再开挖隧道另一侧的上部分和下部分且施作封闭的初期支护和临时支撑，形成隧道初期支护和临时支撑封闭稳定支护形式的隧道开挖施工方法。一般适用于V~VI级围岩，隧道跨度大、对隧道沉降和变形有严格要求时采用，也可用于浅埋隧道施工。

施工要点：

①超前支护。采取可靠的超前支护措施对围岩进行超前加固。隧道的拱部和侧壁、中隔墙侧壁都各有可靠的超前支护措施。

②隧道按左、右部分块实施开挖，每块小断面开挖高度根据地质条件、隧道断面大小和施工设备而定。

③每块小断面开挖台阶长度控制在3~5 m，机械开挖、人工配合修整，掌子面不稳定时，可留核心土或喷射混凝土封闭掌子面。及时设置临时仰拱封闭成环，缩短成环时间，必要时进行掌子面临时支护。

④中隔墙设置为弧形临时支护，隧道左右开挖小断面，底部临时仰拱应保持在同一断面上，螺栓连接牢固，及时施作锁脚锚杆（管）。

⑤初期支护稳定后分段拆除中隔壁临时支护，一次拆除长度应根据变形监控量测信息确定，但不宜超过15m，以满足仰拱的衬砌施工的长度为界限，并加强拆除过程监控量测。

⑥CRD工法各施工环节要紧凑，尽快使支护结构形成受力体系。临时支护拆除后及时施作隧道二次衬砌。

4）双侧壁导坑法

双侧壁导坑法是先开挖隧道两侧导坑，然后再开挖中部剩余土体的隧道开挖施工方法，一般适用于V~VI级围岩，主要用于大跨、超浅埋、偏压地层或对沉降有严格要求的隧道。

施工要点：

①采取可靠的超前支护措施对围岩进行超前加固。

②侧壁导坑形状应近似椭圆形，导坑断面宽度一般为整个断面的1/3。导坑施工应严格坚持"管超前、短进尺、弱爆破（不爆破）、强支护、勤量测快封闭"的原则进行施工。

③两侧侧壁导坑超前中部10~20 m，可独立开挖支护，中部采用台阶法开挖，保持平行作业。

④导坑开挖后应及时进行初期支护及临时支护，设置锁脚锚杆，并尽早封闭成环。

⑤中部土体开挖完成，根据监控量测信息，初期支护稳定后拆除临时支护，一次拆除长度控制在（1~2）D 之间（D 为隧道的跨径），且不超过 15m，并加强拆除过程监控量测。

⑥临时支护拆除完成后，及时施作仰拱，然后施工防水设施并进行二次衬砌。

⑦中部岩体的上台阶开挖应进行超前支护，施工中采取预留核心土法稳定掌子面。开挖后及时进行初期支护与临时支护，尽早封闭成环。

（5）其他施工方法

1）盾构法

盾构是一个既可以支承地层压力又可以在地层中推进的活动钢筒结构。钢筒的前端设有支撑和开挖土体的装置，钢筒的中段安装有顶进所需千斤顶；钢筒尾部可以拼装预制或现浇隧道衬砌环。盾构每推进一环距离，应在盾尾支护下拼装（或现浇）一环衬砌，并向衬砌环外围的空隙中压注水泥砂浆，防止隧道及地面下沉。盾构推进的反力由衬砌环承担。盾构施工前应先修建一竖井，在竖井处安装盾构，盾构开挖出的土体由竖井通道送出地面。

2）TBM 法

TBM 法是利用岩石隧道掘进机在岩石地层中暗挖隧道的一种施工方法。施工时所使用的机械通常称为隧道掘进机，英文名称是 Tunnel Bring Machine，简称 TBM。它是利用回转刀盘又借助推进装置的作用力从而使刀盘上的滚刀切割（或破碎）岩面，以达到破岩开挖隧道（洞）的目的。按岩石的破碎方式，大致分为挤压破碎式与切削破碎式两种：前者是将较大的推力给予刀具，通过刀具的楔子作用将岩石挤压破碎；后者是利用旋转扭矩在刀具的切线方向及垂直方向上进行切削。如果按刀具切削头的旋转方式，可分为单轴旋转式与多轴旋转式两种。作为构造来讲，掘进机是由切削破碎装置、行走推进装置、出渣运输装置、驱动装置、机器方位调整机构、机架和机尾，以及液压、电气、润滑、除尘系统等组成。

TBM 法始于 20 世纪 30 年代，限于当时的机械技术和掘进机技术水平，TBM 法的应用相当少。到了 50~60 年代，随着机械工业和掘进机技术水平的不断提高，TBM 法施工得到了很快的发展。

TBM 法施工的事例中值得一提的是英吉利海峡隧道的贯通运行，体现了 TBM 法施工技术的最高水平。英吉利海峡隧道全长 48.5 km，海底段长 37.5 km，隧道最深处在海平面下 100 m。这条隧道全部采用 TBM 法施工技术，英国共用 6 台掘进机，3 台掘进机施工岸边段，3 台掘进机施工海底段，施工海底段的掘进机要向海峡中央单向推进 21.2km，与法国侧向英国方向推进而来的掘进机对接贯通施工。法国共用 5 台掘进机，2 台机器施工岸边段，3 台机器施工海底段。海峡隧道由 2 条外径 8.6 m 的单线铁路隧道及 1 条外径 5.6 m 的辅助隧道组成。掘进机在地层深处要承受 10 个大气压的水压，单向做距离 21.2km 推进，推进速度达到平均进尺 1000m/月。因此，掘进机的构造先进性及其配套设备的可靠性和耐久性均需采用高标准、高质量、高技术设计和制造，同时在材质方面必须要选用耐磨耗及耐腐蚀的材料。

我国隧道掘进机研究开发和制造是从 20 世纪 60 年代中期开始的。到目前为止，先后在云南的西洱河水电站引水隧道、引滦入津工程的新王庄隧道陡河电站的引水隧道、引大入秦总干渠 38 号隧道、北京落坡岭水电工程、贵州猫跳河水电站引水隧道、江西萍乡煤矿、山西怀仁煤矿、山西古交煤矿、云南羊肠煤矿、福建龙门滩引水隧道等工程的施工中使用。

TBM 法的适用条件必须根据隧道周围岩石的抗压强度、裂缝状态、涌水状态等地层岩性条件的实际状况及机械构造、直径等的机械条件及隧道的断面、长度、位置状况、选址条件等进行判断。

TBM 法的施工工序如下：

①TBM 循环开始时，外机架移动到内机架的前端，将 X 形支撑靴牢牢地抵在隧道墙壁上。前支撑（仰拱刮板）与仰拱处的岩面轻微接触，收回后支撑，此时大刀盘可以转动，推进千斤顶将转动的大刀盘向前推进一个行程，此即为掘进状态。

②再向前推进、到达推进千斤顶行程终点处，结束开挖，大刀盘停止转动，放下后支撑，同时前支撑（仰拱刮板）支住大刀盘，此时整个机器重量全部由前、后支撑承担。

③收回两对 X 形支撑靴，移动外机架的前端。TBM 掘进方向可以通过后下支撑进行水平、竖直的调整，使掘进机始终保持在所要求的隧道中心线上。

④当外机架移动到前端限位后，又重新将 X 形支撑靴撑紧在隧道墙壁上，此时收回后下支撑（仰拱刮板）与仰拱又转换成浮动接触状态，准备开始新的掘进循环。

3）沉管法

沉管法是修筑水底隧道常用的施工方法。施工时，先在隧址附近修建的临时干船坞内预制管段，预制的管段采用临时隔墙封闭，然后将此管段浮运到隧址规定的位置，用沉放作业船沉放到隧址预先挖好的一个隧底基槽处。待管段定位后，向管段内灌水、压载，使其下沉到设计位置，将此管段与相邻管段在水下连接，并经基础处理，最后回填覆土。我国第一条以沉管法施工的水底隧道是 1993 年在广州珠江沙面建成的。机沉管隧道施工工序如下：

①沉埋隧道的制作：在沉埋管制作场或干船坞内制作。

②舾装：将从船坞运出的沉管管段装上沉放作业用的锚索装置。

③浮运：用拖船拖到沉放预定地点。

④沉放作业：用沉放作业船沉放到预先挖好的沟槽内，与预先沉放的沉埋管段进行水中连接。

⑤回填：用砂土回填。

因预制管节是在临时干船坞里浇筑的，施工场地集中，便于进行全天候、全方位的工程质量管理，管段结构和防水措施的质量亦可以得到保证。由于需要在隧址现场施工的隧道管节接缝非常少，漏水的可能性也相应地减小。

因为沉管法在隧址处的基槽开挖较浅，基槽开挖和基础处理的施工技术较简单，又因沉管受到水浮力作用，且作用于地基的恒载较小，因而对各种地质条件适应性较强。

沉管隧道每段管节长达 100 m 左右，整体制作、浇筑、养护后从水面上整体拖运，所需的制作和运输费用，比盾构隧道管片分块制作及用汽车运输所需的费用要低；管段接缝数量少，费用相应减少，沉管隧道可浅埋，比相对深埋的盾构隧道要短很多，所以工程总造价可大幅度降低。

沉管隧道施工工期短，一条沉管隧道只需要几节预制管段就可完成，而且管段预制和水底基槽开挖可同时进行，浇筑预制管段等大量施工工作不在隧道现场上进行，而是在构筑的临时干船坞上浇筑管段，管段浮运沉放就位也很快，这就使沉管隧道施工工期比其他施工方法短很多；特别是隧道现场施工工期较短，使隧址受施工干扰的时间较短，这对于在市区内修建水底隧道，尤其是在水上运输繁忙的航道上建设水底隧道更为方便。

基本上没有地下作业，水下作业也极少，施工较安全，管段预制和浮运及沉放等主要工序大部分在水上进行。

因为采用先预制后浮运沉放就位连接的施工程序，可以将隧道横向尺寸做得较大，一个横断面内可同时容纳 4~8 个车道，断面空间利用率高。

沉管法施工对混凝土工艺要求高；当隧道管跨度较大时，会增加挖土方数量及浮运作业的难度，同时也会增加隧道的总造价。

4）顶管法

顶管法施工是在公路与铁路构成立体交叉时采用的一种施工方法。其优点是在不中断既有铁路线的条件下，对列车车速影响较小，同时能确保铁路交通安全运行的一种构筑立体交叉的方式。它是在线路一侧基坑内先预制好钢筋混凝土箱涵，用顶进设备顶进构筑物穿越铁路，以这种方式建成的结构称为顶管隧道，或称顶进箱涵桥。这种方式还可运用于建造穿越铁路的过水涵管、水渠及矿山排洪沟等。

1976 年日本国铁等单位开发的 URT 工法（Under Railway Tunnelling）是一种采用钢管护顶的施工法，把顶入的钢管作为永久结构对待，使得地道桥上方的覆土可以减薄到最小厚度，所使用的钢管断面是梯形或椭圆形的刚度较大的中空箱形单体。从线路的垂直方向水平压入路基下面，作为横梁支承线路上的荷载，而横梁则支承在与线路平行的主梁上，1977 年又开发了 PCR 工法，即预应力混凝土顶盖工法的简称。用预应力混凝土中空方形断面梁，沿横断线路方向水平地逐根压入铁路路基下面，以承受线路上的荷载。一般较多采用下承式梁型和框架型结构。

第四节　沥青路面工程

一、沥青路面

（一）沥青路面的特性及基本要求

沥青路面是采用沥青材料做结合料，黏结矿料或混合料修筑面层的路面结构。沥青路面由于使用了黏结力较强的沥青材料做结合料，不仅增强了矿料颗粒间的黏结力，而且提高了路面的技术品质，使路面具有平整、耐磨、不扬尘、不透水、耐久等特点。由于沥青材料具有弹性、黏性、塑性，在汽车通过时，震动小、噪声低、略有弹性、平稳舒适，是高级公路的主要面层。

沥青路面的缺点是：易被履带车辆和坚硬物体破坏；表面易被磨光而影响安全，温度稳定性差，夏天易软、冬天易脆并产生裂缝。此外，铺筑沥青路面易受气候和施工季节的限制。雨天不宜铺筑各种沥青面层，冰冻地区在气温较低时铺筑沥青面层难以保证质量。沥青路面属于柔性路面，其力学强度和稳定性主要依赖于基层与土基的特性。

在有冻胀现象的地区通常需设置防冻层，以防止路面冻胀产生裂缝。修筑沥青路面后，由于隔绝了土基与大气间气态水的流通，路基路面内部的水分可能积聚在沥青结构层下，使土基和基层变软，导致路面破坏，因此必须强调基层的水稳性。对交通量大的路段，为使沥青路面具有一定的抗弯拉和抗疲劳能力，宜在沥青面层下设置沥青混合料封层。采用较薄的沥青面层时，特别是在旧路面上加铺面层时，要采取措施加强面层与基层之间的黏结，以防止水平力作用而引起沥青面层的剥落、推挤、拥包等破坏。

修筑沥青路面一般要求等级高的矿料，等级稍差的矿料借助沥青的黏结作用，也可用来修筑路面。当沥青与矿料之间黏附不好时，在水分的作用下会逐步剥落，因此在潮湿地区修筑沥青路面时，应采用碱性矿料，或采取一定措施提高沥青与矿料间的黏结力。

二、热拌沥青混合料路面施工

（一）施工前的准备工作

施工前的准备工作主要有料源的确定及进场材料的质量检验、机械选型与配套、拌和厂选择、修筑试验路段等项工作。

1. 确定料源及进场材料的质量检验

应从质量和经济两方面综合考虑，选用国外进口沥青或国产沥青，对进场的沥青材料应抽样检测其技术指标。目前，高等级公路路面所用的沥青大部分为进口沥青。

在考虑经济性、开采条件、运输条件的情况下，选择质量满足技术标准的料场，并对料场内的石料、砂、石屑、矿粉等做必要的试验检测。

2. 拌和设备的选型及场地布置

应根据工程量和工期选择拌和设备的生产能力和移动方式（固定式、半固定式和移动式）。目前使用较多的是生产率在 300th 以下的拌和设备。

固定式沥青混合料拌和厂，应根据设备的数量、工作时产生的粉尘与噪声、供电与供水及施工运输等条件选择厂址和确定场地面积。

半固定式和移动式沥青混合料拌和设备可安装在特制的平板挂车上，便于拆装、转移和使用。

3. 施工机械检查

主要对拌和与运输设备、洒油车、摊铺机和压路机的规格、性能和运转、液压系统进行检测与检查。

4. 修筑试验路段

正式开工前，应根据计划使用的机械设备和设计的混合料配合比铺筑试验路段，以确定合适的拌和时间和温度；摊铺温度和速度；压实机械的合理组合，压实温度及压实方法；松铺系数；合适的作业段长度。并在试验段中抽样检测沥青混合料的沥青含量、矿料级配、稳定度、流值、空隙率、饱和度、密实度等，最终提出混合料的生产配合比、机械的优化组合及标准的施工方法。

（二）沥青混合料的拌和与运输

1. 试拌

根据室内配合比进行试拌，通过试拌及抽样试验确定施工质量控制指标。

（1）对间歇式拌和设备，应确定每盘热料仓的配合比对连续式拌和设备，应确定各种矿料送料口的大小及沥青、矿料的进料速度。

（2）沥青混合料应按设计沥青用量进行试拌，取样做马歇尔试验，以验证设计沥青用量的合理性，或做适当的调整。

（3）确定适宜的拌和时间。

（4）确定适宜的拌和与出厂温度。石油沥青的加热温度宜为 130℃~160℃，不宜超过 6h。沥青混合料的出厂温度宜控制在 130℃~160℃。

（5）确定适宜的拌和场地面积。

2. 沥青混合料的拌制

根据配料单进料，严格控制各种材料用量及其加热温度。拌和后的混合料应均匀一致，无花白、无离析和结团成块等现象。每班抽样做沥青混合料性能、矿料级配组成和沥青用量检验。

3. 沥青混合料的运输

沥青混合料用自卸汽车运至工地，底板及车壁应涂一薄层油水（柴油：水 =1：3）混合液。运输中应覆盖，至摊铺地点时的沥青混合料温度不宜低于 130℃。

（三）沥青混合料的压实

沥青混合料的压实包括碾压机械的选型与组合、压实温度、速度、遍数、压实方式的确定及特殊路段的压实（陡坡与弯道）。

1. 碾压机械的选型与组合

目前，常用的压路机有三轮式静力光轮压路机、轮胎压路机和振动压路机三种。

三轮式静力光轮压路机，其质量为 2.5~16t，主要用于沥青混合料的初压。轮胎压路机一般为 5~25t，可用来进行接缝处的预压、坡道预压、消除裂纹、薄摊铺层的压实作业。振动压路机中的自行式单轮压路机，一般质量为 4~12t，常用于平整度要求不高的路面压实。压实度要求较高时，可采用串联振动压路机。在沥青混合料压实中，铰接转向和前后轮偏移铰接转向的串联振动压路机在边缘碾压时，能减少转弯中对路边缘的损坏，因此，使用较为广泛。

结合工程实际，选择压路机种类、大小和数量，应考虑摊铺机的生产率、混合料特性、摊铺厚度、施工现场的具体条件等因素。一般地，摊铺层厚度小于 6cm，宜使用振幅 0.35~0.6mm 的中小型振动压路机（2~6t）；压实较厚的摊铺层（大于 10cm），宜使用高振幅（可达 1.00mm）的大、中型振动压路机（6~10t）。

2. 压实程序

压实程序分为初压、复压、终压三道工序。

初压时用 6~8t 双轮压路机或 6~10t 振动压路机（关闭振动装置即静压）碾压 2 遍，温度为 110℃~130℃。初压后检查平整度和路拱，必要时，应予以修整。若碾压时出现推移、横向裂纹等，应检查原因，并进行处理。

复压采用的 10~12t 三轮压路机、10t 振动压路机或相应的轮胎压路机碾压 4~6 遍，直至稳定和无明显轨迹。复压温度为 90℃~110℃。

终压时用 6~8t 振动压路机（关闭振动装置）碾 2~4 遍，终压温度为 70~90℃。

碾压时，应由路两边向路中心，三轮压路机每次重叠宜为后轮宽的 1/2，双轮压路机每次重叠宜为 30cm。

碾压过程中，每完成一遍重叠碾压，压路机应向摊铺机靠近些，以保证正常的碾压温度。

在平缓路段，驱动轮靠近摊铺机，以减少波纹或热裂缝。碾压中，要确保滚轮湿润，可间歇喷水，但不可使混合料表面冷却。

每碾压一遍的尾端，宜稍微转向，以减小压痕。压路机不得在新铺混合料上转向、掉头、移或刹车，碾压后的路面在冷却前，不得停放任何机械，并防止矿料、杂物、油料洒落在新铺路面上，直至路面冷却后才能开放交通。

3. 接茬处的碾压

接茬处的碾压应先压横向接茬后压纵向接茬。

横向接茬。可使用较小型压路机对横向接茬进行横向碾压或纵向碾压。开始时，将轮宽的 10~20cm 置于新铺的沥青混合料上进行碾压，然后逐步横移直至整个滚轮在新铺层上。有时也可先用压路机静压，再用振动碾压。

纵向接茬。当热料层与冷料层相接时，可将压路机位于热沥青混合料上，进行振动碾压，或碾压开始时，将轮宽的 10~20cm 压在热料层上碾压。碾压时速度应在 2km/h 左右。

当采用梯队作业时（热料层相接），应先压实离热接茬中心约 20cm 以外区域，最后压实剩下的窄条混合料。

4. 特殊路段的碾压

特殊路段的碾压指弯道、交叉口、路边、陡坡等处的压实。

弯道或交叉口的碾压。应选用铰接转向式振动压路机，先内侧后外侧，急弯处可采用直线式换道碾压，缺角处用小型机具压实。

路边的碾压。可离边缘 30~40cm 处开始碾压，留下部分碾压时，压路机每次只能向自由边缘方向推进 10cm。

陡坡的碾压。先用轻型压路机（不宜采用轮胎压路机）预压，压路机的从动轮应朝着摊铺方向。采用振动压路机时，应先静碾，待混合料稳定后，方可采用低振幅的振动碾压。

三、其他形式的沥青路面施工

（一）沥青贯入式路面

1. 施工准备

施工前，基层应清扫干净。需要安装路缘石时，应在安装后进行施工。

当采用乳化沥青贯入式路面必须先浇撒透层或黏层沥青。路面厚度小于或等于 5cm 时，也应浇撒透层或黏层沥青。

2. 铺撒主层集料

应避免颗粒大小不均匀，松铺系数为 1.25~1.30，应经试铺实测确定。撒布集料的同时，检查路拱和平整度，并严禁车辆通行。

3. 碾压

主层集料撒布后，应采用 6~8t 钢筒式压路机进行初压，速度为 2km/h。碾压应由路两侧边缘向中心，轨迹应重叠约 30cm。碾压同时，检验路拱和纵向坡度，必要时做调整。再用 10~12t（厚度较大时，可用 12~15t）压路机进行碾压，每次轨迹重叠 1/2 以上，并碾压 4~6 遍，直至主层集料稳定，无明显轨迹为止。

4. 浇撒第一层沥青

主层集料碾压完毕后，应立即浇撒第一层沥青。

（1）浇撒温度应根据施工气温及沥青标号选择。石油沥青宜为 130℃~170℃，煤沥青宜为 80℃~120℃。

（2）沥青撒布要均匀，不能有空白和积聚现象，应根据选用的撒布方式控制单位面积的沥青用量。沥青撒布长度应与集料撒布机的能力相配合，两者间隔时间不宜过长。

（3）前后段喷洒的接茬应搭接良好。每段接茬处，可用铁板或建筑纸在撒布起、终点后，横铺 1~1.5cm，纵向接茬的搭接宽度宜为 10~15cm，浇撒第二、三层沥青的搭接缝应错开。

（4）不得在潮湿的集料、基层或旧路面上浇撒沥青。

（5）若采用乳化沥青贯入时，应先撒布一部分上一层嵌缝料，再浇撒主层沥青。

5. 铺撒第一层嵌缝料

主层沥青浇撒后，应立即均匀撒布第一层嵌缝料，不足处应找补。

6. 第二次碾压

嵌缝料扫匀后应立即用 8~12t 钢筒式压路机进行碾压，每次轨迹重叠 1/2 以上，并碾压 4~6 遍，直至稳定为止。碾压时，应随压随扫，使嵌缝料均匀嵌入。当气温较高，碾压发生推移现象时，应立即停止，待气温稍低时再碾压。

7. 铺撒第二、三层嵌缝料

当浇撒第二层沥青、撒布第二层嵌缝料并完成碾压后，再浇撒第三层沥青，并撒布封层，要求同嵌缝料。最后宜用 6~8t 压路机碾压 2~4 遍，再开放交通。

8. 施工后应进行初期养护

当有泛油时，应补撒嵌缝料，并应与最后一层石料规格相同，且扫匀将浮料扣除。

（二）冷拌沥青混合料路面施工

冷拌沥青混合料宜采用拌和厂机械拌和及沥青摊铺机摊铺方式。缺乏场拌条件时也可采用现场路拌及人工摊铺方式。冷拌沥青混合料施工应足以防止混合料离析。

当采用阳离子乳化沥青拌和时，宜先用水使集料湿润，若湿润后仍难以与乳液拌和均匀时，应改用破乳速度更慢的乳液，或用1%~3%浓度的氯化钙水溶液代替水润湿集料表面。

混合料适宜的拌和时间应根据实际情况调节并通过试拌确定，矿料中加进乳液后的机械拌和时间不宜超过30s，人工拌和时间不宜超过60s。

已拌和好的混合料应立即运至现场进行摊铺，并在乳液破乳前结束。在拌和与摊铺过程中已破乳的混合料，应予废弃。

乳化沥青冷拌混合料摊铺后宜采用6t左右的轻型压路机初压1~2遍，待混合料初步稳定，再用轮胎压路机或钢筒式压路机碾压1~2遍。当乳化沥青开始破乳、混合料由褐色转变成黑色时，改用12~15t轮胎压路机碾压，将水分挤出，复压2~3遍后停止，待晾晒一段时间，水分基本蒸发后继续复压至密实为止。当压实过程中有推移现象时应停止碾压，待稳定后再碾压。当天不能完全压实时，可在较高气温状态下补充碾压。当缺乏轮胎压路机时，也可采用钢筒式压路机或较轻的振动压路机碾压。

乳化沥青混合料路面的上封层应在压实成型、路面水分完全蒸发后加铺。

乳化沥青混合料路面施工结束后宜封闭交通2~6h，并注意做好早期养护。开放交通初期，应设专人指挥，车速不得超过20km/h，不得刹车或掉头。

冷拌沥青混合料施工遇雨应立即停止铺筑，以防雨水将乳液冲走。

第五节　混凝土路面工程

一、概述

大约在公元前1世纪，罗马人就利用火山灰具有的水硬性胶凝材料的特征，将火山灰使用于建筑道路和广场建设，这在考古发掘中已经得到验证。我国在秦汉时期使用糯米浆和石灰做胶凝材料的路面和地坪，其粒料级配组成和现代水泥混凝土十分接近。第一条现代意义的水泥路面是1865年英国人修筑的。水泥混凝土路面又称刚性路面，具有刚度大、承载力强，耐水、耐高温能力强，弯拉强度高，疲劳寿命长，耐磨性能好，对集料的要求低等优点，但也有平整度、舒适度较差，行车噪声大，对超载更敏感，维修困难等缺点。由于我国沥青资源紧缺，水泥产量大，水泥混凝土路面发展迅速。南方许多地区的二级公路多数是水泥混凝土路面。

水泥混凝土路面包括素混凝土、钢筋混凝土、连续配筋混凝土、钢纤维混凝土、复合式碾压混凝土和水泥混凝土预制块铺砌路面等。水泥混凝土可用作路面面层，也可用作路面基层。水泥混凝土路面根据工程规模和技术要求一般采用小型机具施工法、三辊轴机组铺筑法、轨道摊铺机铺筑法、滑模机械铺筑法、碾压混凝土施工法等。

二、原材料及配合比

（一）原材料的要求

1. 水泥

水泥应采用抗折强度高、耐疲劳、收缩性小、耐磨性强、抗冻性能好的高品质水泥。重型、特重型路面应优先使用道路硅酸盐水泥，宜采用硅酸盐和普通硅酸盐水泥，中等以下交通量的路面也可采用矿渣硅酸盐水泥。水泥的各项化学成分和物理指标应满足施工技术规范的要求，并应通过混凝土配合比设计配制试件的弯拉强度、耐久性和工作性，优选适宜的水泥品种。

2. 集料

水泥混凝土路面所用集料可分为粗集料和细集料，粒径 5mm 以上者称为粗集料，粒径 5mm 以下者称为细集料。粗集料应采用质地坚硬、耐久、洁净的碎石、碎卵石或卵石，碎石的最大公称尺寸不应大于 31.5mm，碎卵石不宜大于 26.5mm，卵石不宜大于 19.0mm。碾压混凝土和钢纤维混凝土粗集料的最大公称尺寸不宜大于 19.0mm，石粉含量不宜大于 1%。粗集料应有较好的强度和较小的压碎值指标，同时其针片状含量小于 15%。粗集料应有良好的级配，不得使用不分级配的未筛分集料生产桥面和路面混凝土。

细集料可以使用质地坚硬、耐久、洁净的天然砂、机制砂或混合砂，级配符合规范规定且宜使用中砂。砂的含泥量应不超过 2%，云母含量对于 I 级砂应不大于 1%，II 级砂应不大于 2%，全部缩缝均设传力杆的水泥混凝土路面不宜使用淡化海砂，钢筋混凝土及钢纤维混凝土路面和桥面不得使用淡化海砂。淡化海砂带人每立方混凝土中的含盐量不得大于 1.0kg，碎贝壳等动物的残留物含量不能大于 1%。

3. 外掺剂

水泥混凝土路面常用的外掺剂有减水剂、早强剂、缓凝剂、引气剂等。

减水效率大于 15% 的减水剂为高效减水剂，小于 15% 的为普通减水剂，各级公路路面混凝土宜选用减水效率高、坍落度损失较小、缓凝时间可调控的复合型减水剂。使用减水剂的目的是改善工作性、降低水灰比、节约水泥等。

二级及二级以上公路路面混凝土中应使用引气剂，有抗冰冻、抗盐冻要求的地区的各级公路路面、桥面、护栏、路肩石、路缘石及贫混凝土基层必须使用引气剂。引气剂的主要作用是：改善和易性，减少泌水，提供富浆平整的表面；提高弯拉强度，降低抗折弹性模量，改善荷载和温湿度变形性能；提高抗渗性、抗冻性和抗气候变化性能。引气剂对抗压强度有降低作用，如果没有抗冻性要求，可不掺加引气剂。

4. 钢筋和钢纤维

钢筋应顺直，无裂纹、断伤、刻痕，表面无油污和锈蚀，传力杆应锯断，断口应垂直、光圆、无毛刺并加工成 2~3mm 的倒角。

钢纤维的单丝抗拉强度不宜小于 600MPa，钢纤维的最小长度宜大于粗集料最大公称粒径的 1/3，最大长度宜小于粗集料最大公称尺寸的 2 倍。

（二）水泥混凝土的配合比设计

路面水泥混凝土配合比设计是根据设计弯拉强度、耐久性、耐磨性、工作性等要求和经济合理的原则，通过试验确定混凝土混合料各成分的配合比例。配合比设计的主要任务是选择好水灰比、用水量和砂率这三个重要参数。配合比设计的一般步骤是：

1. 根据经验或已有的配合比试验参数，使用经验公式法通过试算初步拟定设计配合比。

2. 按初拟设计配合比进行试拌，考察混合料的工作性，并根据工程特点做必要的调整，制作试件，进行抗压强度、抗弯拉强度和耐久性试验。按符合要求的情况再次进行必要的调整，得出设计配合比。

3. 根据现场施工条件和集料供应情况摊铺机具和气候条件，再次适当调整，得出施工配合比。水泥混凝土面板设计弯拉强度以 28 天龄期的弯拉强度控制，各交通等级要求的混凝土弯拉强度标准值不得低于规定。

各交通等级路面混凝土满足耐久性要求的最大水灰（胶）比和最小单位水泥用量应符合规定，最大水泥用量不宜大于 400kg/m，掺粉煤灰时最大单位胶材总量不宜大于 420kg/m。

三、混凝土路面的施工

（一）施工机具选择

混凝土路面施工有多种方法，有的项目使用大型成套设备施工，有的项目使用小型机具组织施工。施工技术规范给出了施工机具选择的原则，具体如下。

1. 道路等级或道路施工合同对施工机械、设备的要求。

2. 工程量的大小和施工效率，大的工程量或大型建设项目应采用大型机具，小工程量可以采用小型机具。

3. 工程成本。

（二）混凝土的搅拌和运输

1. 混凝土的搅拌

混凝土搅拌楼应优先考虑使用间歇式搅拌楼，也可使用连续式搅拌设备。搅拌设备在使用前应进行标定和试拌，标定期满或搅拌设备迁移后，应重新进行标定。施工过程中，施工单位应每 15 天校核一次搅拌楼的精确度。自动生产的搅拌楼应使用计算机自动控制配料称重系统生产，不得手动操作配料。禁止使用多台小型自落式滚筒搅拌机同时搅拌混合料。

搅拌时间应根据拌和物的黏聚性、均质性和强度、稳定性通过试拌确定。一般情况下，单轴式搅拌机总拌和时间宜为 80~120 秒，全部原材料到齐后的最短纯拌和时间不宜短于 40 秒；行星立轴和双卧搅拌机的总拌和时间为 60~90 秒，最短纯拌和时间不宜短于 35 秒。

混凝土拌和时不得有自由水、冰雪、灰尘和局部暴晒过热的砂石料，在实际施工中可将原材料覆盖，以便防雨和防晒。

外加剂一般应使用稀释溶液。稀释用水和原液中的水分应从拌和加水量中扣除。外加剂溶液的浓度应根据外加剂掺量、每盘外加剂液筒的容量和水泥用量计算得出。某些掺量很大不能溶解在拌和水中或遇水就开始水化的膨胀剂，可使用粉剂掺入，但需适当延长拌和时间，以保证混合料的均匀性。

粉煤灰和其他掺和料应采用与水泥相同的输送计量方式加入，拌和引气混凝土时，每盘拌和量不大于其额定搅拌量的 90%，以便于更好地引气。

2. 混凝土的运输

混凝土的运输应优先选择混凝土搅拌运输车，也可使用自卸汽车等运输工具，运力应比拌和能力略有富余。选择自卸汽车时，应采取一系列防止混凝土离析的措施，如卸料高差不大于 2.0m，每装一盘料移动以下车位，车辆行驶过程应平稳、减少颠簸，避免急刹车、急转弯，运距不得大于 20km。烈日、大风、雨天和冬季施工施工时，应对自卸运输车辆覆盖，防止水分发生变化并利于保温。

驾驶员应了解拌和物的运输，摊铺完毕的允许最长时间，超过时间的混凝土不得用于路面铺筑，混凝土在车内停留超过初凝时间，应及时采取措施，防止其硬化在车厢内或罐体内。每辆车的出场时间和到达摊铺现场的时间均应记录。

运输过程中，应防止漏浆、漏料和防止污染路面，运距超过 20km 时，必须使用搅拌运输车运送。

（三）三辊轴机组铺筑

三辊轴机组适用于二级及以下公路路面铺筑。板厚 200mm 以上的宜选用直径 168mm 的辊轴，桥面铺装和厚度较小的路面可选用直径为 219mm 的辊轴，直径较大的路面对平整度更有利，直径较小的对有效密实深度更有帮助。

使用三辊轴机组铺筑混凝土面板时，须同时配备一台安装了插入式振捣棒组的排式振捣机，设有纵缝的路面还应配备拉杆插入机。

需要说明的是，硬刻槽和拉毛的目的都是增大表面粗糙度，两工序须只选其一，真空脱水工序也不是必需的，应视工程的具体情况而定。各工序的要求如下：

1. 放样（与模板架设相同）

2. 卸料与布料

设专人指挥车辆均匀卸料，根据每车运料的数量，计算对应的摊铺面积，卸料面积应大致与计算的摊铺面积相当，摊铺宽度较大时，宜分多堆卸料。布料可使用人工也可使用小型机械（如小型装载机、挖掘机、螺旋布料器等），布料时尽可能防止混合料离析，布料速度与后继摊铺、振捣、整形速度应相适应。布料的松铺厚度根据混凝土的坍落度确定，坍落度高时取低值，反之取高值。坍落度为 20~70mm 时，松铺系数一般取 1.22~1.08；坍落度为 10~40mm 时，松铺系数一般为 1.12~1.25。

准确布料是保证平整度的重要环节，为保证模板内有足够的混凝土拌和物，布料高度应足够高，但过高时整平振动次数过多，反而影响平整度。

3. 密集排振

混凝土布料长度大于 10m 时可开始振捣作业，振捣应使用排式振捣机。密排振捣棒组间歇插入振捣时，每次移动距离不宜超过振捣棒作用半径的 1.5 倍，并不得大于 500mm，振捣时间宜为 15~30 秒，采用排式振捣机连续拖行振捣时，作业速度宜控制在 4m/min 以内，其速度应缓慢而均匀，且保持连续不间断。振捣应达到的效果是：将拌和物中的气泡排除干净，表面不露粗集料，并泛出水泥浆。

4. 拉杆安装

面板振实后，应随机安装纵缝拉杆，对单车道摊铺的混凝土路面，在侧模预留孔中应按设计要求插入拉杆；对一次性摊铺双车道或三车道，除应在侧孔中插入拉杆外，还应使用拉杆插入机在纵缝部位 1/2 板厚处插入拉杆，插入机每次移动的距离应与拉杆间距相同。

5. 人工补料

经振实明显缺料和人工踩踏成为凹陷的部位，应人工补料。

6. 三辊轴整平

三辊轴整平机按作业单元分段整平，作业单元长度宜为 20~30m，振捣机与三辊轴整平两工序之间的时间间隔不宜超过 15min，单元长度过短会影响路面的平整度。混凝土拌和物高于模板顶面 5~20mm，凹陷处应人工找补，否则表面提浆不均匀，高出模板顶面过高时三辊轴整平机容易偏斜。三辊轴整平机在一个作业单元内应采取振动前进、静滚后退方式逐遍交叉作业，宜分别进行 2~3 遍，不应过振，最佳滚压遍数应经过试铺确定。表面砂浆厚度宜控制在（4+1)mm，上一作业单元的砂浆不得向下一作业单元推赶，否则容易出现表面脱皮现象。

7. 真空脱水

真空脱水并非必需工序，可视情况在三、四级公路采用。真空脱水的目的是降低混凝土水灰比，增加拌和物的密实性，需增加真空泵和真空吸垫等设备。由于在真空脱水后，面板内形成上下贯通的毛细管，也会形成中间低四周高的"吸水盆"现象，影响混凝土的抗弯拉强度和水灰比在同一块面板内的均匀性，故二级以上公路混凝土路面不再要求真空脱水。真空泵的最大真空度宜小于或等于90%，最大抽速大于25L/s，吸垫有呢龙网格吸垫气垫薄膜吸垫和无滤布吸垫等柔性吸垫。无滤布吸垫使用简便，效果较好，真空吸水后，可以用抹面机抚平，以保证表面平整和增强面板强度的均匀性。真空脱水应对脱水时间和脱水量进行双控，目的是保证在采用真空脱水工艺后，每块板质量的匀质性，特别是不同面板的水灰比、密实度以及平整度的一致性。

8. 精平饰面

采用三辊轴机组摊铺整形时，饰面是一个重要工序，如无专门的饰面工具，可用刮板和刮尺，人工反复纵横向刮平，在推拉过程中，应调整好刮尺底面与路面的接触角度，刮尺底面前缘离开路面。三辊轴整平后，在纵向上砂浆厚度比较均匀，但横向上不够均匀，使用3~5m长的饰面刮尺纵向摆放，沿横坡方向从板的一侧向另一侧拉刮，使表面砂浆更加均匀，刮尺饰面宜进行2~3遍，以不留下明显的浆条为宜，然后使用旋转抹面机密实精平2遍。

9. 拉毛、拉槽或刻槽

可采用拉毛养生机或人工软拉槽制作抗滑沟槽。高速公路和一级公路宜采用刻槽机进行硬刻槽。规范不推荐使用辊或压板制作抗滑构造，原因是砂浆下面粗集料高度不均匀，如有单颗粗集料支撑，则会影响整个槽的深度。当工程量较大，施工速度较快时，宜采用拉毛机施工。人工软拉槽深度应为2~4mm，槽宽为3~5mm，槽间距为15~25mm，并要求槽深均匀。为降低共振引起的噪声，可在制作齿耙时采用非等间距槽。

硬刻槽应在路面养生2~3天，抗压强度达到40%以后进行。刻槽机有平推式、支架式和自行式三种，刻槽方法有等间距和不等间距两种，有降噪要求的路段适用不等间距槽，槽深一般为3~5mm，槽宽为3mm，槽间距为12~24mm，对于路面结冻地区，宜使用上宽6mm、下宽3mm的梯形槽。硬刻槽后，应随即冲洗干净并恢复路面养生。

10. 养生

混凝土路面铺筑完成后即应进行养生。养生方式有喷洒养生剂法、覆盖保湿养生膜或塑料薄膜养生法和覆盖养生法。

混凝土路面采用喷洒养生剂养生时，喷洒应均匀，成膜厚度应足以形成完全密闭水分的薄膜，喷洒后的表面不得有颜色差异，喷洒时间宜在表面混凝土泌水完毕后进行，喷洒高度宜控制在 0.5~1.0m，使用一级品养生剂时，最小喷洒量不得少于 0.30kg/m²，合格品的最小喷洒量不得小于 0.35kg/m²，不得使用易被雨水冲刷掉的和对混凝土强度、耐磨有影响的养生剂，养生剂的有效保水率应达到 90% 以上。

在雨天或养生用水充足的条件下，也可采用覆盖保湿膜、土工毡、土工布、草帘等洒水保湿养生方式，不宜使用围水养生方法。一般养生天数为 14~21 天，掺粉煤灰的混凝土路面养生期不宜少于 28 天，低温天气应适当延长。混凝土半养生初期，应禁止人、畜、车辆通行，平交道口有专人看管，必要时搭建临时便桥，面板达到设计强度方可开放交通。

11. 接缝施工

接缝包括纵向施工缝、纵向缩缝、横向施工缝、横向缩缝、胀缝等。接缝施工包括缝的制作、切缝、灌缝等。

12. 模板架设与拆除

施工模板应使用刚度足够的槽钢、轨模或钢制侧模，不应使用木模板、塑料模板或其他易变形的模板，模板高度应与面板设计厚度相同。在模板上应按要求的拉杆间距预留拉杆插入孔，模板应每米设置一处支撑固定装置进行水平固定。端模也应为钢模，并能够按设计规定的传力杆直径和间距设置传力杆插入孔和定位套管，模板的数量不宜少于 3~5 天摊铺的需要。

架设模板前应首先测量放样，每 20m 设一个心桩，每 100m 左右布设一个临时水准点，核对路面标高、面板分块和胀缝位置是否准确。小半径曲线可采用短模板拼接，半径大于 500m 时，可使用 20m 以上的长模板，用支撑顶出相应的弧度，也可以定做相应弧度的模板。模板应安装稳固，顺直平整无扭曲，相邻模板应连接紧密，底部不漏浆，前后不错茬，高低不错台，在承受摊铺、振实、整平设备的行进、冲击和振动时不发生位移。模板与混凝土接触的表面应涂脱模剂。

当混凝土抗压强度不小于 8.0MPa 时方可拆模。拆模时应保护板边板角不受损坏，不得使拉杆、传力杆周围的混凝土损坏，也不得造成传力杆和拉杆松动或变形。模板拆卸宜使用拔楔专用工具，严禁使用大锤强击拆卸模板。模板拆下后，应将黏附的砂浆清除干净，并矫正其局部变形，以备再次使用，不符合要求的模板应予废弃。

第六节　交通安全设施

一、交通标志施工

（一）标志施工的一般要求

1.标志底板

（1）标志底板材料主要有四种类型：铝合金板、薄钢板、合成树脂类板材、铝合金型材。

（2）标志底板根据设计尺寸在工厂加工成型，并根据设计文件的要求进行加固、拼装、冲孔、卷边。挤压成型的铝合金型材应根据标志尺寸拼装，板面应保持平整。

（3）加工完成后，标志板应进行脱脂、清洗、干燥等工序。

2.标志面

（1）标志面组成材料主要由逆反射材料、油漆、油墨、胶黏剂、透明涂料和边缘填缝料等材料制造。

（2）标志面反光膜材料按照反光膜的不同逆反射原理分为玻璃珠型和微棱镜型；按照反光膜不同的结构分为透镜埋入型、密封胶囊型、微棱镜型三种。按照反光膜的不同，逆反射性能可以分成五级反光膜为微棱镜型反光膜、二级反光膜为密封胶囊型反光膜、三级反光膜为透镜埋入型称之为超工程级反光膜、四级反光膜为透镜埋入型称之为工程级反光膜、五级反光膜为透镜埋入型称之为经济级反光膜。反光膜选择和使用时，应符合下列规定：

1）标志反光膜应在干净、无尘土、温度不低于18℃、相对湿度在20%~50%的车间内进行粘贴。

2）板面的形状、颜色、文字、箭头、编号、图形及边框应严格按照现行《道路交通标志和标线》（GB 5768-2009）和设计文件的规定执行。

3）标志反光膜的逆反射性能应符合设计要求。

4）反光文字符号应采用电脑刻绘机完成。标志底膜应在专用的真空热敏压贴机或连续电动滚压贴膜机上完成贴膜。文字符号一般采用转移膜法粘贴。

5）反光膜应尽量减少拼接。当不能避免接缝时，应使用反光膜产品的最大宽度进行拼接，接缝以搭接为主。当需要滚筒粘贴或丝网印刷时，可以平接，其间隙不应超过1 mm，在距标志板边缘50 mm范围内，不得拼接。

（3）当批量生产版面和规格相同的标志时，可采用丝网印刷的方法。

（4）包装、储存及运输标志面时，应符合下列规定：

1）采用丝网印刷的标志面应在油墨干透后才可以包装。

2）贴上反光膜的标志板应用保护纸进行分隔，并应存放在室内干燥的地方。标志可以分层储存，但应用发泡胶把两块标志分隔。标志也可以竖立储存以减少压力，一些小标志可以悬挂储存。

3）标志面应有软衬垫材料加以保护，以免搬运中受到刻面或其他损伤。

（5）采用其他标志面材料时，应符合设计文件的规定。

（6）公路的指路标志应采用汉字，根据需要可与其他文字并用。标志采用中、英两种文字时，地名应用汉语拼音，专用名词应用英文。

（7）地点、距离标志中，地点应放在最左侧，并由近而远、从上到下排列。如果几个独立的标志板组成一组，则各板的长度应相同。地点、方向标志中，直行标志应设置在最上部，其下为向左、向右可以到达的地点。

（8）当路段运行速度与设计速度之差大于 20km/h 时，宜按运行速度对交通标志的版面规格及视认性加以检验。

3. 钢构件加工

（1）所有钢构件的钻孔、冲孔、焊接均应按现行《公路桥涵施工技术规范》（JTG/TF50-2011）和设计文件的要求在防腐处理之前完成。

（2）所有钢构件在运输过程中不应损伤防腐层。

4. 标志板的运输

（1）标志板的运输储存和搬运方式应按要求进行，两块标志邻接面之间应用适合的衬垫材料分隔，以免在运输、搬运过程中磨损标志板面。

（2）标志板应储存在干净、干燥的室内。

5. 标志定位与设置

（1）所有交通标志均应按设计文件的要求确定设置位置。

（2）标志基础的地基承载力应满足设计文件的规定。设计文件中未规定时，地基承载力不得小于 150kPa。基础的施工应符合现行《公路桥涵施工技术规范》（JTG/TF50-2011）的规定，浇筑混凝土时，应注意准确设置地脚螺栓和底座法兰盘。

（3）公路交通标志的设置，应以不熟悉周围路网体系的公路使用者为设计对象，综合考虑周边路网与公路条件、交通条件、气象和环境条件等因素，制定合理的设置标志，根据各种交通标志的功能和驾驶人员的行为特征进行合理设置。

（4）对二级及以上等级的公路和其他等级的国、省道公路应优先设置指路标志，其他公路或未设置相关指路标志公路，经论证可设置必要的警告标志。禁令标志应设置在交通法律、法规发生作用的地点附近醒目的位置，并应避免影响与其他交通标志。限速标志应根据不同路段的通行能力、车型构成比例、车辆的运行速度等分段进行设置。

（5）在选择路网中指路标志的目的地信息时，应根据路网密度、公路等级、公路功能、目的地知名度等进行统一考虑。不同种类的交通标志信息应互相呼应，不得出现信息中断。

（6）交通标志沿公路纵、横向设置的位置应符合现行《道路交通标志和标线》（GB5768-2009）的规定。位于高速公路、一级公路侧安全净区内的交通标志应根据标志结构规格采用解体消能结构或设置护栏加以防护，位于其他公路路侧安全净区内的交通标志宜进行必要的引导。

6.标志安装

（1）立柱必须在基础混凝土强度达到设计强度的80%以上时才能安装。

（2）路侧柱式标志板可用抱箍固定在立柱上。

（3）悬臂门架式标志吊装横梁时，应使预拱度达到设计文件的要求。

（4）公路交通标志的任何部分不得侵入公路建筑限界以内。路侧柱式交通标志的安装高度应考虑其板面规格、所在位置的线形特点和地形特征、是否有行人通行等因素，悬臂门架式等悬空标志净空高度应预留20~50 cm的余量。

（5）交通标志安装时，标志板面的法线应与公路中心线平行或成一定角度。路侧安装的禁令标志和指示标志为0°~45°，指路标志和警告标志为0°~10°。悬臂、门架或附着式悬空标志安装时，标志的安装角度应与道路中心线垂直或前倾0°~10°。

（二）标志的施工方法

1.在开始施工前检查人员、材料、设备是否满足施工需求，材料的质量是施工前质量控制的重点，在施工前将用于工程的反光膜、立柱钢材样品及法兰盘、地脚螺栓、连接和紧固件等在监理工程师的见证下取样送检。用于基础施工的砂石、水泥、钢筋等材料要进行标准试验和工艺试验，经过监理工程师批准后才能进场。标志立柱和标志板面的质量检验参照国家和行业相关的标准和规范规定的要求进行。检查内容包括标志板面的外形尺寸、标志底板厚度、标志面的黏结质量和表面缺陷、字符的字体和尺寸、标志面反光膜等级及逆反射系数及标志立柱的尺寸、表面缺陷及焊接质量等。

2.施工放样：标志工程在路基完成后进行施工，施工放样时注意标志的设置位置与路面附属排水工程通信工程、机电工程、监控设施等是否存在冲突，如果发生冲突应该立刻向监理工程师汇报，经过各方协调处理后才能进行基础施工。标志的基础放样检查内容包括标志的纵横向定位和高程。

3.基坑开挖：基坑开挖时采取相应的措施避免污染路面、破坏绿化植被。基坑开挖检测内容包括基坑尺寸、基底承载力、基坑夯实情况等。在检查基坑深度时注意将垫层计算在内，检查基坑的宽度、长度时应将模板的安装尺寸计算在内。基坑壁和坑底开挖后应平整垂直。基坑承载力应满足设计文件要求。

4. 模板安装及钢筋布置检查：模板要求密实紧固，钢筋主要检查其规格、尺寸、绑扎、质量。钢筋的规格与设计图纸说明应当相符，要求不小于设计值，绑扎要求牢固可靠。

5. 标志预埋件的安装及现浇检查：混凝土的生产按照施工配合比采用搅拌机拌和。现浇时按照规范要求不大于 30 cm 的填充厚度进行振捣。当法兰盘定位后，进行定位检查。法兰盘平面定位满足实测项目的要求。法兰盘地脚螺栓外露长度尺寸误差范围为 0~10cm，要求安装垂直、牢固，避免出现移位现象。

6. 基础完工后场地清理、恢复和护脚的硬化处理，要求清除干净现场淤泥和杂物，对周边工程无破坏和污染，护脚硬化充分，绿化恢复完善。

7. 标志贴膜：标志采用全反光部分反光及反光膜的级别，应符合图纸要求。当用反光膜拼接标志图案时，拼接处应有 3~6mm 重叠部分，定向反光膜应用不剥落的热活性胶粘贴，将反光膜牢固粘贴在标志板上，其表面不得产生任何气泡和污损等缺陷。

8. 标志板的运输：标志板的运输、储存和搬运方式应按要求进行，两块标志邻接面之间应用适合的衬垫材料分隔，以免在运输、搬运过程中磨损标志板面，标志板应储存在干净、干燥的室内。

9. 标志牌的安装定位：所有交通标志都应按图纸的要求定位设置。安装的标志应与交通流方向成直角；在曲线路段，标志的设置角度应由交通流的行进方向来确定。为了消除路侧标志表面产生的眩光。标志应向后旋转 50°，以避开车前灯光束的直射。门架标志的垂直轴应向后倾成一角度。对于路侧标志，标志板内缘距土路肩边缘不得小于 250 mm，因此需要认真放线定位，严格按照图纸进行。基础位置的确定、开挖及浇混凝土立模和错固螺栓的设置等，应经监理工程师批准后施工。

（三）标志的施工要点

在实际施工中，由于标志分布分散，混凝土土方量小，施工组织和管理困难，一般设置在边坡及中央分隔带中；标志施工期间路面工程已经开始施工或处于施工高峰期，与路面排水、通信和机电工程施工交叉影响多，文明和安全施工组织困难。因此，在交通标志施工过程中，材料质量、标志基础混凝土强度、标志基础预埋件的安装位置及标志立柱、板面的安装是控制的重点部位，标志的基础施工和安装是施工的关键环节。

（四）施工现场的管理

1. 熟悉施工图设计文件及相关的技术规范和验收标准。

2. 认真研读审批后的总体施工组织设计，掌握施工总体进度计划，了解施工所需人员、机械设备配置和材料供应计划，以便后期施工进度发生变化时能够及时调整人员、设备和材料的供需计划。

3.能够落实项目总工及部门负责人的技术和安全交底内容。能够配合项目安全负责人做好安全教育培训工作，并落实项目的各种安全管理制度和措施。

4.具备在工序交接和验收过程中能够配合质量检测部门进行过程现场检测的能力，在施工过程中能够发现质量通病并及时进行处理。

5.每天施工完毕后做好施工记录和施工日志，能够根据施工完成的工程数量反算材料和机械设备消耗是否满足设计规范和要求，如果发现有偏差及时向上级汇报。

6.具有一定的协调和沟通能力，能够与相关路面、绿化、通信、监控、机电等施工单位管理人员沟通和协调施工过程中出现的相互干扰和影响问题，并在施工过程中做好对成形路面、绿化通信、监控等成品保护，避免污染和破坏周边相关设施。

二、安全防护设施的施工

防撞设施主要包括缆索护栏、波形梁护栏、桥梁金属和混凝土护栏及插拔式护栏等形式。

1.缆索护栏施工

（1）施工放样

施工放样应根据现场桥梁、涵洞通道、路线交叉、隧道等的分布确定控制立柱的位置，并测定控制立柱之间的间距，据此调整端部立柱、中间端部立柱、中间立柱的设置位置。调查立柱下是否存在地下管线、构造物等设施，并进行适当处理。

（2）立柱设置

端部立柱和中间端部立柱位置，应根据设计文件的要求，将立柱、斜撑及底板焊接成牢固的三角形支架。根据最终确定的立柱位置开挖基坑、浇筑混凝土基础，到达规定高程时，应对三角形支架进行准确定位。基坑开挖、地基检验、地基处理及混凝土的浇筑应符合现行《公路桥涵施工技术规范》（JTG/T F50-2011）的规定。位于桥梁、涵洞、通道、挡土墙等构造物处的端部立柱和中间端部立柱，应根据设计文件的要求进行基础预埋。

中间主柱应定位准确，纵向和横向位置与公路线形一致。位于土基中的中间立柱，可采用挖埋法、钻孔法或打入法施工。立柱高程应符合设计要求，并不得损坏立柱端部；位于混凝土基础中的中间立柱，可设置在预埋的套筒内，通过灌注砂浆或混凝土固定，或通过地脚螺栓与桥梁护轮带基础相连。

（3）托架安装

中间立柱或中间端部立柱上的托架，应按设计文件规定的托架编号和组合正确安装。

（4）架设缆索

缆索架设按从上向下的顺序进行，在端部立柱和中间端部立柱的混凝土基础达到设计强度的 80% 以上时，缆索应支放在立柱的内侧，通过中间支架向另一端滚放。用楔子固定或注入合金的方法将一端的缆索固定在索端锚具上。

根据索端锚具的规格，切断多余的缆索。缆索切断面应垂直整齐，不得松散，按规定的方法锚固在索端锚头上。索端锚具安装到端部立柱或中间端部立柱后，可卸除临时张拉力。缆索调整完毕后，应拧紧各中间立柱、中间端部立柱托架上的索夹螺栓。

2. 波形梁护栏施工

护栏安装首先由专人放线、记录、复核，弯道 50 m 为一工作段，用偏角法定位、控制弯曲线。直线段，路侧主柱 400 m 为一个工作小段，用经纬仪定位，50 m 为一间距，标程、高程逐根计算。护栏板通过拼接螺栓相互拼接，并由连续螺栓固定于立柱或托架上，护栏板拼接方向应与行车方向一致。

（1）立柱放样。根据设计文件进行立柱放样，以桥梁、通道、涵洞、隧道、中央分隔带开口、紧急电话开口、路线交叉等控制立柱的位置，进行测距定位。立柱放样时可利用调节间距，并利用分配方法处理间距零头数。应调查立柱所在处是否存在地下管线、排水管等设施，或构造物顶部埋土深度不足的情况。直线段路侧立柱 400m 为一工作小段，用经纬仪定位，50 m 为一间距，记录高程逐根计算；弯道 50 m 为一工作段，用偏角法定位、控制弯曲线：由专人进行放线、记录、复核。逐点测量，记录高程，重点测变坡点：每公里闭合一次：专人复核里程桩及设计高程与实际高程之差；根据业主提供路段路面、预留厚度而测定柱高高程。节距控制以中桩高程为起点，终点往中间赶，首次分节，尽量跨越路面流水簸箕，减少非标准板，算出余数，整段消化分配；再次分节，精确定位；特殊节距用非标准板调节。

（2）立柱安装。立柱安装应与设计文件相符，并与公路线形相协调。位于土基中的立柱，可采用打入法、挖埋法或钻孔法施工。立柱高程应符合设计要求，并不得损坏立柱端部。采用打入法打入过深时，不得将立柱部分拔出加以矫正，必须将其全部拔出，将基础压实后再重新打入。立柱无法打入要求深度时，严禁将立柱的地面以上部分焊割，钻孔，不得使用锯短的立柱。采用挖埋法施工时，回填土应采用良好的材料并分层夯实，回填土的压实度不应小于设计规定值。填石路基中的柱坑，应用粒料回填并夯实。采用钻孔法施工时，立柱定位后应用与路基相同的材料回填，并分层夯填密实。在铺有路面的路段设置立柱时，柱坑从路基至面层以下 5 cm 处应采用与路基相同的材料回填并分层夯实，余下部分采用与路面相同的材料回填并压实；位于石方区的立柱，应根据设计文件的要求设置混凝土基础；位于小桥、通道、明涵等混凝土基础中的立柱，可设置在预埋的套筒内，通过灌注砂浆或混凝土固定，或通过地脚螺栓与桥梁护轮带基础相连。立柱安装就位后，其水平方向和竖直方向应形成平顺的线形。护栏渐变段及端部的立柱，应按设计规定的立柱进行安装。

（3）防阻块、托架、横隔梁安装。防阻块、托架应通过连接螺栓固定于护栏板和立柱之间，在拧紧连接螺栓前应调整防阻块、托架使其准确就位。防撞等级为 SA、SAM 和 SSS 的波形梁护栏在安装防阻块时，应同时安装上层立柱，线形应与下层立柱相同。

设有横隔梁的中央分隔带护栏，应在立柱准确定位后安装横隔梁。在护栏板安装前，横隔梁与立柱间的连接螺栓不应过早拧紧。

（4）横梁安装。护栏板应通过拼接螺栓相互连接成纵向横梁，并由连接螺栓固定于防阻块、托架或横隔梁上。护栏板拼接方向与行车方向一致。拼接螺栓必须采用高强螺栓。防撞等级为 SA、SAM 和 SSS 的波形梁护栏通过螺栓将上层横梁与上层立柱加以连接。立柱间距不规则时，可以利用调节板梁进行调节，不得采用现场切割护栏板的方法。

（5）端头安装。各类护栏端头应通过拼接螺栓与护栏板牢固连接，拼接螺栓必须采用高强螺栓。防撞等级为 SA、SAM 和 SSS 的波形梁护栏上横梁必须按设计文件的规定进行端部处理。

（6）检查波形梁的各个端头是否满足图纸设计要求，如发现不能满足设计要求的及时调整或更换，以保证满足设计要求。用钢尺等测量工具，测量波形护栏和立柱，按照《公路波形梁钢护栏》（CT/T 281-2007）、《公路三波形梁钢护栏》（CJT/T 457-2007）及《公路工程质量检验评定标准》（JTG F80-2004）的有关规定进行测量，调整护栏位置，满足规范规定的要求。

3.混凝土护栏施工

（1）根据现场条件确定并核对混凝土护栏的设置位置，确定控制点，检测基础承载力是否达到设计规范或设计文件的要求。

（2）现场浇筑混凝土护栏，当采用固定模板法施工时，模板宜采用钢模板，钢模板的厚度不应小于 4mm。浇筑混凝土前，应按设计文件的要求绑扎钢筋及预埋件，温度应维持在 10℃ -32 ℃。

（3）钢模板涂脱模剂后，可浇筑混凝土。采用滑动模板法施工时，滑模机的施工速度根据旋转搅拌车、混凝土卸载速度及成型断面的大小决定，可采用 0.5~0.7 m/min，混凝土振捣由设置在滑模机上的液压振动器完成，振动器应能根据混凝土的坍落度无级调速，一边振动一边前进。振动器的数量可根据混凝土护栏断面形状，配置 5 根左右。

（4）两处伸缩缝之间的混凝土护栏必须一次浇筑完成，伸缩缝应与水平面垂直，宽度应符合设计文件的规定，伸缩缝内不得连浆。混凝土初凝后，严禁振动模板，预埋钢筋不得承受外力。应根据气温和混凝土强度确定拆模时间，一般可在混凝土终凝后 3~5 天拆除混凝土护栏侧模。拆模时不应损坏混凝土护栏的边角，并应保持模板的完好状况。假缝可在混凝土护栏拆除模板后，按设计文件要求的间距和规格采用切割机切开，并应保证断面光滑、平整。

（5）预制混凝土护栏应采用钢模板，模板长度应根据吊装和运输条件确定，宜采用固定规格施工场地应平整、坚实、排水良好、交通方便。每块预制混凝土护栏必须一次浇筑完成，在起吊、运输和堆放过程中，不得损坏混凝土护栏构件的边角，否则在安装就位后，应采用高于混凝土护栏强度的材料及时修补。混凝土护栏的安装应从一端逐步向前推进，护栏的线形应与公路的平、纵线形相协调，拆模时间应根据气温和混凝土达到的强度而定，拆模时混凝土强度不应低于设计强度的 70%。拆模时不得损坏混凝土护栏的边角，并应保持模板完好。中央分隔带混凝土护栏在超高路段，应按设计文件要求处理好排水问题。

4. 金属桥梁护栏的施工

（1）桥梁护栏应在桥梁车行道板、人行道板施工完毕，跨中支架及脚手架拆除后，桥跨处于独立支承的状态时才能施工，对于焊接的金属护栏，在进行防腐处理前应对所有外露焊缝做好磨光或补满的清面工作。桥梁护栏施工前应对所有预埋件的设置位置、强度、腐蚀程度进行检查，不符合要求的必须整改。

（2）立柱放样与预埋件设置应以桥梁伸缩缝附近的端部立柱作为控制立柱，并在控制立柱之间测距定位。立柱间距出现零数时，可用分配的办法使其符合横梁规定的尺寸，立柱宜等距设置。在车行道板或人行道板上应准确地设置套筒或地脚螺栓等预埋件，并采取适当措施，使预埋件在桥梁施工期间免遭损坏。

（3）伸缩缝位置

1）当伸缩缝处的纵向设计总位移小于或等于 5cm 时，伸缩缝应能传递横梁 60% 的抗拉强度和全部设计最大弯矩；伸缩缝处连接套管的长度应大于或等于横梁宽度的 3 倍。

2）当伸缩缝处的纵向设计位移大于 5cm 时，伸缩缝应能传递横梁的全部设计最大弯矩；伸缩缝两侧应设置端部立柱，其中心间距不应大于 2.0m；伸缩缝处连接套管的长度应大于或等于横梁宽度的 3 倍。

3）当伸缩缝处发生竖向、横向复杂位移时，桥梁护栏在伸缩缝处可不连续，但应在伸缩缝两端设置端部立柱，其中心间距不应大于 2.0m，两横梁端头的间隙不得大于伸缩缝设计位移量加 2.5cm。横梁端头不得对失控车辆构成危险。

（4）护栏安装

1）横梁和立柱的安装位置应准确。连接螺栓和拼接螺栓开始时不宜过早拧紧，以便在安装过程中充分利用横梁和立柱法兰盘的长圆孔进行调整，使其线形流畅，不应出现局部的凹凸现象。调整完毕后，必须拧紧螺栓。

2）横梁、立柱等构件在安装过程中应避免损坏防腐层。安装完成后，应对被损坏的防腐层按规定的方法进行修复。

5. 钢筋混凝土墙式和梁柱式桥梁护栏施工

（1）一般要求

1）宜采用现场浇筑的方式进行施工，当采用预制件时，护栏与车行道板或人行道板间应按照设计文件的要求可靠连接。

2）钢筋混凝土墙式、梁柱式护栏在桥面伸缩缝处应断开，其间隙不应大于桥面伸缩缝的设计位移量，钢筋混凝土梁柱式护栏在伸缩缝两端应设置端部立柱，护栏伸缩缝内清理干净后，应填满橡胶或沥青胶泥等有弹性、不透水的材料。

3）端部翼墙应根据设计文件的要求加工模板，设置在桥梁上或路基段的端部翼墙应采用现场浇筑施工方法，并设置预埋件。

（2）施工质量要求

1）桥梁护栏的形式，设置位置构件规格及基础连接应与设计文件相一致，线形应与桥梁相协调。

2）护栏伸缩缝的宽度应与桥梁主体结构相一致。

3）钢构件应连接牢固，符合设计规范和设计文件的要求。防腐处理表面要光洁，焊缝处不应有毛刺、滴瘤和多余结块，防腐层应均匀。

4）钢筋混凝土护栏表面不应出现裂缝、蜂窝、剥落、露筋等缺陷。

5）桥梁护栏与路基护栏连接应设置符合设计文件要求的护栏过渡段。

第五章 高速公路维修保养管理

第一节 路基维修保养管理

路基是路面的基础，是高速公路的重要组成部分，它与路面共同承担车辆荷载，并把车辆荷载通过自身传递到地基。路基的强度和稳定性直接影响路面的强度和平整度，是保证路面结构稳定、路用性能良好的基本条件。路基部分维修保养的内容包括：

1. 整修路肩、边坡、清除杂物，保持路容整洁。

2. 疏通边沟和修理路缘石，保持排水系统畅通。

3. 小段开挖、铺砌边沟。

4. 清除路基塌方，填补缺口。

5. 局部整修挡墙、护坡、泄水槽等圬工构造物。

6. 加固路肩。

一、路基维修保养的要求

为保证路基各部分完整，满足对路基的使用要求，使路基发挥正常有效的作用，路基养护工作必须符合如下要求：

1. 路基各部分经常保持完整，各部尺寸保持设计的标准要求，不损坏、变形，使之经常处于完好状态。

2. 路肩无车辙、坑洼隆起、沉陷、缺口，边缘顺适，路肩平整坚实，与路面结合良好平顺，衔接处不透水。

3. 边坡稳定、坚固、平顺，无冲沟、松散，保持边坡无垃圾等杂物。

4. 排水沟、截水沟、跌水井、浅水槽等排水设施无淤塞、无蒿草，纵坡符合要求，排水畅通，进出口维护完好，保证路基及边沟内不积水。

5. 挡土墙、护坡及防雪等设施保持完好无损坏，泄水孔无堵塞。

6. 对翻浆路段应及时治理，对坍方应及时清除，做好翻浆、坍方、山体滑坡等损害的预防和抢修。

7. 路基边沟边坡应每年在秋季末整修一次，在春融后、汛期前检查一次，发现问题及时处理。

8. 坚持雨中、雨后巡查制度，对排水系统重点检查及时排除堵塞，保持水流畅通，对路基水毁等采取果断措施进行处理，确保路基安全稳定。

9. 对有损害出现的路基，墙高大于 4m 的挡土墙和墙高大于 6m 的护面墙，应设永久测量点。除经常检查外，每年应在春秋两季各进行一次定期检查，主要检查挡土墙在冰冻融化后墙身及基础的情况，及冰冻前所采取的保护措施。另外，在反常气候或重型车辆通过等特殊情况后，应及时进行检查，如发现裂缝、断缝倾斜、鼓肚、滑动、下沉或表面风化、泄水孔堵塞、墙后积水、周围地基错台等情况，应及时查明原因，并观察其发展情况，采取相应的修理、加固等措施。

10. 挡土墙发生裂缝、断缝并已停止发展，可将缝隙凿毛，必要时可适当扩大缝隙，清除碎碴和杂物，然后用水泥砂浆或沥青砂填塞。

11. 挡土墙的泄水孔应保持畅通，如有堵塞应及时疏通，如无法疏通，应另行选择适当位置增设泄水孔，或在挡土墙背后沿挡土墙增设墙后排水设施，一般可增设盲沟将水引出路基以外，以防止墙后积水，引起土压力增加而挤裂，甚至挤倒墙身。

12. 对浸水挡土墙，除平时经常检查其有否损坏外，应在洪水期前后仔细观查。汛前检查的目的是确定其效果是否完整稳定，能否承受洪水的袭击和应采取的防护、加固措施。汛后检查的目的是观察其有否损坏，如有损坏，应及时修理加固。

二、路肩、边坡和排水设施的维修保养

1. 路肩的维修保养管理

路肩的功能是保护路面边缘、加强整体稳定性、排除路面流水、设置防撞护栏等。

高速公路通常铺设硬路肩，一般为水泥混凝土或沥青混凝土路肩，其具体的养护管理可以参考同类型路面的养护方法。日常养护中应注意以下问题：

（1）路肩应保持适当横坡，比路面的横坡大 1%~2% 以利于排水，路肩外缘应整齐成线。

（2）路肩应经常保持平整、坚实，对于土路肩由于各种原因引起的车辙、坑槽以及因行车道罩面，加铺保护层与路面产生错台等现象应及时整修或清除，并用与原路肩相同的土填平压实，使其顺适，也可根据实际情况进行加固。

（3）土路肩过高妨碍排水时，应铲除整平。对不影响排水的路肩草应予保留，以利于保护路肩土，但草要及时修剪，草的高度不得超过 15cm，如草中积存沙泥等杂物影响排水时，应清除整理。及时清除路肩上的垃圾杂物，不得堆积在路基范围内。

（4）当路肩的横坡过大或过小、路肩宽度不足时应及时整修，宜用良好的沙土填

补并夯实，但不得用清沟挖出的淤泥或含有草根的土填补。填土厚度大于 15cm 时，应分层夯实。填补前应清除杂草，刨松表面，使之结合牢固。也可根据情况选择合适的加固形式，以减轻路肩养护的工作量。

（5）路肩设挡水路缘石地段，路缘石与泄水槽应顺接。汛期前后，检查缘石与泄水槽的衔接处，应无缝不透水；检查缘石与泄水槽的完好程度，并及时维修。

（6）对于已硬化的路肩，应定期检查是否有缺损、松动和裂缝。交通事故造成的路肩破损，及路肩与路面之间有裂缝和渗水现象，应高度重视，及时采取措施进行修复。

2. 边坡的维修保养管理

边坡包括路堑边坡和路堤边坡，是保护路基的重要组成部分。边坡养护的要求是保持坡面平顺、坚实、无裂缝、无冲沟，保持坡度符合设计要求。

（1）路基边坡的坡面应保持平顺、坚实、无冲沟，其坡度应符合设计。特别是深挖路堑边坡的稳定更为重要，如发现问题，应及时处理。在整修加固边坡时，严禁从坡脚取土。边坡上的杂物应及时清除，保持清洁美观。

（2）高填土路基边坡因雨水冲刷，易形成冲沟和缺口，应及时用黏结性良好的土填塞捣实，层厚不大于 15cm，宽度大于 lm，对较大的冲沟和缺口修理时，应将原边坡挖成台阶形，然后分层填筑捣实，并注意与原坡面衔接平顺。特别是对流沙土和膨胀土路基边坡的冲沟、缺口，修理时应掺入生石灰或粉煤灰填筑。必要时利用片石混凝土或浆砌片石进行加固，以保证路基边坡的强度和稳定。

（3）边坡、护坡道等易出现缺口，冲沟、沉陷、塌落或受洪水及边沟流水冲刷，浸水松软，应根据水流、土质等情况采取下列措施进行加固：

1）对土质边坡容易出现少量坍塌的路堑、路堤边坡，一般可采用种草、铺草皮的加固方法，或采用空心六角块内种草的方法加固。

2）边坡坡度不陡于 1 ∶ 1.5。如出现局部滑坡现象，可在边坡上分排打入长 30~50cm 的木桩，然后恢复铺平原草皮。也可视情况采用六角块内种草或砌石加固。

3）路基临近河边，或常被水位淹没部位可以采用浆砌片石护坡，护坡脚设基础。对于已设有的路基防护工程，应检查有无勾缝脱落、砌石松动和沉陷现象，对出现的损害和新出现的问题应采取措施进行加固维修和完善。

4）对经常有浮石下落和土块坍落的路堑高边坡，应采取砌石挂网喷浆、锚固，设防落网等方式进行加固。

5）路基高度大于 4m 以上，边坡种草仍不稳定的路段，采取拱形方格或棱形的浆砌片石（预制块）的护坡措施，同时应注意与路肩坡脚的连接，以免冲空损坏边坡。

6）对加固后的边坡应加强养护和检查，如损坏，应及时修理加固。

7）边坡防护除具有加固边坡、稳定路基的作用外，还能美化环境，在边坡防护时应注意与周围环境的协调。

（4）对于石质路堑边坡，应经常注意观察坡面岩石风化情况，及危岩、浮石、滑塌体等的变动，发现问题及时采取处理措施，如清除、抹面喷浆、勾缝、嵌补、锚固等。

目前土工合成材料发展为边坡防护、加固提供了新材料、新技术和新方法。常用于边坡防护、加固的土工合成材料有土工网、土工格栅、防老化的塑料编织布、土工模袋等，这些新材料的突出优点是施工简便、进度快、造价低、质量好。

3.排水设施的维修保养管理

路基排水设施分为地面排水设施和地下排水设施两大部分。地表水包括雨水、雪水及大小河沟溪水等，这些是路基排水的主要方面，也是对路基造成危害的主要水源。地下水包括气滞水潜水及层间水等。为了最大限度地减轻水对高速公路的危害，应该重视对排水设施的检查和维修，确保排水设施的正常使用功能。

对边沟、泄水槽、截水沟、跌水及急流槽、拦水带等地面排水设施，应该经常检查，及时清除杂草，疏通淤积。对于结构损坏如沟壁塌陷、裂缝等，及时修复，确保在雨季来临前恢复正常的排水功能。

对明沟、暗沟、渗沟、盲沟等地下排水设施应经常进行检查，如发现堵塞、淤积，及时进行冲洗清除，保证水流畅通。对于渗沟、盲沟应及时清除沟口杂草，排除堵塞；对有管渗沟经常检查疏通，保证管内水流畅通。

对中央分隔带上的集中排水设施如泄水孔、集水井、横向排水管和其他排水通道，应及时清淤及维修，确保水流畅通。

高速公路的路面局部积水，应该针对积水原因，采取及时清扫、整平路面及增设排水设施的措施，予以清除；雨后，互通式立交桥范围内的积水，应采取措施，及时排水。

特殊时期应更加注意排水设施的检查和维护。例如，在春融前，应该对高速公路的排水设施进行全面的检查疏通，及时维修损坏部分。暴雨后，更应重点检查，如有冲刷、损坏，及时维修、加固。

第二节　路面维修保养管理

路面是在路基上用各种筑路材料铺筑而成直接承受行车作用和自然因素作用的结构层，其作用是满足行车安全、迅速经济、舒适的要求。

高速公路路面在车辆荷载、气候、水文等自然因素的影响下，将逐渐产生各种破损，从而降低公路服务能力，并对交通安全和环境保护等方面造成有害影响。因而必须采取预防性、经常性的保养和维修措施，使路面保持良好的技术状态。

一、路面维修保养的要求

1. 路面养护

（1）路面养护的基本要求：

1）清除路面上的杂物；

2）处理路面上的局部轻微损害；

3）处理桥头跳车；

4）场院硬化维修。

（2）路面养护的目的：

1）保持和改善路面结构性能，使其强度、刚度、稳定性、平整度、抗滑性等达到要求，以确保路面应有的耐久性。

2）保持和改善路面行车的安全和舒适性，以确保路面的行驶性能。

3）采取预防性维修保养措施，消除路面松散、裂缝和拥包等损害，延长路面使用寿命。

4）防止因路面的损坏和养护操作污染沿线环境。

2. 路面清扫

对高速公路路面的清扫，既是保持路面环境的需要，也是高速公路安全行车的需要。路面清扫应坚持"经常清扫"和"重点清扫"相结合、"人工清扫"和"机械清扫"相结合的原则，要求做到"预防性养护、机械化养护为主，防止中断交通"。

路面清扫的基本任务和要求：

（1）路面清扫主要是清除路面上的垃圾和杂物，保持路面具有良好的卫生状况。

（2）随时清捡隔离栅以内、中央隔离带内和边坡上的白色垃圾，以保证良好的卫生环境。

（3）及时清除路面（桥面）积水，防止道路损坏。

二、沥青路面维修保养

1. 预防性季节维修保养

沥青路面对气温比较敏感，应根据各地不同季节的气候特点、水和温度变化规律，按照"预防为主，防治结合"的原则，结合成功经验，针对季节性损害根源，因地制宜，采取有效的技术措施，做好预防性维修保养。季节性维修保养应符合下列要求：

（1）春季：做好沥青路面温缩裂缝和其他裂缝的灌、封修理，快速修补坑槽、松散和翻浆等病害。

（2）夏季：气温较高，是沥青路面养护工程施工的有利季节，应抓住高温处治泛油、铲除拥包、波浪，及时修复冬寒春雨期临时修补的破损，恢复路面使用质量。

（3）秋季：由高温逐步降温，沥青路面的修补必须密切注意天气预报，抓紧完成年度养护计划，适时做好冬季损害的预防性保养，如裂缝灌封修理、冻胀松脆的防治，及时修补坑槽和乳化沥青稀浆封层等。

（4）冬季：继续做好冬季病害的防治，做好防雪、防冰、防滑、疏阻抢险及养路材料采备等工作。

由于高速公路车速 100km/h 以上，以下损害应及时处理：

（1）路面由于行车事故产生的坑槽、油污等损害，应在清障后及时修补。

（2）路面出现坑槽、拥包、油包应在 4~10 月（以北方地区为例）列入小修保养工程中及时处理。在冬季应采取临时措施，以防破损面扩大，影响交通安全。

（3）路面出现纵横裂缝处，应加强观测，及时采取封住裂缝的措施，以免雨水流入，加大破损的面积。

必须随时掌握沥青路面的使用情况，加强日常小修保养保持路面平整、路面排水良好，及时修补各种破损，做到治早、治好、治彻底，保持路面经常处于清洁状态。

沥青路面在使用过程中，要定期或不定期进行路况调查，按照路面管理系统建立数据库。对产生的各种破损现象应查明其面积、程度和主要原因，以便在养护和改善中做针对性处理。

路面材料：因路面被损进行维修时采用的材料应尽量与原设计相同。

如修补沥青混凝土路面，应选用符合设计要求的沥青。为提高修补速度和实效，可购置成品冷料，采取冷料冷补和冷料热补。

2. 沥青路面状况调查

（1）路面调查包括路面破损状况、路面结构强度、路面平整度及路面抗滑能力四项内容。根据其具体要求，路面调查可采用全面调查或抽样调查的方式，在定期检查前，除掌握路况检查资料以外，应参考路面技术档案及设计、施工的资料做综合判断。

（2）路面调查频率：路面的四项指标每年进行 1 次全面调查。每天进行 1 次日常巡视。

（3）各管理处所辖路段为一调查段。以百米里程桩之间为 1 个调查单元，以公里桩之间为 1 个统计段，按左、右车道分别统计，互通立交作为 1 个独立调查段，每 1 个匝道列为 1 个统计段，互通立交主线仍列入主线内统计。将各个路段内各类破损数据分别统计后，计入汇总表内，汇总表应包括路线编号和起止桩号。

（4）路面破损状况调查。路面破损调查指标为综合破损率（DR）。路面破损调查方法目前采用人工调查，今后逐步过渡到路面摄影调查方法。

（5）路面强度的调查方法。路面强度的调查指标为路面弯沉值。调查设备宜采用自动弯沉仪检测，测定时按现有交通量测定上、下的行车道，互通立交匝道的测定视情况抽样进行。

（6）路面平整度的调查指标为国际平整度指数（IRI）。全面调查采用车载式颠簸累积仪进行，小范围抽样调查可采用连续式平整度仪或三米直尺。

（7）路面抗滑能力的调查。路面抗滑能力的调查指标为轮胎与路面的摩擦因数（SFC）。宜采用横向力系数测定仪。路面受到油类物质的损坏时应局部的测定摩擦因数，以便采取应急措施。

（8）交通量调查。监控设备尚未健全之前，宜进行人工的交通量调查。调查频率为每月25日8时至26日8时，24小时分车型，按小时统计。

（9）利用四项指数检测数据，进行使用质量评价，据此确定采用的措施，有计划地进行修理和改善。

（10）推广采用"路面管理系统CPMS"，利用计算机进行综合评价，评定路面质量等级，提出养护措施，制订养护计划，提高养护决策的科学性。

（11）路面状况综合评价指标。路面状况综合评价指标采用路面养护质量指数（PQI）。具体计算方法按交通运输部《高速公路养护质量检评方法》执行。

第三节　桥梁与涵洞的维修保养

一、桥涵维修保养的内容及要求

1. 桥涵维修保养的范围

（1）技术检查与检验。

（2）建立和健全完整的桥涵技术档案。

（3）桥涵构造物的安全防护。

（4）桥涵构造物的经常保养、维修与加固。

（5）桥涵构造物要按规定进行检查与检验，以便系统地掌握技术状况，采取相应的养护措施。

（6）桥涵构造物的养护，首先要保持符合载重等级要求，保证车辆安全通过。桥涵构造物在使用过程中要经常巡查，遇有缺损，应即进行修理、更换和恢复。在冰雪和洪水期间要及时采取防护措施。

（7）推广采用"桥梁管理系统（CBMS）"，利用计算机进行综合评价，评定桥梁质量等级，提出养护措施，制订养护计划，提高养护决策的科学性。

2. 桥涵维修保养的内容

（1）日常巡视和定期检查；

（2）清除桥涵的污泥积雪、杂物等；

（3）伸缩缝清理、泄水槽疏通、部分栏杆油漆；

（4）局部更换栏杆、扶手等小构件；

（5）局部修理泄水槽、伸缩缝、支座和桥面；

（6）疏通排水系统；

（7）维修防护工程；

（8）涵洞整修与清淤。

3. 对桥涵养护管理的要求

（1）桥面的养护

1）桥梁的护栏，标志标线照明等沿线设施的养护按"沿线设施"有关规定执行。

2）伸缩缝要经常养护与检查，清除缝内杂物，调整和更换零部件，保持正常工作。

3）桥面应经常打扫保持清洁，及时排水，清除冰、雪。泄水孔要及时疏通。

4）桥面铺装出现表面碎裂、脱皮现象，应将缺损部分凿除，圆洞方补，及时修复。

（2）桥梁支座养护

桥梁支座是桥梁上、下部的结合点，一有损坏，将严重影响桥梁的承受能力和使用寿命，必须注意经常养护，保证其处于正常的传递功能状态。

橡胶支座每月一检查，半年一清扫，冬季清除积雪，保证梁跨自由伸缩。排除墩、台帽积水，防止橡胶支座老化变形而失去梁的伸缩作用。若发现丢失或老化应立即更换。

（3）涵洞养护的要求

保障水流能顺畅地通过涵孔，排到适当地点，保持涵洞洞身、涵底、进出水口、护坡和填土的完好、清洁、不漏水。

（4）各管理处应建立桥梁技术档案，档案资料包括：

1）桥梁内业采集表（桥梁登记卡）；

2）桥梁设计图、施工图竣工图及竣工验收报告等；

3）专项、大修工程设计文件、开工报告、竣工报告、验收报告等；

4）桥梁定期检查表格和报告，桥梁技术状况评定表；

5）历次桥梁特殊检查报告和评审报告；

6）历年遭受地震、水毁、超重车辆行驶的影响和损害情况；

7）其他有关文件和工作日志。

（5）特殊结构的桥梁及隧道的维修保养参照有关规范执行。

二、桥梁使用质量检测

桥梁的检查分为经常检查、定期检查和特殊检查三类。在桥梁的维修保养工作中，主要包括经常检查和定期检查。

1. 经常检查

主要对桥面设施和桥台附属构造的技术状况进行日常巡视检查，对及时发现的破损进行维修保养。经常检查以目测为主，配合简单的工具测量，检查频率应不低于每月 1 次，汛期应加强检查。经常检查的内容有：

（1）桥面是否清洁，有无杂物堆积、杂草蔓生。

（2）桥面铺装是否平整，有无裂缝、局部坑槽、碎边。

（3）桥面泄水管有无堵塞、破损。

（4）伸缩缝是否堵塞卡死，联结部件有无松动局部破损。

（5）人行道、路缘石栏杆有无撞坏、断裂、松动、错位、缺件、剥落、锈蚀等。

（6）翼墙（侧墙、耳墙）有无开裂、风化剥落和异常变形。

（7）锥坡、护坡有无局部塌陷，铺砌面有无塌陷、缺损，有无垃圾堆积、灌木杂草丛生。桥头排水沟和行人台阶是否完好。

（8）交通信号、标志、标线照明设施是否完好。

（9）其他显而易见的破损。

检查时，应填写"桥梁经常性检查记录表"，记录发现的结构破损，估计其数量及范围，并提出相应的维修保养措施。

2. 定期检查

按规定的周期，对桥梁主体结构及其附属构造物的技术状态进行全面检查。定期检查是桥梁养护管理系统中采集结构技术状况动态数据的工作，为评定桥梁的使用功能，制订养护工作计划提供基本数据。

定期检查以目测为主，辅以必要的测量仪器、望远镜、照相机探查工具和现场用器材等设备，并且应接近或进入各部件仔细检查其功能及材料的缺损情况。

高速公路桥梁的定期检查频率宜以每年 1 次为宜，最少不低于三年 1 次。

定期检查应按规范程序进行，检查的项目和内容有：

（1）桥面铺装是否有坑槽、开裂、车辙松散不平桥头跳车现象。栏杆有无松动、撞坏、锈蚀、变形等。伸缩缝有无破损结构脱落、淤塞、填料凹凸、跳车、漏水等。排水设施桥面横坡纵坡是否顺适，有无积水；泄水管有无损坏、堵塞，泄水能力如何；防水层是否工作正常，有无渗水现象。

（2）上部结构：针对不同的桥型，所检查的内容有所不同。

梁式结构：主梁支点、跨中、变截面处有无开裂，最大裂缝值；梁体表面有无空洞、蜂窝、麻面、剥落、露筋；有无局部渗水；横隔板是否开裂、焊缝是否断裂；钢结构锈蚀情况、变形情况等。

圬工结构：主拱圈是否开裂、渗水、砂浆松动、脱落、变形；拱脚是否开裂；腹拱是否变形错位；立墙、立柱有无开裂、脱落；侧墙有无鼓肚、外倾等。

（3）支座：位移是否正常；橡胶支座是否老化、变形；钢板滑动支座是否锈蚀、干涩；各种支座固定端有无松动、剪断、开裂等。

（4）桥墩：墩身是否开裂，局部外鼓，表面风化剥落、空洞、露筋；有无变形倾斜、沉降、冲刷、冲撞损坏情况等。

（5）桥台：是否开裂、破损。台背填土有无裂缝挤压、受冲刷等情况。

（6）翼墙：是否开裂，有无前倾、变形等。锥坡：有无破损、沉陷、开裂、冲刷滑移等。

（7）照明：桥上照明是否正常等。

（8）河床及调治构造物：河床是否变迁，有无漂浮物堵塞河道调治构造物是否发挥正常作用，有无损坏、水毁等。

3. 桥梁技术状况评定

检查完成以后，应该对桥梁的技术状况做出评价。《公路养护技术规范》将桥梁的评定等级分为四类：一类桥梁进行正常保养；二类桥梁进行小修；三类桥梁需进行中修；四类桥梁需进行大修或改善。具体的分类及评价标准详见《公路养护技术规范》中的"桥梁技术状况评定标准"。根据检查结果对桥梁的技术状况做出评定，由此确定相应的维修保养措施。

三、桥梁的维修保养与加固管理

（一）桥梁上部结构的维修保养

1. 桥面铺装的维修保养

桥面应经常清扫，保持其整洁和有一定的路拱横坡；雨后及时清除桥面积水，雪后及时清除桥面积雪或结冰；严禁在桥面堆置杂物，以防影响车辆通行安全。

经常检查桥面铺装层的技术状况，如有破损或缺陷，应及时修复，以经常保持桥面完好平整。此外，桥面防水层如有损坏，也应及时进行维修。

2. 伸缩缝的维修保养

伸缩缝需经常养护，清除缝内沉积物，拧紧螺栓，保持其正常作用。对于梳型伸缩缝，应及时清除锯齿内杂物；搭板伸缩缝有损坏应及时修复；橡胶板伸缩缝，如有损坏和老化，要及时更换；如有早期修建的 U 型槽伸缩缝，可更换为橡胶伸缩缝等其他形式的伸缩缝；多孔简支梁（板）桥，有条件的情况下，可改做成水混凝土或沥青混合料铺装的连续桥面，减少伸缩缝数量。

维修伸缩缝前，应查明伸缩缝破损原因，以便采取行之有效的维修措施。进行伸缩缝维修或更换时，需设置交通控制区，单向半幅路面通车，半幅路面施工。

3. 支座的维修保养

（1）支座各部分应保持完整、清洁，定期检查和清扫。冬季清除积雪与冰块，保证梁跨自由伸缩。

（2）在滚动支座滚动面上定期涂一层润滑油，在涂油之前，需用钢丝刷或揩布将滚动面揩擦干净。

（3）为了防锈，支座各部分除钢辊和滚动面外，均应涂刷油漆保护。

（4）对固定支座应检查螺栓坚固强度，支承垫板应平整紧密，及时拧紧接合螺栓。

（5）支座有缺陷或发生故障时，应及时进行维修或更换。

（6）钢辊轴式支座（或摇轴）的实际纵向位移应与计算的正常位移相符，如实际纵向位移大于允许偏差或有横向位移时应加以矫正。

（7）油毡支座因损坏、掉落而不能正常发挥作用，摆柱式支座工作不正常，有脱皮、露筋或其他异常情况发生，及橡胶支座已老化、变质而失效时，都需要进行调整或维修。

4. 排水设施的维修保养

（1）桥面的泄水管、排水槽应及时清扫、疏通。缘石的横向泄水孔如长度不够，要加以接长，避免桥面水流沿梁侧泄流。

（2）泄水管损坏要及时修补，接头不牢已掉落的要重新安装接上，损坏严重的要予以更换。

（3）引水槽破裂的要重新修理，长度不足时要予以接长。口太小，不能满足排水需要时应扩大槽口重新修筑。

5. 栏杆的维修保养

栏杆立柱应竖立正直，水平杆件能自由伸缩。如有变形或破损影响其正常功能时，应尽快加以修复。维修期间，应采取牢固、醒目的临时防护措施，并用闪光灯、栅栏等标示栏杆破损。

钢筋混凝土栏杆如发现裂缝、剥落，轻者可灌注环氧树脂修补，严重者应凿除损坏部分重新修补完整。

钢质栏杆应经常除锈，定期油漆，锈蚀严重者应进行更换。桥头端柱应涂以20cm宽红白相间的油漆标志，并经常保持颜色鲜明。

6. 桥跨结构的维修保养

（1）钢筋混凝土及预应力混凝土桥梁应注意其受拉区的裂缝，如裂缝宽度在允许范围内，可用水玻璃或环氧树脂涂刷，进行封闭处理。构件发生露筋剥落等现象，如损坏面积不大，可用环氧砂浆修补。预应力混凝土的箱梁，应保持箱内通风，减少因箱内外温差过大可能引起的裂缝。

（2）圬工拱桥应保持表面的清洁、完整，如表面产生风化剥落，可喷涂水泥砂浆保护层进行处理。圬工结构应注意灰缝的保养；如有脱落应及时修补。此外，圬工拱桥还应经常检查各部有无裂缝空洞、剥落、缺角等局部损坏；如发现原桥未设防水层或防水层失效，可挖开拱上填料重铺防水层，防止水流渗入圬工砌体内。

（3）钢桥的维修保养工作：保持铆钉、螺栓接合和焊接的正常使用状态；防止桥梁杆件锈蚀，定期进行油漆；经常清除节点和缝隙的积水，保持其清洁干燥；矫正杆件的局部变形；观测保养基座。

（4）吊桥的主缆和吊杆的钢索应经常涂刷润滑脂、玛蹄脂或防锈漆，并用玻璃丝布或其他防护材料包扎，以防止钢索锈蚀。主索鞍，散索鞍、主缆索股锚头、吊杆锚头及钢索出口密封处应定期进行保养，发现有漏水、积水、脱漆和锈蚀时，应及时修理。索夹应经常检查其紧固螺栓有无松弛和锈蚀，尤其是在酷暑寒冬季节应加强检查和养护，及时拧紧螺栓，保持设计的紧固力，防止螺帽锈死无法调整。吊桥的索洞门或锚定的锚室门应经常打开通风，并保持良好的排水，以保持洞室内的干燥环境。

斜拉桥的拉索必须经常检查，定期保养，确保其安全可靠。拉索两端锚固处及锚头、拉索出口密封处等部位，应定期检查养护，发现有漏水、积水、脱漆和锈蚀时，应及时修理。索塔上的航空标灯和桥上照明应经常检查，及时更换损坏的灯泡，保持夜间常明。

此外，吊桥和斜拉桥的避雷装置应保持功能完善，如发现其防雷性能有所降低时，必须及时进行修理。

7. 其他设施的维修保养

桥梁的路灯应经常保持完好状态，如有缺损或歪斜，应及时修复。

桥上的交通标志和标线经常保持完好，色泽鲜明。反光标志的反光膜和反光漆如有缺损或污垢，应及时补漆或清洁。桥面缘石应经常保持完好状态，如有缺损，应尽快修复或更换。

（二）桥梁下部结构的维修保养

1. 墩台基础的保养

（1）桥梁上下游各 1.5 倍桥长，但不小于 50m 和不大于 500m 的范围内，应做到：河床要适时地进行疏浚，每次洪水过后，及时清理河床上的漂浮物，使水流顺利宣泄；不得任意修建对桥梁有害的水工建筑物，必须修建时，应采取必要的桥梁防护措施。

（2）墩台表面必须保持清洁，要及时清除青苔、杂草、荆棘和污秽。

（3）圬工砌体长期受大气影响、雨水侵蚀而发生灰缝脱落，应重新勾缝。

（4）混凝土表面发生侵蚀剥落、蜂窝麻面等损害，应及时将其周围凿毛洗净，用水泥砂浆抹平。

（5）圬工砌体镶面部分严重风化和损坏时，应予以更换。用石料或混凝土预制块补砌，要求接合牢固，色泽和质地与原砌体基本一致。

（6）梁式桥墩台顶面没有流水坡或坡面凹凸不平，有裂缝时，及时铺填水泥砂浆或混凝土，做成横向坡度以利于排水。

2. 墩台基础的维修

对砖石和钢筋混凝土墩台表层出现的缺陷及钢筋混凝土桩和排架所出现的混凝土剥落、露筋和裂缝等损害，均应进行维修，并应根据缺陷的严重程度及工地条件的不同采取不同的维修措施。

当基础局部被冲空时，可分别情况采取下列措施：

（1）水深在 3m 以下，可筑围堰将水抽干，以砌石或混凝土填补冲空部分。顶端与基础平齐或稍高于基础顶面。

（2）水深在 3m 以上，可在四周打板桩或其他方法做坝围堰，灌注水下混凝土防护。也可用编织袋装干硬性混凝土，每袋装置量为袋容积的 2/3，通过潜水作业，将袋装混凝土分层填塞冲空部分，并注意比基础边缘宽 0.4m 以上。

（3）当基础置于风化岩上，基底外缘已被冲空，应及时清除表面严重风化部分，在浅水时，填以混凝土，并将周围风化地基用水泥砂浆封闭。在深水时，应采取潜水作业，铺以袋装干硬性混凝土。

墩台周围河床冲刷严重，危及基础的，除修补被冲刷的基础外，还应在洪水期过后，采取必要的防护措施，以防再次被冲坏。

严寒地区冬季冰层厚度变化，容易发生浅桩冻拔深桩环状冻裂，因此，需根据具体的冰冻情况，采取适宜的保养防护措施。

圬工砌体墩台如表面风化剥落，深度在 3cm 以内的，可用 10 号以上的水泥砂浆修补；如损坏面积较大，深度超过 3cm 的，应浇注混凝土层予以裹覆。

墩台出现变形、裂缝等破损，应查明原因，根据破损的具体情况，确定相应的维修措施。

桥台锥坡及八字翼墙在洪水冲击或填土沉降的作用下容易发生变形和铺砌层勾缝脱落。修复时应注意夯实填土，常水位以下应采用水泥砂浆砌块片石，并勾缝。

四、涵洞的维修保养

涵洞维修保养的要求是：水流在任何情况下都能顺畅地通过涵孔，排到适当地点，保证涵洞洞身、涵底、进出水口、护坡和填土的完好、清洁、不漏水。

1. 检查

涵洞应进行经常检查和定期检查，特别是洪水和冰雪季节之前要对所有涵洞进行一次全面检查。主要检查内容有：

（1）涵洞的位置是否恰当，孔径是否足够，洞内有无淤塞、冲刷；

（2）涵洞有无开裂，填土有无沉陷，涵底涵墙有无漏水，八字墙是否完整；

（3）进水口是否堵塞，沉砂井有无淤积；

（4）涵洞内有无积水，洞内有无冻裂。

2. 保养维修

砖石涵洞的表面如发生局部风化轻微裂缝及砖灰缝剥落等现象，应用水泥砂浆勾缝或修补封面。洞顶漏水，必须挖开填土，用水泥砂浆或石灰砂浆修理其损坏部分，并衬砌胶泥防水层。

洞底铺砌层、洞口上下游路基护坡引水沟、泄水槽、窨井和沉砂井发生变形或沉陷时，均应及时修复。

砖石、混凝土及钢筋混凝土端墙和翼墙，如有离开路堤向外倾斜或鼓肚现象，应查明原因，加以处理。如属填土未夯实而沉降挤压，或填土中水分过多土压力过大而形成的，应挖开填土更换，并仔细夯实。如属基础不均匀沉陷而发生倾斜，则需修理或加固基础。

管涵的管节如因基础沉落而发生严重错裂，应挖开填土加固基础并重做砂垫层。混凝土管的接头处和四铰管涵铰点接缝处发生填缝脱落时，应用干燥麻絮浸透沥青后填实，不宜用灰浆抹缝，以免再次碎裂脱落。四铰管涵的变形如很轻微，其变形不大于直径的1/20，并且不再继续发展时，可认为不致影响涵洞强度，如变形大于直径的1/20，则应检查发生的原因，进行修理。

压力式管涵进水口周围的路堤应保持坚固。每次被水淹过，要检查有无洞穴缺口或冲刷现象，并及时进行修补。

倒虹吸管在长期流水压力作用下容易破裂漏水，造成路基软化，应注意检查，如虹顶路面出现湿斑，应及时修理。

波纹管发生沉陷变形，必须拆除修理。管底应按土质情况做好垫层，铁管上面要加铺一层10~15cm厚的胶泥防水层，并注意回填土质较好的土分层夯实。

涵洞排水如经常出现浑浊或杂物等，可在进水口加设沉砂井以沉淀泥土杂物，并注意定期清除。

处于山谷高填土的涵洞，其出水口的跌水设施应与洞口紧密结合，尤其是在湿陷性黄土地区，应采用"远接远送"的方针设置排水沟。

洞口和洞内如有积雪应及时清除。经常积雪或积雪很深的地区，应在入冬前在洞口外加设栅栏，融雪时及时拆除。

开挖维修涵洞时，应尽量采取半幅施工，并设立标志和护栏，以确保交通安全。

第四节　隧道的维修保养管理

隧道一般位于地势险要、通行困难的地段，隧道内一旦发生事故，不仅对交通影响很大，而且会造成较大的经济损失和人员伤亡。因此，必须加强对隧道的维修保养，保证绝对安全。

隧道的养护工作包括：洞身、洞口、路面和两端路堑、防护设施、排水系统、洞口减光设施以及通风、照明、标志、标线、监控、消防、防冻、消音等设施的检查、保养、维修和加固。本节主要介绍隧道的维修保养。

一、隧道使用的质量检测

隧道交付使用后，养护部门首先要熟悉其设计、施工资料，掌握隧道的全面技术状态，制订维修保养、大修工程和专项工程计划。在使用过程中要经常开展检查，隧道的检查可分为日常检查、定期检查、特别检查和专项检查四类。

1.日常检查

对隧道的外观状况进行日常巡视检查。通过日常检查，及时发现早期破损、显著病害或其他异常情况，并确定对策措施。

日常检查通常采用目测方法，配合简单检查工具，以定性判断为主。检查频率根据隧道的实际情况确定，高速公路隧道宜每月1次。在雨季或冰冻季节，需加强日常检查工作。

对日常检查中发现的结构异常情况，应及时填写"日常检查记录表"，登记所检查项目的破损类型、估计破损范围和程度及养护工作量，对异常情况做出判定分类，并采取相应的措施。

2.定期检查

按照规定的周期对隧道的基本技术状况进行的全面检查。要求通过定期检查、系统掌握结构的基本技术状况，评定结构物功能状态，为制订养护工作计划提供依据。

定期检查通常以步行方式，配合必要的检查工具或设备，进行目测或量测检查。检查时，要求尽量靠近结构，注意发现异常情况或原有异常情况的发展变化；对于发现的结构异常情况，应在其适当位置做出标记。

定期检查的频率应根据隧道的实际情况考虑确定，高速公路隧道宜每年1次。检查通常安排在春季或秋季进行。

检查中应认真填写"定期检查记录表"，详细、准确地记录各类结构的基本技术状况，判断破损的成因，对各个结构物的功能状态做出判定。

定期检查完成后，应提出隧道定期检查报告，内容应包括：

（1）对隧道的技术状况和功能状态的评价；

（2）对隧道的养护维修状况的评价与建议；

（3）需要实施专项检查的建议；

（4）需要采取维修措施的建议。

3.判定分类

日常检查和定期检查的判定分为三类，如表5-1所示。根据不同的判定结果，采取相应的对策措施。

表5-1　隧道日常、定期检查结果的判定

判定分类	检查结论
S	情况正常（未出现异常情况，或出现异常情况但很轻微）
B	存在异常情况，但不明确，应做进一步检查以确定对策
A	异常情况显著，危及行人、行车安全，应采取特别对策或处治措施

注：日常检查的判定结果为B时，应做特别检查，在特别检查或定期检查的判定结果为B时，应做专项检查。

二、隧道的维修保养管理

当日常检查或定期检查发现结构物有轻微的老化、破损或缺失时，应及时对其进行维修保养或补充，具体的内容如下：

1.洞口

及时清除洞口边仰坡上的危石、浮土，冬季应清除积雪和挂冰，保持洞口边沟和边坡上截水沟的完好畅通，修复洞口挡土墙、护坡排水设施和减光设施等结构物的轻微损坏，维护洞口花草树木的完好。

2.洞身

出现衬砌起层或剥离，应及时加以清除或加固；对衬砌的渗漏水，可将水流引入边沟排出，冬季应及时清除洞顶挂冰等。

3.路面

及时清除隧道内外路面上的散落物，及时修复更换损坏的井盖或其他设施的盖板，当路面出现渗漏水时，应及时处理，将水引入边沟排出，防止路面积水或结冰；冬季应及时清除洞口的积雪。

4. 人行和车行横洞

横洞内严禁存放任何物品，及时清除散落杂物，修复结构轻微破损，定期检查、保养洞口，确保横洞清洁、畅通。

5. 顶板和内装

吊板应保持整洁、完好，及时修补其破损、变形的板块，并更换老化、脏污而不能修复的破板。内装板须保持整洁、完好，当发现其有破损、脏污或掉落时，及时进行修复、更换和补充。

三、隧道防护、排水及通风设施的维修保养

1. 隧道的防护

在隧道养护中，不但要及时处治主体结构所发生的病害，还应注意隧道所处的山体及其环境的保护，以防止因山体及附近区域出现问题而引起隧道的较大破坏。

如遇山体滑动可能引起隧道破坏时，可采取下列防护措施：

（1）修建挡土墙进行保护性填土，使山体受力均衡。

（2）保护性开挖洞顶部分山体，减轻下滑重力。

（3）在滑动面上的土体不厚的情况下，可在滑动面下端设置锚固桩抗滑。

采用以上防护措施时，均应定期检查其工作状态，发现问题及早处理。

隧道处山坡岩石如节理发育、风化严重或有坑洞、溶洞裂缝现象时，应对地表做下列防护性封闭：

（1）用浆砌片石、石灰土、黏土等填补洞穴，封闭裂缝，整修地表，稳固山坡。

（2）地表岩石松散破碎时，可喷水泥砂浆固结。

2. 隧道的排水

（1）隧道洞外排水

1）有坡度的隧道，其上洞口路基边沟及两侧沉砂井，应经常清除泥砂杂物，疏导畅通。如地形条件许可，可将边沟纵坡改建成与路面纵坡方向相反，即向洞外方向倾斜，并在适当地点横向排出路基，使上洞口路基排水不流向隧道，以避免引起隧道内边沟淤塞。

隧道上洞口的路堑，如出现路面地表水来不及流入侧沟而流入洞内时，可在洞门外 1m 左右处设横向截水设施，并将沟水妥善引出。

2）沿河隧道在洪水季节可能进水时，可临时封闭两洞口，以保隧道安全。洪水过后，立即拆除封闭物。

3）隧道顶山坡上的地表水，应使其迅速排出，尽可能不使水渗入洞身，可采取下列措施：

①隧道处山坡岩石如节理发育、风化严重或有坑洞、溶洞裂缝现象时，应对地表做防护性封闭，修建截水沟、排水沟使水流顺势排至洞口远处。

②位于隧道顶山坡的水渠，应经常检查其渗漏水状况，如发现渗漏水，应及时处理。

（2）隧道洞内排水

1）治理洞内的水，应采取"以防为主，防、排、截堵相结合"的综合治理原则。对防水层，纵、横、竖向盲沟，明、暗边沟，截水沟，排水横坡，泄水孔等。应及时修理，保持完好、畅通。

2）隧道内渗水，可采取下列措施处治：

增设衬砌背面排水系统，即在边墙内加设竖向盲沟及泄水管，将渗漏水引入隧道的边沟排出。对裂缝集中处的漏水，可采取下列封闭裂缝埋管排漏的方法处治：

①将各漏水缝向选定的排水集中点开凿八字形沟槽。视漏水量的大小，用可透水软管嵌入八字形沟槽内，同时填抹速凝砂浆稳固。

②排水集中点埋入一段硬塑管，并用砂浆稳固。在硬塑管外接一排水管，并固定在侧墙上，使漏水排入边沟。

③工作缝处漏水，可增设工作缝环行暗槽，将漏水通过暗槽内的半圆管排入纵向边沟。

④对少量渗水，可抹防水砂浆封闭，也可在衬砌表面铺一层防水层。防水层外面还可喷一层水泥砂浆或水泥混凝土保护层。

⑤在围岩与衬砌间压注防水水泥砂浆或水泥浆，可掺入早强速凝剂，形成封闭层以防渗漏。

⑥设表层导流管，即将漏水量大的裂缝顺走向开凿成喇叭形沟槽，嵌入半圆管接水，管底用水泥砂浆稳固，用引水管将漏水排入边沟。

3）对地下涌水，可采取下列方法处治：

①设横向盲沟并加深纵向排水沟。当涌水量大时，必要时加修路中心排水沟。

②修建水泥混凝土路面，并在路面下设隔水层，以阻断地下涌水。

③在路面与围岩之间，压注防水水泥砂浆或水泥浆，可掺入早强速凝剂，形成封闭层以防渗漏。

3.隧道的通风设施

通风设施包括轴流风机、离心风机、射流风机及其配套设施。下面主要介绍通风设施的检修。

（1）利用竖井，边窗通风者，应随时检查，清除井内杂物，保护井口及窗下不得灌进风雪，影响通风。

（2）对各式通风机、管道、动力设备等，每月进行一次运转情况检修，每年进行一次检查。

第五节　交通设施维修保养

沿线设施是公路交通安全、管理、服务、环保设施等的总称。范围包括：交通安全设施、公路标志、路面标线，通信、监控、收费设施、建筑房屋其他设施等。

沿线设施是高速公路的重要组成部分，它对提高公路服务性能、保障行车安全和交通畅通具有重要意义。沿线设施的维修保养就是要及时对其进行清洁和修复局部缺损，使其处于良好的技术状态。

一、交通安全设施的维修保养

交通安全设施包括跨线桥、地下通道、护栏、标注安全岛、防护栅、遮关栅、隔音墙、平曲线反光镜、震颤设施和分隔带等。

二、交通标志和标线的维修保养

（一）交通标志

交通标志是用图形符号和文字传递特定信息，用以管理交通、保证交通安全、协助车辆顺利通行的设施，通常包括警告标志、禁令标志、指示标志、指路标志等。

为使交通标志发挥正常作用，应对其认真检查，精心养护，保持其位置适当、准确、完整、醒目和美观。

1. 检查

交通标志的检查分为日常检查和定期检查，其内容如下：

（1）交通标志是否被沿线的树木、广告牌等遮挡；

（2）牌面及支柱的变形、损坏、污秽及腐蚀情况；

（3）反光膜的破损、剥落及反光材料的反光性能；

（4）基础及底座的下沉或变位；

（5）缺失情况。

此外，应根据道路条件或交通条件的变化，检查交通标志的设置地点、指示内容及相互位置关系等是否适当。

2. 维修保养

维修保养应在检查工作的基础上，采取适当有效的措施如：

（1）标志如污秽或贴有广告、启事等，应尽快将其清洗干净；

（2）反光膜如有脱落或面积较小时，可修剪相应大小的膜片刷补；如反光膜脱落或标志破损严重，指示内容辨别性明显降低时，应重新覆膜或更换新标志；

（3）标志牌变形、支柱弯曲倾斜或松动的尽快加以修复；

（4）破损严重、反光标志性能下降或缺损的应予以更换或补充；

（5）标志设置重复，有碍交通或设置地点和指示内容不适当时，经批准后做必要的变更；

（6）如有树木、广告牌等遮挡标志时，应清除有碍标志显示的部分，或者在规定的范围内变更标志的地点、位置等。

（二）交通标线

交通标线是管制和引导交通的安全设施，包括路面标线、立面标记、突起路标和路边线轮廓标等。

1. 路面标线的维修保养

（1）标线污秽影响辨认时，应结合日常检查进行清扫或冲洗；

（2）标线磨损严重，影响辨认时，应重新喷刷或加以修复；

（3）重新喷刷油漆时，应注意避免与原标线错位；

（4）路面进行局部修理，使路面标线局部缺损或被覆盖，可用人工方法进行修补或喷刷。

2. 立面标记的维修保养

保持颜色鲜明、醒目，经常清除标记表面污秽，如标记褪色或油漆剥落，及时重新涂刷。

3. 突起路标的维修保养

经常清理凸起部位周围的杂物，清除反光玻璃表面的污秽，保持路标的反光性能。对松动的路标及时加以紧固，保持路标的发射角度，对损坏或丢失的路标及时加以修复或更换。

4. 边线轮廓标的维修保养

（1）反光色块剥落时，应及时补贴；

（2）清除标注立面污秽和遮挡轮廓标的杂草、树木和物体；

（3）油漆剥落的，应重新涂刷；

（4）标注倾斜或松动的应予以扶正，变形、损坏的应尽快加以修复；

（5）丢失轮廓标的部位应及时补充。

三、服务设施的维修保养

1. 加油站的维修保养

（1）加油站应经常检查、更换消防设备和器材，严格出入人员防火纪律；

（2）每天清扫加油车辆通道，清除所有的障碍和杂物，保证车道出入畅通；

（3）经常检查油料装卸和存储安全规程的执行情况。

2. 停车场的维修保养

（1）每天清扫一次场内公共环境卫生（包括公共厕所）；

（2）停车场路面如有损坏应尽快修复，各种标志、标线如有损坏应及时恢复；

（3）停车场排水设施应经常清理疏通，保证场内排水畅通，无积水；

（4）停车场出入口应畅通无阻，如有障碍应及时清除。

3. 洗车场的维修保养

（1）洗车场保持排水畅通，无积水污物，环境干净整洁；

（2）洗车设备应保持完好，使用正常；

（3）供水正常，压力充足。

4. 维修站的维修保养

（1）经常保持维修设备完好，备件齐全；

（2）保持站内整洁，各种工具应摆放整齐，维修车辆停放有序。

5. 公共厕所的维修保养

厕所应设专人负责清扫卫生，每天清扫，保持环境整洁卫生。

6. 公用电话的维修保养

（1）电话亭内外环境应经常清扫，保持整洁；

（2）公用电话标志的位置应显而易见，并保持整洁、醒目；

（3）电话机及其线路应经常检查，发现故障及时排除，保证其正常使用。

7. 收费防护设施的维修保养

（1）收费岛：采取日常巡查与定期检查相结合的原则，保证收费系统的正常运行。

（2）收费广场照明设施：日常巡查时应检查灯罩、电杆、灯具安装情况，对存在的问题及时解决；定期检查一般1年左右一次，应对设备安装、检查孔的排水、配电盘状态、油漆、照明进行全面检测。

（3）收费、通信、监控设施的维修保养：由信息管理总中心根据交通运输部和国家有关规定，结合公司养护界面划分的范围，制定具体的实施细则，报公司批准后，自行负责维修保养。

第六节　高速公路清障工作

高速公路清障工作的主要内容是排除、清理由自然灾害、异常气候、交通事故、故障车辆、丢弃或堆积物等所造成的交通障碍及行车不安全因素。

一、清障管理职责

高速公路公司内部各级养护部门为清障工作的管理职能部门；各管理处设立清障队，具体负责清障工作的实施。

1.高速公路公司的主要管理职责

（1）贯彻执行国家和省有关清障工作管理的法规和办法。

（2）制定清障工作管理制度和各项标准。

（3）负责对清障工作进行指导、监督、检查考核。

（4）对各级管理骨干进行业务培训，提高管理素质。

2.分公司（控股、参股公司）的主要管理职责

（1）贯彻执行国家和公司有关清障工作管理的法规，并结合实际情况制定实施细则。

（2）对管理范围内的清障工作管理和实施情况进行检查考核，并做好重大清障任务的协调工作。

（3）负责管理范围内的清障工作管理人员的培训与考核。

（4）对管理处的清障管理的安全工作进行检查，确保安全生产。

3.管理处的主要管理职责

（1）贯彻执行国家和上级机关有关清障工作管理的法规和办法，并制定具体的各类清障工作操作规程。

（2）建立健全清障工作责任制，做好经常性的考核考评。

（3）及时做好管理范围内的清障协调工作。

（4）经常进行安全生产教育，定期、不定期地进行安全检查，落实各项规章制度，采取有效措施，确保安全生产。

（5）负责清障队的骨干人员的培训与考核。

4.清障队的主要职责

（1）收集、分析、处理各种信息，随时做好执行任务的各项准备工作。

（2）制定和落实各种排障与清理处理方案、作业程序和应急措施。

（3）加强各种机械、设备的保养维修，使之处于完好状态，并足量储备各种所需器材。

（4）清障值班人员 24 小时值班，不得擅离岗位。

（5）接到清障通知后迅速出动，排除路障，清理现场，保持畅通。

（6）按规定标准收取清障费。

（7）负责清障工作中及清障作业现场的自身作业安全。

二、清障工作的实施

1. 清障作业人员应佩戴（穿着）统一的安全反光标志，清障机械设备应有明显的警示标志。

2. 清障队接到清障通知后，所需排障清理人员及机械、设备、材料应立即赶往现场，实施排障与清理。

3. 交通事故车辆及对高速公路造成损害的车辆，必须经公安交通管理机关、公路管理机构和公司资产安全人员进行现场勘查、取证后方可进行排障清理，并按指定地点停放车辆及货物。

4. 清障作业现场应严格按照《公路养护技术规范》的规定摆放安全标志。

5. 当车辆因故障停在行车道或匝道上时，清障人员接到信息后应立即出动，将故障车辆按规定拖至服务区修理厂；特殊情况可牵引至收费站出站口。

6. 应做好清障原始资料的记录工作，并由有关人员签字确认。

7. 清障收费根据实际发生的清障工作量按规定标准进行收费并由管理处财务部门按月全额上解公司财务账户。

8. 清障的标准、程序、结果、时限、先清障、后收费，按照实际发生的清障工作量依照收费标准进行收费；接到清障通知后，根据路途远近10~40分钟内到达事故现场，及时清障，保障高速公路安全畅通。

三、清障作业规程

1. 作业前的准备

（1）汽车部分，按汽车操作规程进行检查与准备。

（2）检查各部件及连接件是否牢固、可靠，液压系统有无渗漏，液压油是否充足。

（3）检查各种托具、拖具和锁具是否齐全、有效。

（4）绞盘、吊机和拖板部分：分别按卷扬机、吊车、拖车部分的操作规程进行检查与准备。

（5）检查照明设备及各种警告标志是否齐全、有效。

（6）作业现场应按规定摆放安全标志设施。

2. 行驶与作业中的要求

（1）清障车行驶时，除驾驶室内，其他任何地方严禁载人。

（2）根据交通肇事或发生机械故障车辆的损坏程度及损坏部位的不同，选用合适的托具、拖具及锁具。

（3）使用吊机、绞盘和拖板作业时，分别按吊车、卷扬机和拖车操作规程进行。

（4）作业时，清障车应停靠在平整、坚实的地面上，装有液压支腿的应放下支腿，并采取适当的措施保护路面。

（5）在坡上进行清障作业时，要用楔块将车轮塞牢，防止下滑。

（6）夜间作业要有良好的灯光照明，并设置明显的警告标志，提醒来往车辆注意安全。

（7）清障作业时，只能由 1 人指挥。

3.作业后的要求

（1）作业后，将各种托具、锁具卸下保存好。

（2）按规定对清障车进行保养。

4.清障时应注意的事项

（1）清障时应在作业现场根据规定摆放有关标志、设施。

（2）清障遇有易燃、易爆、有毒物品时，要采取必要的防护措施，确保人身安全。

（3）吊装车辆时，必须切断车辆电源。

（4）清障完毕后，要清扫作业区，将残留物品清出现场，及时撤除有关标志。

5.自然因素造成障碍的排除与清理

洪水、台风、地震、冰雪等自然灾害发生后，高速公路养护管理部门应迅速组织人力、物力、机械设备，清理现场，排除路障，恢复交通。

6.清障值班人员应认真执行交接班制度

交接班为每日上午 8 时，要交清、接明车辆、机械及安全设施等，值班人员应认真做好值班记录并签字确认，同时向接班人员做好情况介绍与未完事务交接，确保工作的连续性。

四、内业管理与技术培训

1.路产赔偿费及清障费专用票据管理制度

（1）清障费专用票据是收取清障费的有效凭证，各单位要明确专人加强管理。

（2）票据统一由公司财务部门核发。

（3）票据使用前，应认真清点，当出现空号、跳号、缺页等错误时，应将整本票据全部停止使用，及时上报。

（4）专用票据发放至清障队，必须由专职人员负责开票收款并写明收费类别，票据报管理处财务科统一保管备查。

（5）收取的清障费应于当天上交管理处财务科，遇有特殊情况，最迟 3 日内交清；管理处财务科按月全额上解公司财务账户。

（6）票据如有丢失，应及时登记声明作废，并报管理处和分公司备案，丢失票据责任人要写出书面检查和经过。

（7）管理处和分公司应定期对清障票据的使用情况进行检查。

2.清障档案

（1）清障档案主要记录清障工作内容、工作量、清障费收取等情况。

（2）应建立清障工作台账，内容包括清障时间、地点、具体内容、工作量、收费标准、收费金额等。

3.人员培训

高速公路各级养护管理部门应对排障、清理人员定期进行培训。主要内容有交通安全与法制教育；各种机械设备的驾驶及各种专业工具的使用；交通控制设施的设置；消防医疗急救；各种危险品的排除等与其业务相关的技术。

第七节　高速公路绿化与管理

高速公路绿化按照"因地制宜，因路制宜，适地适树，绿美结合，注重效益，栽管并重"的原则实施。具体要求是：

1.以生态效益和社会效益为主，兼顾经济效益。

2.生态绿化和功能绿化相结合。

3.绿化和美化相结合。

4.全面绿化和重点绿化相结合。

5.统一规划，分级实施，充分调动各方面的积极性。

一、公路绿化职权划分

绿化工作实行统一管理，分级负责的管理体制。分别由公司、分公司、管理处的养护管理部门负责绿化管理工作。

1.公司的主要职责

（1）贯彻执行国家有关国土绿化、生态环境、水土保持的法律、法规，及上级有关公路绿化的规定和办法，并督促权属单位执行。

（2）制定高速公路绿化的发展规划，并组织权属单位执行。

（3）负责制定高速公路绿化管理细则，并依照办法对权属单位进行管理、监督和检查。

（4）负责对分公司的绿化专项工程计划进行审批，并对计划的执行情况进行监督和检查。控股子公司、参股子公司的绿化工程的设计方案应符合公司总体规划并经公司同意，经费计划自行审批。

（5）组织有关公路绿化的新工艺、新技术、新产品的研究和开发。

（6）依靠科技进步，加强科研创新，推广先进经验，组织绿化管理人员的业务培训。

2. 分公司的主要职责

（1）贯彻执行国家有关绿化的法律、法规和公司的绿化管理细则，并结合分公司的实际情况制定实施细则。

（2）依据公司制定的高速公路绿化规划，制订相应的绿化计划，并组织下属单位执行。

（3）依据公司制定的绿化管理细则，对下属单位的绿化工作进行定期或不定期的监督检查和考核。

（4）加强科研创新，推广先进经验，提高高速公路绿化的质量和水平。

3. 管理处的主要职责

（1）贯彻执行国家和上级有关高速公路绿化的法律、法规和办法，并制定具体措施。

（2）根据公司制定的发展规划，结合分公司的具体要求和本单位的实际情况，加以组织实施。

（3）依据苗木的生长习性和高速公路的具体特点，编制已有苗木的年度养护计划。

（4）建立健全绿化管养生产责任制，提高绿化的成活率和覆盖率，并进行定期或不定期的检查考核。

（5）加强科研创新增强机械化作业能力，探索提高高速公路绿化水平的方法和途径。

二、绿化范围及标准

1. 绿化范围

高速公路用地范围内都为绿化范围。可分为一般绿化区域绿化和难绿化区域绿化。

（1）一般绿化区域为一般的土壤、水源等条件的改善，植物可以正常生长的公路范围内用地，如路侧（土路肩、上、下边坡、路侧空地）、中央分隔带、立交匝道区、构造物及其周围、服务区、管理区、收费站、临时工程（取土坑弃土堆、临时道路等）、苗圃等。

（2）难绿化区域指风沙危害区、盐碱区、土层瘠薄山地、干旱区和特殊地区等。其中特殊地区绿化是指公路用地范围内，不具备植物正常生长的土地条件，但通过改善环境或经特殊处理可以绿化的区域。

2. 指标要求

（1）绿化率：主体工程完工 2 年后，达到保存率和覆盖率指标的里程占公路总里程的百分比。一般绿化区域的绿化率应达到 100%，难绿化区域应达 70%。

（2）成活率：主体工程完工 1 年后，成活的植物数量与原种植数量的百分比。一般绿化区域达 90% 以上为合格，95% 以上为优良；难绿化区域达 70% 以上为合格，80% 以上为优良。

（3）保存率：主体工程完工 2 年后，保存下的正常生长的植物数量与原种植数量的百分比。一般绿化区域达 90% 以上为合格，95% 以上为优良；难绿化区域达 85% 以上为合格，90% 以上为优良。

三、绿化设计

1. 总体设计的指导思想

（1）坚持"统一规划、总量控制、实事求是、因地制宜、注重功能、兼顾效益、分期实施、积累经验、逐步推广"的指导原则。

（2）公路绿化以满足交通功能要求为主，兼顾景观舒适性、生态适应性及经济实用性。

（3）在设计手法上应突出简洁、大方，多采用大色块，避免繁杂。

（4）中央分隔带应以防眩和诱导功能为主，注意减少养护工作量。

（5）路侧绿化带应以水土保持、固坡为主。注意与路侧自然景观相协调，适当考虑与绿色通道的协调，并根据路外景观适当采取景观通透和遮挡等设计手法。

（6）在苗木规格和数量的选择上要满足初栽效果与成景效果，综合考虑种植费与养护费，注意降低工程综合造价。

（7）根据植物的生物学特性，考虑绿化功能、公路结构地区性、种植后的管护等各种条件，决定种植形式和树种。

2. 一般规定

（1）按《公路工程基本建设项目设计文件编制办法》的要求制图，并将交通运输部《公路环境保护设计规划》和《公路绿化规范》等作为设计依据。概算文件包括编制说明、概算汇总表、分项工程概算表等内容，宜以苗木直接费、换土费、种植费、养护费及利税等分项列支。

（2）路侧绿化带的绿化。土路肩宜种植草皮且以乡土草种为主，特殊路段可适当引进外来草种。在土质或以土质为主的边坡上，应以自然恢复或人工种植的草地等地段被植物或灌木绿化。含砂较多的边坡或石质边坡，应主要以攀缘植物或下垂植物绿化。有条件的可结合土木工程，填充客土种植抗逆性强的草皮、花灌木来改善景观。

高填方路段坡脚可种植一些乔灌木，树种选择应注意与绿色通道相协调，低填方路段坡脚可种植花灌木。

（3）中央分隔带的绿化。

栽植以防眩为主的四季常青的乔灌木，兼顾美化效果。

靠近城市进出口、服务区、收费站等地段，应增加花灌木的种植，其他地段并附以地被覆盖，不得裸露；种植形式的变换以10~15km为宜。

设计的苗木规格和种植间距及树冠形状应保证防眩效果和初栽效果；考虑养护工作的安全性，在养护困难的重丘段可采用地表硬化，以防眩板满足防眩要求。

以常绿树种为主，如蜀桧、桧柏、大叶黄杨等，在重点路段可适当栽植花灌木。

（4）互通立交区的绿化。

绿化设计风格：以优化植物配植为主，强调生态绿化；三季有花，四季常青，突出季相效果；立体绿化层次分明，突出层次效果；以丛植为主，注重涵养水源；在创造良好生态群落的前提下，追求景观效果，力求做到生态性与视觉效果上的有机结合。互通立交的绿化应走绿化、美化与经营开发相结合的道路。根据互通立交的实际情况，确定不同的绿化模式。

1）靠近主要城市的出入口，应优化绿化设计方案，营造出体现高速公路与当地人文相结合的绿化美化景点。

2）一些位置偏远，立地条件较好的立交匝道，将绿化、美化与经济林、用材林及苗圃地相结合。尤其是加大苗圃地的建设，选择一些经济增长点高、美化效果好的苗木，利用园林设计手段，合理布局，在绿化美化立交匝道的同时又能生产大量的可供高速公路使用及对外经营的优质苗木，提高经济效益。

3）原取土场、拌和场等不适宜绿化的立交匝道，通过开挖整填，形成鱼池、经济林、畜牧养殖相结合的立体生态经济体系。

4）设计方案应同时考虑解决水源设施。

（5）管理区、服务区、收费站绿化。

1）符合园林绿化要求，符合房屋、道路等建筑整体布局，与周围环境相协调。除采用植物绿化外，还应采用花坛、园路、水池栏架、长凳等构筑园林小品，实现绿化美化功能。

2）管理区、服务区、收费站的绿地面积应达到总面积的30%以上。

3）靠近收费站1~2km内的绿化应适当强化，通过提高绿化美化档次，预示收费站位置。

（6）同样效果、投资相似的条件下，预先考虑生态绿化的防护措施，土木工程防护措施与生态绿化互相协调，为绿化创造有利条件。

3. 现状调查

进行绿化设计前，需做好以下几个方面的调查：

（1）公路工程技术指标和设计资料的收集。

（2）社会环境调查。

（3）绿化工程区域的统计。

（4）电缆、电线、光缆、水管、气管等现场情况的了解。

（5）气候因子的调查了解。

（6）土壤因子的调查了解。

（7）附近水源情况的调查分析。

（8）本地区已有公路绿化苗木种类的调查。

（9）苗源调查。

四、绿化施工

1. 绿化施工组织

在施工前做出详细的施工组织设计，设计内容包括苗木的具体规格、种植时间、进度安排、种植位置、施工工艺等。绿化施工过程中，按以下步骤及标准施工：

（1）施工现场落实：进行绿化施工前，根据施工设计，对施工路段的位置施工的条件、水源条件、土壤条件等进行具体的了解和落实。

（2）苗木调拨：施工前应将所需合格苗木落实，并根据施工日期和进度有计划地调拨苗木，并尽量做到随运随栽，减少苗木存放时间。当天栽不完的苗木应假植。

（3）定点放线：施工前要按图纸要求，用白灰将栽植苗木的位置具体落实到施工路段。

（4）挖坑及换土：苗木到位前应做好整地、挖坑、换土工作。

1）挖坑。按照定点放线所标定的位置及规格施工，不得损坏原有设施。

一般种植穴直径应比裸根苗根根幅放大 1/3；比土球直径放大 30~40cm，穴深比裸根深出 20~30cm，比土球高度深出 20cm 左右。

2）换土。栽植路段的树坑土壤如不适宜苗木生长，必须换土。

（5）移栽苗木的修剪：修剪包括修枝和剪根两个部分，修枝的目的是调整树型、均衡树势，剪根是剪除机械损伤较重的部分。

（6）苗木的栽植：

1）苗木的选用。苗木运到现场后，严格按规格标准进行验收，达不到规格标准有病虫害、有严重机械损伤的苗木不得选用。

2）栽植。按"三埋、两踩、一提苗"的要求进行。栽植深度一般不超过原植深度

3~5cm。

（7）浇水。新植苗木要随植随灌。灌完第一次水之后，视土壤湿度情况灌第二、三遍水。新植苗木应覆盖塑料布、草苫等进行保墒。新植常绿树应常向树冠喷水，以减少蒸发。

（8）支架保护。新植苗木用支架、拉绳固定。中央分隔带内新植防眩苗木须拉绳固定。

2.绿化工程的管理检查与验收

（1）公司委托分公司、管理处作为业主代表对绿化工程实施管理，实行社会监理制的工程由业主代表负责监理人员的聘请及管理工作。

（2）绿化施工的各项工序，要按照施工规定并参考要求进行检查及验收。

（3）验收应有重点地进行抽样检查，要做到随验收随记录。绿化施工养护期满，施工单位自检合格（实行社会监理的，须经监理认可）后，填写《绿化施工竣工报告》。在建设单位主持下，施工和管理单位参加，进行工程验收和接管。

（4）验收时，施工单位应提供以下文件资料：

1）施工设计图竣工图、设计变更等文件图纸。

2）隐蔽工程质量检查记录，实际完成工程量明细表、施工记录、质量评定表和工程决算。

3）上级机关批准的有关文件。

第八节　雨季防汛和冬季防滑

一、防汛物资管理

1.防汛物资管理概述

防汛物资由高速公路公司统一配置、统一调度，各分公司、管理处和路桥工程处负责管理使用、保管维修。

每年汛期，防汛物资不得用于防汛以外的用途。汛期以外的时间，经公司防汛办公室审批，各有关单位可以积极开展防汛物资对外租赁业务，以提高防汛物资利用率；租赁收入应用于防汛物资的补充与更新；出租的防汛物资应于汛期到来15日以前返回防汛物资仓库。

防汛物资的使用与保养，应遵循科学使用、及时保养的原则。具体要求如下：

（1）对防汛物资使用人员定期进行培训，提高操作技能；重要物资的使用应由专人负责。

（2）每年汛期前应组织一次防汛演习，提高操作能力和处理突发险情的能力，及时发现防汛工作中存在的问题和不足。

（3）防汛物资应经常保养，使之处于良好的技术状态。每年汛期前 15 天应对所有防汛物资进行一次彻底的检查维修、保养，做好防汛的准备工作。

2. 防汛物资的仓库保管

（1）仓库保管物资应做到物资保养经常化，材料堆放规格化，仓库料架整洁化，分类挂牌科学化，做到防潮、防腐、防火、防盗。

（2）仓库保管员要明确职责分工，严格执行物资管理制度，对不同类物资分别建账，严格出入库手续，做到账、卡、物相符，账账、账物相符；从材料入库建账到保管，保养、盘点、出账都要有专人负责。

（3）仓库应配备相应的灭火物资按规定放置并定时换药，确保有效。

（4）金属材料的保管要求

1）保管场所应有良好的排水系统，尽可能远离有害气体和粉尘，并不得与酸、碱、盐类物资混合存放。

2）对不同的金属材料采用相适宜的存放方式，同时保持一定的间隔距离，防止接触产生腐蚀。码垛时应注意垫高垛底。

3）库房应保持干燥，空气相对湿度应在临界湿度（60% 左右）以下。

4）露天存放的金属材料应采取上盖下垫，以免遭受雨淋。对保管时间较长的材料，可选择适宜的涂料进行喷涂防腐。

5）经过防腐处理的金属材料在仓储作业中应避免破坏防腐层、防护膜或包装，否则应采取重新清洗防腐、包装等相应措施。

6）保持金属材料和料场清洁，要清除库区杂草污物。

7）注意金属材料及其制品的保管期限。

（5）木材的保管要求

1）存放木材的场地必须平坦干燥，空旷通风，场内铺以砂土或炉渣，要有良好的排水系统和防火消防物资。

2）木材制品板材和贵重木材应存放于料棚或封闭式仓库内。

3）原木和板方材入库时应进行尺码检量和材积计量，根据需要可对木材的缺陷进行材质评定。

4）为了防止木材腐朽、虫害、干裂和翘曲，应该合理堆垛，适当调节掌握温度与湿度并及时喷洒防腐药剂。

5）木材仓库与其他建筑物应有一定的防火间距（12~30m），可根据木材仓库容量与其他建筑物的耐火等级进行合理选择。

（6）装配式钢桥（贝雷片）的存放

1）所有构件应分类按规格堆放，下面用木料或石块垫高以防受潮；堆置高度不宜过高，以防下层构件被压弯变形；桁架应单层竖向堆放。

2）钢构件应保持清洁，定期涂抹油脂，防止锈蚀，发现变形和脱漆应及时矫正和补漆。

3）所有销子、螺栓等零部件应每年开箱检查，加涂黄油防锈。

4）专用架设工具要注意配套保存和维修保养。

二、雨季防汛

1.高速公路公司、分公司、管理处每年雨季成立防汛领导小组，防汛办公室设在各级养护管理部门，组织实施雨季的防汛工作。

2.根据当地的水文气候条件、沿途水库、大型溢洪道的承受能力，季节特点与高速公路状况，分析掌握路段、桥涵的抗灾害能力，及时收集水、雨情况预报资料；并将危险地段登记备案，做必要的预防措施和应急抢修技术方案。

3.汛前对所管辖路段进行一次预防水毁的技术检查，内容应符合下列要求：

（1）集中排水处的边沟、截水沟、盲沟、泄水槽等排水系统有无淤塞，路拱坡度、路肩横坡是否适应，分散排水处路肩上的堆积物是否阻碍排水。

（2）桥梁墩台、涵洞引道、护坡基础有否冲空或损坏。

（3）桥下有无杂草、树枝、石块等杂物堆积淤塞河道。涵洞、通道有无淤塞。

（4）沿河路段的河床冲刷情况及路基受急流冲击处有无淘空或下沉。

（5）陡边坡路段的路基有无松裂、下滑。

4.汛期实行24小时值班制度和汇报制度。

汛期雨天要组织人员对所辖路段进行巡视，检查桥涵、路基及各种构造物。小的毁阻，当场予以排除；发生严重毁坏或路基下沉时，危及行车安全的，应立即在两端设立危险警告标志或指示标志，并及时向上级报告，同时及时组织抢修。

三、冬季防滑

冬季来临前，各级养护管理部门应成立防冻防滑办公室，组织实施当年的防冻、防滑、除雪工作。

冬季除雪，要根据气象资料、沿线条件、降雪量、积雪深度、气温等条件确定除雪计划。高速公路除雪的重点区段是：桥面弯道坡路、匝道、收费广场等。

1.除雪前的准备

（1）在冬季来临之前，必须对除雪机械设备进行全面的维修保养，以便除雪机械充分发挥作用。

（2）储备必要的配件、融雪剂、防滑料。

（3）将路面裂缝、路肩、桥头、桥梁伸缩缝破损处等予以修整。

（4）广泛收集气象资料，做好降雪预报及降雪前期融雪预防。

（5）对冬季除雪人员进行除雪方法、机械操作、交通安全等方面的培训。

2. 路面防冻及防滑措施

（1）使用盐及其他融雪剂，使路面上的结冰点降低。

（2）使用砂等防滑材料或与盐掺和使用，增加摩擦因数。

施撒的时间：主要根据气象条件（降雪、风速、气温）、路面温度监测器、巡视信息等来确定施撒时间。一般可以在下雪时就开始撒布融雪剂（或防滑料），或者估计路面开始出现冻结前1~2小时撒布。

撒布次数：防止路面结冻时，通常撒布一次即可；除雪作业时，撒布次数可以与除雪作业频率一致。

第六章 绿化与环保

第一节 绿化的一般规定

一、绿化的意义及功能

（一）绿化的意义

高速公路绿化是绿化国土保护环境的重要组成部分，是稳固路基、保护路面、美化路容、改善环境、减少噪声、改善行车条件、诱导行车，防风、防沙、防水害的重要措施之一。

（二）绿化的功能

高速公路绿化的功能主要有如下八个方面：

1. 净化空气

绿色植物在光合过程中能够吸收二氧化碳，放出氧气，自动调节空气中二氧化碳和氧气的平衡，使空气保持新鲜。

2. 降低噪声

林木有发散声波的作用，能够把投射到叶片上的噪声分散到各个方向，枝叶表面的绒毛毛孔能像多孔纤维吸音板一样，吸收噪声。

3. 美化路容

绿色环境是人类生存和发展的物质基础。在绿色环境中，会使人精神振奋，思维活跃。而车辆在高速行驶时，信息几乎都是由视觉传入的，因此改变驾驶员的视野环境极为重要。通过五颜六色的花卉及高低不同、形态各异的乔灌木景观，吸引司乘人员的注意力，给司乘人员以美的享受。

4. 保持水土

为了保证高速公路路堑、路堤等边坡的稳定，大部分路堑、路堤边坡可利用植物进行防护。植物的根系纵横交织，能有效地增加边坡机械固着能力，对抗冲刷、抗水土流失、稳固路基非常有效。植物可以截流、阻挡雨水直接冲刷坡面，可以减少地表径流，防止路基变形及坡面坍塌。

5. 行车安全

高速公路的特点是流量大、车速快，夜间对向行驶的车辆由于前灯相互对射的影响，极易造成驾驶员的眩目，对行车安全十分不利。利用中央分隔带植物防眩遮光，即可以保证安全，节约资金，又美化了高速公路。

6. 视线诱导

在隧道、桥梁、服务区等一些特殊部位的出入口，用适宜的绿化造型来提示线形、构筑物变化，可以起到很好的视线诱导作用。因为绿色植物与一般诱导性标志相比，更能引起驾驶员的注意。

7. 隔离栅

高速公路为全封闭的道路，是不允许人或动物在其中自由穿行的，因此在高速公路的两侧种植绿篱等荆棘植物以代替隔离栅或网，能取得良好的隔离效果，且美化了道路两侧。

8. 降低路面温度

有关试验表明：夏季沥青混凝土路面温度达到 40℃~50℃，比草地和林荫处高 1℃-14℃，绿地气温较非绿地一般低 3℃~5℃。通过景观绿化美化，可以改善地温和气温，改善小气候，减轻路面老化，延长使用寿命。

二、绿化的基本内容及原则

（一）基本内容

高速公路征地范围之内的可绿化场地均属于景观绿化设计的范围。绿化范围有中央分隔带、路堤及路堑边坡、隔离栅、互通立交区、隧道口、收费广场周围、服务区周围、站区所周围及沿线所有空地的绿化。绿化工作的基本内容包括乔木灌木、花草的种植（补栽）、抚育管理采伐更新、病虫害防治、绿化基地建设、宣传落实绿化政策规划设计、实施管理等。

（二）基本原则

绿化是高速公路的组成部分，因此绿化必须充分考虑到有关行车要求，交通安全、环境状况、自然条件及道路养护维修等问题，并遵守下列基本原则：

1. 高速公路绿化应坚持"适地适树"和"因地制宜，因路制宜，宜乔则乔，宜灌则灌，宜花草则花草"的原则，进行总体设计。

2. 高速公路绿化设计，要有超前意识和长远打算，要有绿化专项设计。

3 高速公路绿化要有足够的净空和横向净距，不侵占行车道路的净空，保证视线良好，视野开阔，不对用路者产生胁迫感，保证车辆在高速运行下的交通安全。

4.高速公路绿化以生物防护为主，以美化路容、路貌为主，广种植被，不使土壤裸露。

5.绿化效果要体现投资少、见效快、植物寿命长、景观变化多等特点。

6.高速公路绿化要与沿线设施功能紧密配合，通过绿化加强设施功能的发挥。

7.高速公路绿化要方便公路设施的养护维修，应考虑机械化作业的操作空间。

8.绿化要充分考虑动视觉特性的影响，当车速较快时，动视觉特性影响绿化的方式。因此，树木与车行道的横向距离、纵向间距及树形的选择必须科学合理。

第二节　绿化的基本原理

一、景观形成

（一）树木遮蔽的条件

树木用以遮蔽时，其高度与视线高有关。

$\tan\beta = e/D$

$\tan\alpha = (H-e)/D$

则：$h = d \cdot \tan\alpha + D \cdot \tan\beta = [d/D] \cdot (H-e) + e$

式中：

h——遮蔽树木高度；

d——视点与遮蔽树木之间水平距离；

D——视点与被遮蔽物体之间的水平距离（实测）；

H——被遮蔽物的高度；

e——视线高，直立 1.50~1.60m，小车 1.10~1.20m，大客车 2.2m；

α——水平视线上部与被遮蔽物上部连接的仰角（可实测）；

β——水平视线下部与被遮蔽物下部连接的俯角（可实测）。

（二）汽车行驶条件下树木的遮蔽问题

汽车行驶时如只注意前方，能否看到两侧建筑或其他景物主要取决于树形（包括树干高度）、树冠大小及树木的间距。

则：$S = 2r/\sin\alpha = d/\sin\alpha$

式中：

S——树的间距；

d——树冠直径；

r——树冠半径；

α——汽车行驶方向的视角。

树冠半径汽车行驶方向的视角一般人的视野最清晰的地方是偏离中心 1.5° 左右的范围，60° 的平面视野角度也能看清，但超过 60° 的范围清晰程度会减少。因此当 $2α=60°$ 时，$α=30°$，则 $sinα=0.5S=2d$，所以当 *S* 小于或等于 $2d$ 并且树木重复出现时，就可将驾驶员侧方视线遮断。

（三）驾驶员、乘客在侧方透过树木观看景物的条件

当车速提高以后乘客要从树间观看树后景色，树后面景色就会重叠，可以看作融合一体状态。这种发生融合的最小周波数，叫作临界融合频率 CFF。一般定为 50~60 周波图 382 左右，如满足下列三个条件，树后景物则会遮断。

1. 树木的重复应在 CFF 值以下，即 $F=v/S$ 值在 18 周波以下（中心视力 1.5 时）。

2. 行道树的露出时间，应能在察觉树木形状的露出时间以上，即 $t=d/v$ 为 0.03s 以上。为看清相邻的每一棵树，则树间的休止时间也应大于等于某一数值，即 $T=W/V$ 为 0.2s。

上述公式中：

D——并列树的树冠宽度；

S——并列树的间隔；

W——并列树中间的宽度；

F——并列树的重复频率；

T——列树的休止时间；

T——并列树的露出时间；

U——并列树的相对速度（v≈V）。

（四）绿化距外侧车道的最小距离

行车过程中两侧树木向后回转角度大于 72° /s 时，视网膜上景物模糊不清，同时眩目，因此树木外廓距外侧车行道驾驶员位置的最小距离不得小于表 6-1，距外侧路面边缘的最小距离为表 6-2。

表 6-1　树木外廓距驾驶员的最小距离

车速（km/h）	20	40	60	80	100	120
距离 D_t（m）	1.71	3.39	5.09	6.79	8.50	10.83

表 6-2　树木外廓距外侧路面边缘的最小距离

车速（km/h）	20	40	60	80	100	120
距离 D_t（m）	1.21	2.89	4.59	6.29	8.00	10.33

注：此距离考虑到车辆外侧乘客的视觉要求。

目前绿化对现代交通条件下的视觉特性注意不够，绿化原理中的一些定量分析均根据不同车速对视觉的影响来确定合理的绿化间距，操作中应予以重视，以使绿化能够科学合理。

二、环境保护

在高速公路营造绿色植物，对维护生态平衡，改善自然环境保护路基、路堑边坡有很好的作用。

1.绿色植物能够吸收散射投射到枝叶上的声波、减弱声能，降低车辆发出的噪声。据测定，绿化的道路比未绿化的道路噪声可降低 8~10dB。

2.绿色植物茂密的茎叶能够分散地表径流，减少土壤冲刷；盘结的根系可固结土壤，防止水土流失。

3.绿色植物能够吸收太阳辐射热，起到遮阴降温的作用。高 2m、宽 1.5m 的植物篱，在近地面范围内夏季可降温 2~3℃。

4.绿色植物能够涵养水源、提高空气湿度。据研究，每亩林地比无林地可多蓄水 $20m^3$，并在树篱高 20 倍范围左右提高空气绝对湿度 11.2%。

5.绿色植物能够过滤和吸收汽车排放的二氧化碳、二氧化硫、氟化物、氯化物等废气，一亩林地通过光合作用，每天可吸收二氧化碳 66.7kg，同时可产生新鲜氧气 48.7kg。

6.绿色植物茂密的树冠和大量的叶面能够吸收滞留粉尘，净化空气，1 公顷的树林每年可吸收粉尘 30 多吨，有的绿色植物还可杀菌灭毒。

总之，绿色植物是生态环境的制造者和保护神，只有通过绿色植物的生命活动，才能从根本上改善环境，维护生态平衡。

第三节 绿化与管护

一、绿化验收标准

（一）指标

绿化验收指标，主要有成活率、保存率。

成活率：是指栽植后发芽长叶至少在一个生长季节以上的成活株数（延 m、m^2、丛）占总植株数（延 m、m^2、丛）的百分数；

保存率：是指栽植后成活两年以上的植株（延 m、m^2、丛）占总植株数（延 m、m^2、丛）

的百分数。

（二）标准

根据道路所处的地域、地区不同，应分别符合表6-3的要求。

表6-3　不同地域、地区要求

项目		平原、微丘区	山岭区	寒冷草原及沙碱干旱区
成活率	优良	95%	90%	80%
	合格	90%	85%	75%
保存率	优良	90%	85%	80%
	合格	85%	80%	75%

二、选择花草、树种的原则

1. 山区

应发展具有防护效能的绿化工程，如防护林带、灌木、草皮护坡等，以蓄含水分，滞缓地表径流，减轻水土流失、防冲刷、防塌固坡。

2. 平原区

应配合农田水利建设和绿化通道总体规划的要求，栽植单行或多行防护林带，以减轻风雪、雨水、沙等公路的病害；在桥梁、分隔带、互通立交、路基上下边坡和服务区等地，应配合观赏性矮木、灌木、花卉或多年生宿根植物以美化路容、路貌。

3. 草原区

应在路线两侧栽植防风沙防雪为主的防护林带，以防止风沙、雪水侵蚀危害公路。

4. 风沙区

应栽植耐干旱、根系发达、固沙能力强的植物品种，以营造公路防风固沙林带为主。

5. 盐碱区

应选择抗盐碱、耐水湿的乔木、灌木品种，培栽成多行数的绿化带，以降低地下水位，改善土壤结构。

三、栽植

栽植方式应根据各个树种的不同生长特性栽植的不同部位和作用而定。

（一）栽植的总体要求

1. 中央分隔带栽植

中央分隔带栽植，以隔断对向行驶车辆的眩光为主要目的。栽植方式可选用以下几种：

（1）篱状栽植：把小乔木和灌木栽植成高 1.2~1.5m，宽 1~1.5m 的植物篱。其优点是绿化效果好，防眩作用突出。但栽植工作量大，投资高，后期养护费工费时，修剪工作量大，抗病虫害能力减弱。

（2）单株栽植：用高 1.2~1.5m，冠径 60cm 以上的植株，以 1~1.5m 的株距单行栽植。在半径小的凹形竖曲线部分，应栽植 1.5~2.5m 高的中型灌木。

（3）间隔栽植：按 3 株 / 处（横向）或（纵向）成篱状分段栽植。横向栽植间隔 6m，横向篱长 1.2m；纵向篱间隔离 2m，篱宽 0.6m，长 3m。为了加强美化功能，使沿线景观富于变化消除视觉疲劳，方便养护管理，以上每种栽植方式和树种选用，以连续栽植最长不应超过 10km。栽植篱以外的地表面，全部用草皮或多年生矮型小花草覆盖，防止土壤裸露，影响道路环境。

2. 边坡种草及栽植灌木

（1）边坡种草及栽植灌木是防止土壤侵蚀稳固边坡，保证路基稳定为主要目的。

边坡草种应选择出苗快、覆盖迅速地先锋草种与出苗慢、覆盖迟缓、生长竞争力强、防护期长的草种相结合，混合播种。

（2）对长而陡的边坡，为加强防护效果，可用种草与栽植灌木相结合的方法进行防护。在高边坡的上部播种草种，下部栽植 3~5 行根系发达、分枝性好、繁殖力强的灌木。也可采用播草和栽植灌木相结合的方式进行护坡。

3. 路堤、路堑坡脚树木栽植

（1）高速公路由于挖、填方路段较多，且填挖高度较大，为了显示出良好的绿化效果，应对不同路堤高度选栽不同长势的树种，单行栽植株距均为 6~8m；个别坡脚外空间较宽地段可植 3~5 行；有些特殊地段，如严格防噪声路段，遮蔽不良构造物路段，低填方或平地未设护栏路段（应设置缓冲栽植），需要选用中、低常绿树种，增加栽植行数，加大栽植密度。

（2）在路堑下方，按照 1m 株距，单行间隔栽植爬山虎和常绿花灌木为宜。

4. 封闭绿篱栽植

封闭绿篱的主要作用是封闭、隔离道路，防止人畜入路，维护交通安全。封闭篱的栽植范围包括主要道路、收费站出入口、服务区、天桥引道及住宅区等。树种选用可根据不同栽植位置而定。主线道、天桥引道多用封闭效果好、生命力旺盛、萌芽力强、多刺的常绿树种；收费站出入口、服务区可选用花木类，如木槿、蔷薇、月季等。

封闭篱为带状栽植，将定植带开成宽 50cm，深 30cm 的定植沟，苗木栽植成双行品字形，单行株距 40cm，每米栽植 5 株，定植沟外缘距封闭网 50cm。

5. 立交区、隧道口绿化设计

除树种选择要适应当地条件外，还要考虑与周围环境景观相协调。立交区设计应体现出在广阔的田野里独有一景的感觉，在不影响行车视线的前提下，结合雄壮的立交桥和弯曲的路线构图，构绘出树体突出、图案明快、浑然一体的绿色景观。隧道口设计应以山体为依托，融合于山林中，同时要注意隧道的光线变化。

6. 收费站出入口、服务区、生活区的绿化

这些区域的绿化应结合建筑物特点进行小区绿化。

（二）苗木的起运要求

1. 起苗

起苗时应选择生长苗壮，无病虫害，树型端正，根系发达的树苗。

2. 起苗操作方法

（1）凡从绿地掘苗，应进行号苗，号苗用颜色在所选树上做出明显标记。

（2）掘苗处土壤过于干燥，应在掘苗前三天浇水一次，待水渗下后再掘苗。

（3）掘露根苗，铁锹要锋利，需按规定根系掘苗，挖够深度后，再进行内掏底，将根铲断，放倒树木打掉土坨。掘苗时如遇较粗树根应用锯锯断。

（4）露根苗掘下后，应立即运走，如不能运走，可在原土坑，埋土假植，并将根埋严；如假植时间过长，应设法适量浇水，保持土壤湿度。

（5）在掘常绿树或灌木前，应用草绳将树冠围拢，但不要过紧，以不伤枝条为宜。掘的根系和土球应保证规定的尺寸。掘前以树干为中心画一圆圈标明根系和与土坨的大小，一般应较规定的尺寸稍大，掘时从圈外挖掘，据土的形状应为红星苹果形。

（6）掘土球应先铲去表面浮土，去浮土以不伤树根为准。掘时应在所画圈外挖沟，沟宽以便于操作为准。掘的沟要上下一样宽，随挖随修土球。应注意挖时脚不要踩土球，以免将土球踩坏。挖至深度后在向中心掏底，50cm 以上的土坨底部应留一部分不挖以支撑土球，按形状挖好土球后，在土球兜草绳处挖一小槽以利打包。

（7）打包。土球规格在 40cm 以下，土质坚硬的可在坑外打包。先将蒲包放好，捧出土球放入包内，但注意搬动土球时不要只是搬树干，应将土球一起捧出。土球放入包内将包包严再按规定将草绳捆紧。土球虽在 40cm 以下，但土质松软沙性大、易散坨的和 50cm 以上的土球，均应在坑内打包。所用蒲包草绳应在使用前一天浸水以增加拉力，使草包打严，草绳勒紧。50cm 以上土球，如土质松软的土球，应修好土球后先围腰绳，腰绳宽度根据土质而定，围好腰绳再用薄包包严，用草绳将蒲包固定，进行打包。打包应二人配合操作，随绕草绳随用砖头或木槌顺着草绳前进的方向一人锤打一人绕绳，捆绕草绳一定要注意：底部草绳要兜好，顺序码齐。将包打好后留绳头绕在树干的根基处。打好包后再围上腰绳，腰绳宽度应根据土球大小而定，一般为6~10 道，绕腰绳要从上往下绕位置适中，围完腰绳再上下用力绳斜穿好固定腰绳不使滑脱，最后进行封底。封底前在顺树倒的方向坑底处先挖一小沟并将封底用草绳紧紧

拴在腰绳上。然后将树推倒，用蒲包将底封严，用草绳错开勒紧，捆成双十字形或五角形。

3.装车、运苗、卸车、假植

装、运、卸假值树木时，均要保证树木根系、土球完好，不得折断树木主尖枝条，不要擦伤树皮，卸车后不能立刻栽种的苗木，应埋土假植保护好根系。运苗装车前，押运人员按所需树种、规格、质量数量认真检查核实后再装车。苗木装运中的注意事项如下：

（1）运露根苗木时，应根向前，稍向后，顺序码放整齐，在后车厢处应垫草包或蒲包以免磨伤树干，注意树梢不要拖地，装好后应用绳将树干捆牢。捆绳时亦垫薄包不使勒伤树皮。

（2）运装灌木。也可直立装车，凡运距较远的露根苗木，应用苫布或湿草袋盖好根部，以免风吹影响成活。

（3）带土球苗木，高度在 2m 以下应斜放，装时土球向前，树干朝后，土球应放稳、垫牢、挤严，土球码放层次不要过高。40cm 以下土球最多不超过三层，40cm 以上土球要求不要超过两层，并注意不要损坏树枝。押运人员应在车槽内，不要站在土球上。行车时，驾驶员遇坑洼处，行车要缓，以免颠破土球影响成活。

（4）苗木运到工地后，按指定位置卸苗。卸露根苗时要从上往下顺序卸车，不得从下乱抽卸时应轻拿轻放，不许整车往下推，以免砸断根系和树枝。卸土球苗时，40cm 以下可直接搬下，但要树干和土球一起搬。50m 以上的土球苗可打开车厢板放上木板，从板上滑下，车上人拉住树干，车下人推住土球缓慢卸下。如土坨较大超过 80m 卸时应在土球下先兜上绳子，一头捆在车槽上，另一头由 2~3 人拉住，使土球轻轻下滑。卸时注意不要折断树枝和土球歪斜，卸下后将树立直放稳。

（5）卸车后不能立即栽植时，露根树应临时将根部埋土或用苫布、草袋盖严，也可事先挖好宽 15~2m，深 40m 的假植沟，将苗码放整齐一层苗一层土将根部盖严。如假植时间长超过 7 天以上时，则应适量浇水保持土壤湿润。带土球苗临时假植应尽量集中将树直立土球垫稳，假植时间较长，则应在土球和树叶上经常喷水，以增加空气中湿度和保持土球土壤湿润，但水量不宜过大，以免将土球泡软再搬运时土球变形影响成活。

（三）苗木栽植、刨坑的操作方法

1.刨坑要找准位置，以所定位置为中心按规定坑径画一圆圈作为刨坑的范围。

2.挖坑时要把表土与底土分别置放，如土质有好有坏，亦应分开堆放。堆放位置以不影响栽植为宜。刨坑到深度后，在坑底垫底上。

3.挖坑的坑壁要随挖随修，使其直上直下，不成锅底形。

4. 刨坑时如发现地下管道、电缆等地下设施，应停止操作，并立即向项目经理报告。

5. 在斜坡处挖坑，应先做成一平台，平台应以坑径最低规格为依据，然后在平台上再挖。

（四）苗木栽植的操作方法

1. 修剪工作。对高大乔木应在散苗前后进行，即在栽植前进行；高度 3m 以下无明显主尖的乔木和灌木，为了保证栽后高矮一致整齐美观，可在栽植后修剪；疏剪的剪口应与树干平齐不留枯橛以免影响愈合；短截时注意留外芽，剪口距芽位置要合适，一般离芽 1cm 左右，剪口应稍斜成马蹄形；修剪 2cm 以上的大枝剪口，应涂防腐剂，可促进愈合和防止病虫雨水侵害。

2. 散苗。散露根苗，应掌握随掘随运、随散苗随栽植，尽量缩短根部暴露时间，已利成散苗时要轻拿轻放，散带土球树木，要注意保护土球完整。搬运土球时不得只搬树干，尽量少滚动土球。散 50cm 以下土球可放在坑边，散 50m 以上土球应尽量一次放入坑内，但深浅要合适。

3. 栽植前对露根苗的根系要进行修剪。将断根、劈裂根、感染病虫害根、过长的根剪去，剪口要平滑，带土球苗和灌木应将围拢树冠的草绳剪断，以便选择树形好的一面。

4. 栽植前检查坑的大小，深度是否与根系、土球规格标准要求的坑径一致，不符合时应修整，如需填土应填好后落实。

5. 栽树时不得歪斜，要保持树木上下垂直，有树弯时应掌握树尖与根部在一垂直线上即可，如为自然树、孤立树，应注意面朝主要方向，并尽量朝迎风的方向。

6. 栽植露根树木应根系舒展，不使其窝根。立直树后填入表土或好土，再将树干轻提几下使土与根系密接，并应随填土随用脚踏实，踏实时注意不要踩树根以免将根踩坏，栽植深度应符合规定。

7. 栽行道、行列树必须横平竖直，栽植方法可每隔 10 株或 20 株按规定位置准确地栽上一株标兵树作为依据，然后再分别栽植。

8. 栽植带土球树木，要尽量提草绳入坑摆好位置和高度后，用土铲放稳，再剪断腰绳和草栽绿篱时如土球完整，土质坚硬应在坑外将包打开，提干捧坨入坑，坑内拆包应尽量将包装物取出，如有困难应剪断草绳，剪开草包，尽量取出所余部分，然后填土踏实，踏实时不要砸坏土坨。

9. 栽植较大规格的常绿树和高大乔木时，应在栽植时埋上支柱，支柱应埋深在 30cm 以下，柱要捆牢，注意不要使支柱与树干直接接触，以免磨伤树皮。立支柱方向应在下风口。

10. 灌水、封堰栽植后 48 小时之内必须及时浇上第一遍水。第二遍水要连续进行，第三遍水在第二遍水之后的 5~10 天内进行，秋季植树如开工较晚可少浇一遍水，但灌水量要足。

春雨季植树浇完第三遍水，待水渗下后，应及时进行中耕扶直或封堰；秋冬季栽植浇完最后一遍水应及时封堰，并由树干周围堆成 30m 高的土堆，以保持土壤中的水分和防止风吹树干造成空隙影响成活。中耕封堰时应将土填实将树木扶直。浇水量应参考以上具体规定和根据树木品种、天气情况、土壤含水量而定，浇水时不要使水直冲出树根。如自然林可采取畦灌，畦灌则要求地要平整。第一遍水应注意检查有无跑水、漏水现象和塌陷下沉情况，如发现应填土堵漏补浇，还应特别注意将树木扶直。封堰时要用细土，如土壤中有砖石、树根，应捡出，以免造成下次开堰的困难，应使封堰稍高于原地面。

四、管护

高速公路绿化养护管理，是日常养护管理工作中的一项重要内容。高速公路绿化栽植工程竣工以后，其效果的好坏主要取决于后期的管理是否适时细致、得当。也就是人们常说的"三分栽七分管"。

高速公路绿化养护管理，包括两个方面的内容：一是根据树木生产需要和公路交通的特殊要求，及时采取浇水、施肥、整形修剪、防治病虫害等技术措施，使绿化物保持良好的生长状态。二是对绿化植物进行看管、维护、清除杂物，防止机械和其他原因所造成的损伤，适时进行补缺。

（一）树木的肥、水管理

1.浇水

高速公路由于自然条件限制，树木的生长不能靠天然降水，特别是年均降水量较少的地区，加之道路上的特殊小气候和富含杂质的土壤，根本满足不了树木生长的需要，必须借助人工浇水。但有些地方由于降水充沛或低洼积水，水分过多也会使树木生长发育不良，长期被水浸泡的植株还会造成全株死亡，因此对长期积水的低洼部位，人工排水也很重要。

（1）浇水时期

对绿化物浇水必须抓好两个时期：

1）休眠期浇水

休眠期浇水是在初冬和早春进行，如西北黄土高原地区，降雨量少，冬春季寒冷干旱，休眠期浇水是一个十分重要的环节。在秋末和冬初的灌水（11月上、中旬）称为浇"冻水"或"封冰"水，冬季土壤中水分结冰，放出潜热可提高树木的越冬能力，并可防止早春干旱，特别是对那些刚植树或幼树更为重要。早春（2月中、下旬至3

月上旬）树木上部因气温慢慢回升，树液开始活动，而地下根部土温仍然很低，根系还处于封冻休眠状态，往往出现生理干旱，引起"抽条"。为防止这种现象，在土壤即将解冻，树木发芽前的早春，浇一次"解冻水"或"返青水"，以利于新梢和叶片的健壮成长。

2）生长期浇水

生长期浇水是在树木生命活动最旺盛的时期进行 4~6 月是干旱季节，雨水较少，也是树木发育的旺盛时期，需水量较大，在这个时期一般都需要浇水，浇水的次数应根据树种、位置和气候条件决定。如定植 2~3 年的行道树和绿篱浇水 1~2 次；中央分隔带绿化浇水 2~3 次。这种方式主要针对北方干旱少雨区，对于南方多雨潮湿区，则可以适量减少浇水次数。

7~8 月为雨季降水较多，空气湿度大，一般不需要浇水，但遇大旱之年，此期也应浇水。9~10 月树木生长逐渐停止，应采取措施使枝梢组织生长充实并充分木质化，增强其抗性准备越冬。因此一般情况下，这个时期不应再浇水，以免引起徒长。如果过于干旱，也可适量浇水，特别是对新栽的树木和名贵树种及重点景区的树木，以免因为过于缺水而萎蔫。

高速公路中央分隔带，由于地下土壤密实度高，毛细管供水困难，可供树木生长的土层厚度仅有 40cm，且富含杂质，有效的土壤水分容量较小，如果没有人工浇水，则土壤干燥，不利于植物生长，甚至死亡。因此，中央分隔带必须勤浇水，全年浇水应在 4 次以上。行道树和封闭绿篱因与农田相接，可酌情减少。

（2）浇水量

浇水量受不同的树种、土质、气候条件、植株所处的位置定植年份、生长状况等因素的影响，而有所不同。每次浇水都要浇足，切忌浇表皮水和半截水，即表土或较浅土浇湿而底土仍然干燥。适宜的浇水量以达到土壤田间持水量的 60%~80% 为标准。田间持水量，为自然条件下土壤孔隙充满水分，在重力水排除后，土壤所能实际保持最大的含水量。

（3）浇水的方式

1）人工浇水：方法是对单株分植树木，在树木周围作 15~25cm 高的堰，大小视树龄而定，一般直径为 80cm，每株堰内水必须灌满；在绿篱两边作 15~20m 的土埂，浇水应使水面与埂顶相齐。

2）喷灌：是一种经济有效的浇水方式。工作效率高，灌溉及时、均匀、省水省工，它不仅能灌溉湿润土壤，而且能使近地层空气湿度增大，改善绿化区小气候条件，有利于树木生长。

3）滴灌：是以水滴或小水流缓慢供应树木根系的灌水方法，是机械化和自动化相结合的先进灌溉技术，省水、方便是目前比较先进的浇水方法。在高速公路上如果条件许可，均可使用此法浇水。

（4）浇水时应注意的问题

1）浇水的时间应把握好，不能等旱象已十分严重才去浇水，这样就很晚了。因为高速公路路线长，沿路植物很多，如果采用水车浇水的方式，在很短的时间内难以完成任务，而使旱情加重。因此，要提早动手，要有预防为主的思想。

2）一次浇水必须浇足，避免浇半截水和洒湿地皮。

3）浇水要沿路线，根据需水程度的多少依次进行，避免漏浇。

4）浇一次水后，尽可能地进行一次松土。这样既可清除杂草，又能保持土壤水分和改善土壤通气状况，以促进根系发育。

2. 施肥

树木在生长发育过程中需要从土壤中吸取大量的养分，但公路绿地自然条件差，能够供给其所需的天然养分是极其有限的。对于多年生植物长期生长在同一地点，会造成某种元素的缺乏，影响树木生长发育，这就需要进行人工补充施肥。高速公路在建成初期，由于施工的原因所致，中央绿化带、边坡均为生土，公路用地范围内的其他地表熟土也已被破坏，不利于树木花草的生长发育，因此，对新栽树的施肥管理尤为重要肥料按其化学成分可为三类:无机肥料、有机肥料和微生物肥料无机肥料（化学肥料）养分含量高，成分单纯，不含有机质肥效快而短即通常使用的"化肥"，如碳酸铵尿素等。

有机肥料（农家肥料）含大量的有机质，养分全面肥效期长，能改善土壤的理化性质，克服砂土过砂，黏土过粘的缺点，能促进土壤微生物活动。这类肥料如饼肥、人粪尿、厩肥、绿肥等。

微生物肥料如根瘤菌、固氮菌、抗生菌等高速公路由于树木数量多战线长肥料用量大要施用大量的有机土肥做基肥，一是肥料来源不充足，二是耗费人力、财力较多，三是影响环境卫生，施肥的重点应在中央分隔带。在定植的前3年内，每年至少施肥一次，4年后隔年施肥，生长3~4年的行道树和成型的封闭绿篱隔年或数年施一次肥，这要根据树木的生长状况而定。

施肥分为基肥和追肥基肥施用时期要早，追肥要巧基肥施用时期最好在深秋和初冬进行，如果条件不允许春施也可。秋施基肥树木的地上生长已经停止，但根系生长正值高峰期，这时伤根容易愈合，并可发生新根；同时秋施基肥，可增加土壤孔隙度，使土壤疏松，有利于土壤积雪保墒，防止冬春土壤干旱；还有秋施基肥可提高地温，减少根部冻害；另外秋施基肥使有机质分解时间较充分，来春能及时供给树木生长所需的养分，促进树木生长。但春施基肥，因有机物没有充分分解，肥效发挥较慢，早春不能及时供给根系吸收，到生长期肥效发挥作用，往往会造成新梢二次生长，对树木生长发育不利，特别是对一些观花观果树木的花芽分化及果实发育不利。

追肥的施用是在植物的生长期进行。当未施用有机肥料或有机肥效不足时，在植物的生长期内适时、适量的施入化肥，以迅速增加植物的生长量。追肥的时间一般在4~6月底前进行，不宜再晚，以免秋季新梢不能及时停止生长而影响植物越冬。

（2）施肥量

施肥量依不同树种、土壤肥力、肥料种类等不同而有所差异。施肥量过多过少，均对树木的生长发育有不良影响。树木的吸肥量在一定范围内随施肥量的增加而增加；超过一定的范围，随施肥量增加而吸肥量下降，甚至死亡。因此，施肥不但要适时而且要适量。

（3）施肥方法

施肥效果与施肥方法有着密切的关系，基肥施用要与树木的根系分布特点相适应。把肥料施在根系集中分布层稍深、稍远的地方，以利于根系向纵深扩展，形成强大的根系，扩大吸收面积，提高吸收能力。

施用基肥的深度和范围与树种、树龄、土壤状况和肥料种类有关。施肥方法有环状施肥，放射沟施肥，条沟施肥，穴施、撒施、水施等。我们常用的有环状施肥和条沟施肥两种。

1）环状施肥是在单株树下进行的，即在与树冠外围垂直的地面上挖一环状沟，沟深10~15m，宽20~30cm，将肥料均匀地撒施在沟内，施肥后埋平踏实，并浇水。

2）条沟施肥是在绿篱下进行的，即在绿篱带下沿篱冠边缘开宽20~30cm，深10~15cm的沟，将肥料均匀施入并覆土埋平，然后浇水。

（4）施肥的注意事项

1）抓住施肥的最好时间进行施肥。基肥在10~11月进行；追肥在4~6月进行。

2）施肥量要适当，过多会产生毒害，造成树木死亡。

3）施肥后要尽量浇水，使肥效得以充分发挥和防止产生肥害。

正确施肥，不但可以加速树木的生长，还可增强树木的抗性，恢复旺盛的长势，不同土壤、不同习性、不同生长和发育阶段的树木，对肥料的种类和数量都有不同的要求，要根据树木长势的需求施以所需要的肥料，保证树木长势茂盛。

（二）树木的整形与修剪

整形修剪是树木修剪养护管理中不可缺少的一项技术措施。通过整形修剪，可以美化树形、协调树体比例、调整树势、改善树体通风透光条件、增强树体抗性。树木的整形修剪是一项技术性较强的管理措施，需要经过专门培训的技术员来操作，不可随意进行。

1.整形修剪的时期

树木整形修剪分为休眠期（冬季）修剪和生长期（夏季）修剪两个时期。

1）休眠期修剪为冬季树木落叶休眠后至次年春季树液开始流动前施行（当年 11 月至次年 2 月），对于抗寒力强的树种可在冬季进行；对于抗寒性差的树种最好在早春进行，以免伤口受寒风侵袭，影响树木的正常生长。

2）生长期修剪为树木开始萌芽至新梢停止生长前施行（3 月至 10 月）。修剪时期不能过迟，否则易促发新枝消耗树体养分又不利于树木越冬。

2. 整形修剪的方法

1）中央分隔带的整形修剪

栽植在中央分隔带的树木、绿篱、花草，要求整齐、美观、枝叶茂密。因此，必须进行细致的修剪工作。对绿篱的顶侧部每年都要进行多次修剪，修剪时可在 4、7、9、11 月份进行，每年至少保证修剪 2 次。绿篱如果不加强修剪很易发生下部干枯、空裸的现象，并在修剪时，其侧断面最好剪留呈梯形，以保证下部枝叶接受充足的阳光使其生长茂盛，避免裸秃。对独立树木，可根据树木的生长状况，每年进行 1~2 次，保证树体丰满高度适且一致。

2）行道树的整形修剪

乔木类，一般树冠采用自然式树形，主干高度可根据路堤的高度而定。对于路堤填土高度在 1.0~3.0m 的路段，其主干高度为 1.0~1.5m；路堤填土高度在 3.0m 的路段，其主干高度为 1.5~2m。常绿松、柏类除需对枯枝和病虫枝剪除外，一般不需修剪。花木类可根据各种类不同采用不同的整形修剪方式。

3）封闭绿篱的修剪

隔离栅内栽植的封闭绿篱、花篱，是以生长茂盛，枝叶繁密，能够阻止人、畜进入公路为主要目的。在定植后的三四年内，根据不同树种和年生长量每年留一定的高度进行平剪。如陕西省高速公路上的黄刺玫篱，第一年留 0.20m 剪平；第二年留 0.50m 剪平；第三年留 1.0m 剪平；第四年留 1.5m 剪平，这样通过逐年修剪既增强了树干的硬度，又增加了枝叶的密度，使防护性能更好。成形后的绿篱，修剪时剔除其死枝叶，适当控制其高度和宽度即可。

4）立交区、收费站、服务区等景观点花灌木的整形修剪

高速公路景观点绿化，应丰富多彩、美观大方、造型各异，所以绿化物的整形修剪要与环境中的建筑物、园林小品、地形地貌等相结合，才能使绿化效果更显风姿。

3. 整形修剪应注意的事项

1）剪下的残枝废叶一定要清除出路严禁在路内销毁和置留在绿化物下，以免影响绿化物的正常生长。

2）树木的整形修剪要根据树木种类、生长状况、栽植目的、环境条件等不同而采用不同的方式，操作时要灵活掌握，做到因树修剪，协调造型。

3）整形修剪必须聘用有技术的工人进行操作。

（三）病虫害及冻害的防治

树木的生长发育过程中，可能会遭到各种自然灾害和有害生物的侵袭，使植株的枝梢干枯、器官变形、叶片缺损、生长发育受阻。其中病虫危害尤为严重。树木病害是由病源菌侵染植物体引起的，其主要病菌有真菌细菌、病毒类菌质体、线虫、螨类等；虫害是由各种昆虫吸食树木叶片、花器枝干根系等营养器官造成的树木受害现象。

1.病虫害防治的原则是使树木能够正常地生长发育，必须对树木病虫害进行预防和治疗，贯彻"预防为主，综合防治"的基本原则。

预防为主，就是根据病虫害发生规律，抓住薄弱环节和防治的关键时期，采取经济有效、切实可行的方法，将病虫害在大发生或危害之前，予以有效控制，使其不能发生或蔓延，以保护树木免受或少受损失。

综合防治，就是从生产的全局和生态平衡的总体观念出发，充分利用自然界抑制病虫害可能发生的各种因素，创造不利于病虫害发生和危害的条件，有机地采取各种必要的防治措施：一是加强苗木检疫防止危险性病虫害的引入；二是选择抗病虫害的树木种类和加强树木养护，提高其抗病虫害能力；三是直接消灭病原物和害虫。

直接消灭病原物和害虫要做到"治早、治小、治了"。使用农药要"巧、准、狠"，"巧"就是把农药用在关键时刻；"准"就是掌握病虫发生发展的规律，打中要害；"狠"就是集中药量、集中时间、集中人力，一举歼灭。

2.病虫害种类和防治方法

（1）病害种类有：白粉病、锈病、炭疽病等。

白粉病是多种植物普遍发生的一种病害。发病初期出现白色小点，以后变成白色粉斑，叶面如覆盖一层白粉，后变为灰色。防治方法，加强树体通风透光；发病初期喷洒托布津、多菌灵等杀菌剂。

锈病危害圆柏、龙柏、翠柏、梨、海棠等。被害叶片、嫩梢和小枝，初出现黄色小斑点，微肿，后叶、枝病部表皮开裂呈咖啡色。在翌年春天冬孢子角吸水后膨胀胶化，呈黄色似花朵状胶状物。病菌在植物上寄生通过连年反复发生危害，可造成枝条大量枯死，严重影响植株的生长发育。

炭疽病危害多种植物的叶、花、果、鳞片和嫩枝。被害的叶片、果实，初期出现圆形、半圆形或不规则的褐色小斑，后期病斑中部变为灰白色，其上生许多小黑点，严重时叶片枯黑脱落，危害枝条，则产生圆形或近圆形的病斑，略下陷病斑呈褐色或黑褐色，其上长出黑色小点，严重时枝条枯死。防治上，与白粉病相同。

（2）害虫种类有：柏毒蛾、蚜虫、柏小爪螨等。

柏毒蛾主要危害圆柏、侧柏、千头柏、沙地柏。幼虫食害叶的尖端，以越冬幼虫危害新发的嫩叶最为严重，被害针叶仅留基部，随后逐渐枯萎。大虫害发生时，一株树上可有上千头虫，造成很大的损失。防治上，可在幼虫发生期，即 4 月中、下旬连喷两次杀虫剂。杀虫剂为敌百虫、敌敌畏、灭扫利等。

蚜虫危害多种植物。成、幼虫刺吸树木新梢、嫩叶上的汁液，使叶色失绿、变小、枝梢生长缓慢。防治上，可春、秋两季蚜虫发生期，及时喷氧化乐果乳油、溴氰菊酯乳油等。

柏小爪螨主要危害花柏、侧柏、桧柏、刺柏细叶云杉等。一年发生多代，成、幼螨吸食叶内汁液受害后，鳞叶间有丝网，严重时，树冠发黄，从而影响树木的生长发育。防治上，在螨发生较多时，每隔 7~10 天连续喷药 2~3 次，即可有效地控制危害。防治药剂为三氯杀螨醇乳油、三氯杀螨砜、石硫合剂、敌敌畏等。

3. 喷洒农药时应注意的事项

（1）必须抓住防治病虫害的有利时机连续喷洒农药 2~3 次，把病虫消灭在初发状态。

（2）喷药时间为晴朗、无风的早晨或下午，避免阴雨天和晴天中午进行。

（3）要对症下药，不要盲目用药。

（4）喷洒农药的浓度要符合要求，否则过浓会对植物产生药害；过稀起不到应有的防治效果。

（5）注意操作人员工作安全，以免药物中毒。

4. 冻害的防治

冻害主要指树木因受低温的伤害而使细胞和组织受伤，甚至死亡的现象。防冻措施如下：

（1）贯彻适地适树的原则，选择抗寒力强的树种。

（2）加强栽培管理，确保树体健壮；避免秋季施用大水、大肥及截枝修剪，提高其抗寒能力。

（3）加强树体保护，减少冻害发生，如浇"冻水"和灌"春水"防寒；树干包草和涂白；地面培土等。

（四）草坪的养护

高速公路上的草坪养护，包括中央分隔带草坪、各景点（服务区、立交区、收费站）草坪及边坡草坪三部分。草坪从建植起，为了保证其绿化效果，要经常进行养护。否则，不管质量多高的草坪，多合理的选择，最终也会因管理不当使草坪过早退化。因此，坪地准备是基础，草种选配是关键，养护管理是保证。草坪的主要养护管理包括：刈草、施肥、浇水、除杂草、病虫害防治等。

1. 刈草

刈草是草坪养护不同于树木、花卉养护的一个特有措施。刈草有利于刺激草坪草的旺盛生长，提高草坪的致密性和草坪的覆盖度。所以，刈草不仅是草坪利用上的需要，也是合理培育草坪的重要措施。中央分隔带及各景点草坪的刈草每年在 4~9 月每月刈草一次，刈草留茬高度为 3~4cm；边坡草坪每年 5 月、9 月各进行一次，刈草留茬高度为 6~7cm。

2. 施肥

草坪施肥以化肥为主，每年春季（3~4 月）施一次。秋季（8~9 月）施一次；春季以施氮肥（尿素、硝酸铵等）为主。秋季以施磷、钾肥（磷酸二铵、氯化钾）为主。尿素施用量幼坪 $50g/m^2$，老坪 $35g/m^2$，氯化钾施用量 $20g/m^2$。施肥方法为将肥料腐熟、过筛，并在草坪完全干燥时撒放，施完应拖平浇水。边坡草皮由于浇水困难，施肥最好在下雨前进行，以增强肥效。

3. 浇水

中央分隔带草坪浇水结合防眩树浇水同时进行，浇水次数根据降水情况每年进行 3~6 次；景点浇水要利用喷灌或地面浇水随时进行。边坡浇水要采用不致引起坡冲刷的喷灌方式用汽车拉水喷灌反复进行直至浇透。

4. 除杂草

草坪常因杂草的入侵而影响美观，同时杂草与草坪争光、争水、争肥和争夺生长空间，影响草坪草的正常生长发育，降低草坪的品质。因此，草坪中的杂草必须及时清除。杂草的清除方法有人工拔草、化学药物除草、物理机械除草及以草制草。

5. 病虫害防治

草坪植物病虫害的发生，可导致生长衰退，降低绿化观赏效果，情况严重时可给草坪植物带来巨大损害，造成大面积死亡。因此，在草坪的养护管理中，要随时注意病虫害的发生，做到早期发现，及时防治。草坪植物病虫害发生后的药物防治固然必不可少，但加强生长期的肥水管理仍是十分重要的，如适时浇水、施肥、打药，使草坪植物旺盛生长，增强自身抵抗能力，可有效抑制草坪病虫害的发生。

第四节　高速公路绿化新技术

世界许多经济发达国家，如日本、美国、德国、法国、瑞士和瑞典等国，非常重视公路生态保护，公路边坡植被率相当高，植被技术很成熟。目前公路绿化新技术概括起来主要有以下几类，它们代表了目前国内外公路绿化技术水平。

一、种植

（一）液压喷播

近年来，一些发达国家，利用液力喷植播种的方法，研制出液力喷植机。喷播可在人们用常规方法难以施工的大坡度坡面上建植草坪，因而特别适合高速公路两侧建植，由于这种播种方法，可事先进行草种催芽，然后混入绿色纤维覆盖物、胶体、肥料的水浆中，当被机械均匀地喷施在土壤表面后，立即显示出草坪效果，成坪速度快，因而作为一种现代生态的植草方法显示出其旺盛的生命力。

所谓机被液力喷播是利用液态也称液体播种原理把催芽的草坪种子混入装有一定比例的水纤维覆盖物、黏合剂肥料的容器里利用离心泵原理把这种混合浆液，通过软管输送喷播到待播的土壤上形成均匀的覆盖层，多余的水分渗入土中，纤维和胶体形成半渗透的保湿表层。这种表层胶体薄膜，大大减少了水分蒸发，给种子发芽提供水分和遮阳条件，纤维胶体土表黏合，遇风不吹失，遇雨或浇水不会冲失，起到了良好的固土保苗效果。覆盖物一般染成绿色。喷播后很容易检查是否漏播，有立即显示绿色的效果。由于种子催芽，播后 2~3 天即可生根和出真叶，很快郁闭成坪，有效地抑制了杂草的繁殖，达到草坪快速成坪和减少养护管理费用的效果。

（二）喷混植草

全称为"阶梯式植生带绿化工法"，是一种将含草种的有机质混凝土喷在岩石坡面上的绿化方法。该方法适用于所有开挖后的边坡的保护植生绿化，尤其对不宜植生的恶劣地质环境如砾石层、软层、破碎层，及较硬的基岩，有比较明显的效果。

该方法首先在岩石坡面上打锚杆，并挂网以防护坡，然后在网上先后喷上两层有机植生土（第一层的作用侧重防护，第二层的作用侧重植生），使坡面形成一个有机的整体。由于喷混层敷设成网格状，植生带直接提供植物所需的水分和养分，所以经过一定时间的养护后，从有机质混凝土中长出的草就将覆盖整个坡面，很快地达到植生绿化的目的。从施工到草基本覆盖坡面约 3 个月。

（三）厚层喷播

采用湿式喷枪，通过压缩空气将植物种子、肥料、土壤和水的混合物撒布在边坡表面上，形成 1~3cm 厚的植被层；再在植被层表面撒布一层乳化沥青，以固定土壤，防止土中水分挥发，最后张拉各类纤维网聚合物网或金属网使植被生长层稳定附着在边坡上，并减缓雨水冲刷。

该方法适宜于各类土壤条件差的土质边坡或土石边坡。优点是应用范围广、施工效率高；缺点是成本高，施工较烦琐。

（四）植生带

这是一种通过将已成苗草皮，或将植物种子夹在多层无纺土工织物或天然纤维中直接密贴在边坡表面进行快速绿化的方法。适合于坡度较缓、坡面平整的土质或沙土类边坡。优点是施工方便；缺点是对铺设施工要求高、应用范围窄、适应性差。

（五）网袋工程

这是一种将植物种子、肥料、土壤混装在纤维网或金属网袋中，然后固定在边坡表面上进行绿化的方法。适合于土石边坡和岩质边坡。优点是应用范围广、适应性强；缺点是成本高、施工难度大。

（六）框格工程

这是一种圬工防护措施与植被防护措施相结合的方法，它采取在边坡上砌筑或装配一定形状的混凝土（或其他具有一定强度的工程材料）框格，然后在框格内堆填土体来进行绿化。适合于坡度较陡的土质和易风化的岩质边坡。优点是抗冲刷能力强；缺点是施工较烦琐。

（七）挖沟（钻孔）工程

这是一种按一定平面布置在边坡上挖沟或钻孔，然后在沟或孔体内填土再行绿化的方法，适合于硬度较大的土质边坡或岩质边坡。优点是抗冲刷能力强；缺点是施工难度较大。

二、保墒

（一）保水剂

保水剂是一种不溶于水的高分子聚合物，能吸收自身重量 200 倍左右的水，由于分子结构交联，分子网络所吸收的水分，宜被简单物理挤出，故具有很强的保水性。它好像微型水库，除供种子和植物根部缓慢的吸收，本身可以反复释放和吸收水分外，如果与农药、肥料和植物生长调节剂等成分结合使用，可以缓慢释放，起到缓释剂的作用，从而提高农药和肥料等的利用率。

保水剂的使用方法有拌土、拌种、包衣和蘸根等，采用保水剂的最大直观效果是植株粗壮色泽浓绿。保水剂并非造水剂，首次使用一定要浇足水，北方少雨地区，以后还要补水，含盐较高地区，保水剂含水能力会有所下降，各地区根据土质、植物特点和雨水情况科学使用，也可配合农药肥料微量元素和植物生长调节剂等成分一并使用。

（二）湿润剂

湿润剂是一种表面活性剂，也是一种高分子化合物，可增加水在疏水土地或其他生长介质上的湿润能力。疏水性土地中加入（30-400）×10-6湿润剂，则可有效地改进土地湿润性。因为湿润剂对土地中微生物退化有影响，一个生长季节施用1~2次即可保持足够的浓度。

除了改善保湿性以外，应用湿润剂也有其他的益处，如增加了水和养分的有效性，减少水分蒸发损失。

三、其他

（一）生根粉

在提高植物成活率方面，河北迁安市从1997年开始应用ABT生根粉（人工合成植物激素）。它是一种高效、广谱、复合型植物生长调节剂，用其溶液喷或蘸在树根上可缩短生根时间，提高抗性，增强呼吸和光合作用，促进幼树生长，对节约投资有良好效益。

（二）草坪生长调节剂

草坪修剪是草坪管理中主要的管理措施之一。经过修剪，草坪整齐一致，密度增加，从而维持草坪的外观质量。然而，修剪常常要去掉草的旺盛的茎叶，导致养分消耗过多，尤其氮素消耗过多，最终导致养分缺乏，草坪变得稀疏、瘦弱，抗性和恢复能力降低。某些情况下，如剪草机械价格昂贵、草坪范围大、地形障碍等，难以对草坪进行及时修剪。此时，可考虑采用植物生长调节剂来控制草坪草生长，减少修剪费用。

但是，使用植物生长调节剂来控制草坪生长也有不利的一面，如连续重复使用某些调节剂可引起草坪根系分布变浅，草叶变黄和稀疏，生长抑制剂使植物生长受到限制，使草坪植物易遭受病虫、杂草及其他环境胁迫的影响。合理的解决方法是寻找一种化学药品，既能限制草坪草纵向生长，又能不影响叶子、分蘖、根茎和根系的正常生长。

常用的草坪生长调节剂如下：

1. 嘧啶醇：嘧啶醇是一种生长延缓剂，其作用主要是抑制节间伸长，使草坪草的叶片变深绿色，不能抑制顶端分生组织，不抑制草坪草根系的生长。用赤霉素可以消除其矮化作用，通过叶面喷施或土壤施用，嘧啶醇可被草坪草的叶片和根系吸收和传输。但是，嘧啶醇的使用浓度要求比较严格，在0.03%或更高的浓度，草坪草茎的生长将减少50%~75%，浓度高于0.01%时可完全抑制狗牙根地上部分的生长，其根茎生长也受到抑制。

2. 矮壮素（CCC）：矮壮素是一种生长延缓剂，目前已广泛应用于多种植物，其作用机制是抑制内源赤霉素的生物合成，促进细胞分裂素含量的增长，这种抑制作用可被外用赤霉素解除，矮壮素的主要作用有：适宜浓度下抑制亚顶端细胞的分裂，即抑制茎的伸长，促进草坪草的分蘖，促进草坪草的生殖生长，使草坪草粗、壮、矮、绿、叶片增厚，增强草坪草的抗寒、耐旱和耐盐碱能力。

3. 矮化磷（CBP）：矮化磷进行土壤处理有效。在草坪上的主要作用为：抑制茎叶生长，抑制根的生长，使叶色变绿。矮化磷在狗牙根上的作用效果，要比冷季型草坪更为明显。

4. 抑长灵（Embark）：抑长灵是生长抑制剂和除草剂，抑制杂草、木本植物的生长和种子生长。可以抑制草坪草顶端分生组织细胞分裂和伸长生长，抑制某些阔叶杂草，如对狗牙根的生长具有较强的抑制作用，对早熟禾、高羊茅、钝叶草等具有较强的抑制作用，使叶片绿色加深，并促进根系的生长。

5. 乙烯利：乙烯利是一种常用的激素类生长调节剂，对早熟禾狗牙根生长的抑制效果较好，缩短叶片长度，并使叶片呈深绿色，促进草坪草的分蘖，抑制草坪草根茎的发育，促进节间的伸长生长。

6. 氟磺胺草醚：氟磺胺草醚是一种除草剂，可以抑制根系的生长和草坪草的分蘖，短期内可使早熟禾、高羊茅等草坪稍有褪色，但草坪很快恢复颜色，并使颜色变得更加深绿，氟磺胺草醚的使用浓度不能超过 80m/660m²。

7. 多效唑（PP33）：多效唑是农业上常用的生长抑制剂，其作用机制是抑制内源赤霉素的合成也可降低生长素的含量，增加细胞分裂素的含量。多效唑可以通过茎叶吸收，也可以通过根系进入植物体内，因此，可以叶面喷施及土施。多效唑在草坪草体内的有效期为 20~30 天，可以抑制草坪草节间的伸长，促进草坪草的分蘖，使草坪草叶片变厚和增绿，不影响草坪草根系的生长和顶端分生组织的细胞分裂。

8. 丁酰肼（B9）：丁酰肼是琥珀酸类白色结晶物质，具有内吸作用。它可以增强植物的耐寒性、耐旱性和耐病性，也可以抑制花卉的生长。在草坪上主要效应有抑制草坪草的顶端生长和节间伸长，增加草坪草的叶片厚度和叶绿素含量，诱导草坪草不定根的形成；刺激根系的生长。

第五节　高速公路环保对策及措施

一、日常养护中的环保对策

1. 加强公路用地范围内的绿化工作，要按照公路标准化美化工程的要求，科学、合理地实行草、花类与灌木、乔木相结合的立体绿化，达到恢复植被保护边坡，减少水土流失减轻交通噪声和汽车废气的污染，美化环境改善景观的综合环境效益。

2. 加强对路面的养护，保证路面的平整度和整洁，减少噪声，美化路容。

3. 在路面的养护中，应尽量少用或不用对环境有污染的化学制剂。

4. 对道路两侧土壤的铅污染，可采取增加土壤有机质含量等措施加以控制。

5. 对靠近重点水资源保护区的公路养护，应注意公路垃圾的清理及废水的排放等，防止水环境的污染。

二、防噪声措施

交通噪声是各类噪声污染中最严重的一种噪声源。其防治措施主要有：声屏障、隔音墙、建造绿化带。

（一）声屏障

1. 声屏障的定义

声屏障是用来遮挡声源和接收者之间直达声的设施。设置声屏障是控制交通噪声的重要措施，对穿过市区和居民区的高速公路、铁路、高架桥的两侧设置声屏障，实现其他降噪手段所不能代替的效果。

2. 声屏障的类型

（1）直壁式：为常用形式。早期用砖石、混凝土等材料，后来为了减少现场作业，便于工厂化生产，标准化的金属结构声屏障得到广泛应用。

（2）T 型：对于车流量大而受保护的建筑物较高时，将屏障的顶端按一定角度折向道路内侧，即成 T 型道路声屏障，以改善屏障的降噪效果。

（3）隧道式声屏障：又称掩蔽式声屏障适用于城市交通干道两侧的高层建筑物的保护，造价高。为了采光，顶部常用透明材料或设置采光罩。

（4）吸声屏障：将道路声屏障朝向声源一侧的障壁内有玻璃纤维、石棉或其他形式的吸声材料，可以避免道路对侧接受点的声压级因反射声而升高，提高降噪效果。

3. 声屏障的材料

（1）砖、混凝土块（具有良好的降噪效果）；

（2）轻质材料：降噪效果低于砖及混凝土块，但一般情况下，与声屏障顶端绕声引起的噪声相比，穿透声障噪声可忽略，所以轻质材料常被使用。

4. 声屏障的高度

根据设计噪声衰减量计算，对于临近居住区、学校、医院等公共社区的高速公路上的声屏障，其高度一般为 2~5m。

（二）隔声窗

建造长的声屏障造价高所以对零散的住宅可以考虑双层窗或户外局部声屏障。

（三）隔声绿化带

1. 隔声绿化带的定义

隔声绿化带是指公路两旁人工栽植的成行列分布，以乔木、灌木为主的林带，是降低公路交通噪声的主要手段之一当声波通过高于声线1m以上的密集植物丛时，由于植物的吸收屏障效应，即会因植物阻挡而产生声衰减。

2. 隔声绿化带的降噪效果

绿化带的降噪效果因声波频率、树林密度和深度而异。

由于树叶的吸收作用是在树叶的周长接近或大于声波波长时，才有较大的效果。所以要得到绿化降噪的良好效果，树要种得密，林带要相当宽，而且要栽植阔叶林。40m宽的林带，可降低噪声10~15dB；3m宽的林带，可降低噪声6~8dB；20m宽的多层行道树可减低噪声810dB；12m宽的悬铃木树冠，可减低噪声3~5dB。

窄的绿化带的实际降噪效果并不明显，仅仅能够起到心理作用。

3. 隔声绿化带的设计

宜选用树冠矮、分枝低、枝叶茂密的灌木与乔木上下搭配，构成隔声林带；林带位置应尽量靠近公路，其间净距离宜在6~15m；林带宽度最好不小于15m，一般为20~30m；林带高度宜在10m以上；林带可以分层，在车道近旁可栽种灌木绿篱带，稍远处可种植草地，再远处可栽种乔木林带。

4. 隔声绿化带的使用条件

公路营运中远期噪声指标；受保护的敏感点超标量较小；公路与受保护对象之间有足够的空间。

5. 隔声绿化带的优点

隔音绿化带有很多优点，如降噪功能；吸收一氧化碳等有害气体，滤除灰尘；美化景观；调节气候；防风固沙，防止水土流失；涵养水源，保湿保墒；净化地表径流等。

三、污水处理环保措施

（一）路面径流水质

路面径流所含污染物，与车辆运输及周围环境状况有关，污染物来源于车辆排气、车辆部件磨损、路面磨损、运输物撒落及大气降尘，主要成分为固体物质、有机物、重金属、无机盐等，一般而言，城市道路路面径流所含污染物量高于公路路面径流。

（二）路面径流水污染控制

一般来说，路面径流水不会对水体和土壤造成大面积的污染。但当公路距国家自然保护区、水源保护地、水产养殖区或对水质有特殊要求的水体较近时，应考虑路面径流对水环境的污染，路面排水不能直接排入这些水体，必要时可在路边设置沉淀池进行沉淀处理后排放，或利用天然洼地、池塘、湿地收集处理路面径流水。路面径流水中污染物以无机固体颗粒为主所含有机污染物 COD 与 BOD 比值为 6：1，可生物降解性小，其处理以物理法处理为主。

（三）其他水污染的处理

1. 机修废水处理

汽车维修站及加油站的污水，常含有泥砂和油类物质。油类不溶于水，在水中的形态为浮油或乳化油。乳化油的油滴微细，且带有负电荷，需破乳混凝后形成大的油滴才能除去。汽车维修站及加油站的含油污水以浮油为主，通常采用隔油池进行处理。当污水进入隔油池后，泥砂沉淀于池的底部，浮油漂浮于水面，利用设置在水面的集油管收集去除。隔油池的形式有平流式、波纹板式、斜板式等。

2. 洗车废水处理

大型洗车场废水除含有石油类外，还含有大量泥砂颗粒物，另外，大型车场废水都要求循环使用。所以洗车废水处理除油外，还要与沉淀过滤工艺相结合，以达到循环使用的目的。

3. 服务区污水处理

公路交通沿线的附属设施，如服务区、收费站、管理站及车站等，均排放废水。这些废水都具有生活污水水质特征，所以常采用生活污水的处理方法。

①化粪池，其投资低，管理方便，但出水一般难以达到污水综合排放标准的要求，属于一级处理。

②二级生物处理，即除采用沉淀等物理方法处理外，还采用生物的方法进一步去除水中的有机污染物。

③土地处理系统，包括慢速渗滤系统、快速渗滤系统、地表漫流系统、湿地系统和地下渗滤系统（地下灌溉系统）等。

④稳定塘，一种结构简单、管护容易、处理效果稳定可靠的污水处理方法。稳定塘可以作为化粪池的后续处理，也可单独使用。

第六节　绿化管理系统

一、系统简介

高速公路绿化管理系统（吉林版）（GREENO）是由吉林省高速公路管理局和哈尔滨业大学同力兴科技有限公司共同合作开发的国内首例公路绿化管理系统。该系统采用 Ora-ce 后台数据库、PowerBuilder 前台开发技术和多媒体技术，支持 TP/P 协议，适用于 Windows 98 和 NT4.0 操作系统。具有文档管理（新建、打开、备份、浏览）、影像管理（录像、图像）、数据管理（录入、修改、浏览）、统计（固定条件、任意条件）、查询（搜索、排序）、评价（绿化、环境）、设置（口令、权限、编码、存档）和帮助等功能菜单，用户界面十分友好，即使是第一次使用该系统，便捷的适时帮助功能也可以使用户得心应手。经吉林省高速公路管理局使用证明，该系统具有操作简单、内容实用、功能齐全等特点。

二、数据采集

数据采集包含路线横断面宽度信息、路线绿化信息、固定景点绿化信息、绿化资源市场信息、绿化施工单位信息以及影像信息等。

（一）路线横断面宽度信息

1.采集内容

路线编码路段起点桩号，路段终点桩号，路段长度，横断面类型，地势，土质，养护水源，村屯，左隔离栅外侧，左隔离栅内侧左挡墙（挖），左碎落台（挖），左排水沟左护坡道（填），左边坡、左路肩，左路面，左中央分隔带，中央排水沟，右中央分隔带，右路面，右路肩，右边坡，右护坡道（填），右排水沟，右碎落台（挖），右挡墙（挖），右隔离栅内侧，右隔离栅外侧。

2.采集说明

①路线编码：按用户要求确定，或采用国家标准编码。

②桩号：公路里程桩号，采用 9999990 格式。

③横断面类型：单幅填方路段，分离式双幅填方路段，单幅无挡墙挖方路段，单幅左挡墙挖方路段，单幅右挡墙挖方路段，分离式双幅无挡墙挖方路段，分离式双幅左挡墙挖方路段，分离式双幅右挡墙挖方路段。

④地势：分离，中低等。

⑤土质：分黑土、黄土、沙壤土、风化石、岩石等。

⑥养护水源：分人工水源、天然水源、无水源三种情况。

⑦村屯：有村屯时，填写村屯名称＋居民户数；没有村屯时，填"无"。

⑧横断面各部位宽度：指水平投影的距离，采用 990 格式，单位：m。

（二）路线绿化信息

1.采集内容

①路段信息

路线编码，路段起点桩号，路段终点桩号，路段长度，横断面类型编码，管护单位编码。

②绿化信息

植被编码数量单位，植被位置编码，植被数量，规格，主要作用编码，管护时间，管护单价护措施编码，管护费，建设时间，建设单价，建设费。

3. 采集说明

①长度单位：m；单价单位：元；费用单位：万元（精确至 0.1）；时间单位：年。

②路线编码：按用户要求确定，或采用国家标准编码。

③桩号：采用 999.99 格式。

④横断面类型：单幅填方路段，分离式双幅填方路段，单幅无挡墙挖方路段，单幅左挡墙挖方路段，单幅右挡墙挖方路段，分离式双幅无挡墙挖方路段，分离式双幅左挡墙挖方路段，分离式双幅右挡墙挖方路段。

⑤管护单位：按用户需求确定，或采用交通部标准编码。

⑥植被名称及单位：可自由追加，按科目分类编码。

⑦植被位置：指横断面上的位置。

⑧规格：指乔木科的胸径或冠径，内容胸径冠径（##/###）。

⑨主要作用：指防护栽植、防声栽植、水保栽植、诱导栽植、过渡栽植、防眩栽植、缓冲栽植遮蔽栽植、标示栽植、隔离栽植、景观栽植等。

⑩管护措施：打药涂白、乔木修剪、灌木修剪、草坪修剪、施肥、浇水、割灌、除草、绿地清理等。

（三）固定景点绿化数据

固定景点绿化数据是指互通立体交叉、管理服务场区、道路管辖范围内的其他景点等。

1. 采集内容

①路段信息

路线编码，固定景点编码，管护单位编码。

②绿化信息

植被编码，数量单位，植被位置编码，植被数量，规格，主要作用编码，管护时间，管护单价，管护措施编码，管护费，建设时间，建设单价，建设费。

2. 采集说明

①固定景点编码：根据用户需要确定，或采用交通部统一编码。

②固定景点名称：采用中文缩写名称。

③植被位置：指固定景点平面图上标注的绿地。

④其他项目均与路线绿化数据采集项目相同。

（四）绿化资源市场信息

1.采集内容

①苗木基地信息苗木基地编码，所在地联系人、联系电话。

②苗木基地植被信息

植被编码，单位，种植年份，苗龄，规格，数量，单价。

2.采集说明

①苗木基地编码：按用户要求确定。

②所在地：详细地址。

③联系人：联系人的姓名。

④联系电话：随时能够取得联系的固定或移动电话号码。

⑤植被编码与单位：与路线绿化数据采集要求相同。

⑥种植年份：植物的种植时间。

⑦苗龄：植物已有的生长期＝当年前份 - 种植年份。

⑧规格：乔木科植物的胸径或冠径，内容：胸径 / 冠径（##/###）单位：cm。

⑨数量：该产地内该类植物的数量。

⑩单位：单位数量植物的价格。

（五）绿化施工单位信息

1.采集内容

①基本信息

单位编码，所在地，法人代表，联系电话。

②工程信息

技术力量，施工设备，工程履历，工程位置，工程内容，工程数量，工作量，信誉度。

2.采集说明

①单位编码：按用户要求确定；

②所在地：施工单位的详细地址；

③法人代表：法人代表的姓名；

④技术力量：技术人员概况；

⑤施工设备：施工机具概况；

⑥工程履历：以往做过的施工工程；

⑦工程位置：所承担工程的线路名称和里程桩号区间；

⑧工程内容：所承担工程的具体工作内容；

⑨工程数量：指品种数；

⑩工作量：指完成的费用额度；

⑪信誉度：以往做过的施工工程的完成情况；

⑫联系电话：随时能够取得联系的固定或移动电话号码。

（六）影像信息采集

采用数码摄像机或数码照相机进行录像或拍照。录像方式采用全程录像或典型路段录像均可。照相则是针对典型的路段或有代表性的绿化措施的。为了数据与图像对应显示的方便，一条路的录像文件可以划分为若干段，分别存储。

文件的起名规则为：

1. 录像文件

录像文件名称构成：LX+路线编码+Z(/Y)+桩号的整数部分+"m"（Z/Y、左或右）

配文文件名称构成：LX+路线编码+Z(/Y)+桩号的整数部分+".tt"（Z/Y、左或右）

2. 图像文件

图像文件名构成：丌X+路线编码+Z(/Y)+桩号的整数部分+"，bmp"（Z/Y、左或右）

配文文件名构成：TX+路线编码+Z(/Y)+桩号的整数部分+"，tt"（Z/Y、左或右）

三、编码系统

编码系统设置具有简单灵活的特点，用户可根据自己使用上的方便，修改或增加。为了避免引起编码的混乱，系统对编码设置的权限做了最高级别的限定。以下的例子均为根据吉林省高速公路管理局要求确定的。

（一）编码标识

为了使用户能够根据自己实际情况设置编码系统，特别设置了编码标识表。请注意，编码标识是编码系统的基础，以下任何编码的变动都必须与编码标识保持一致。为了防止引起编码系统的混乱，任何与编码标识不一致的编码变动，系统都会自动禁止。编码标识为编码中的前1~4个字符。

（二）路线编码

编码模式：采用6位编码，可以根据用户要求自行确定。

例如：JLGS01~ JLGS99.JLGS：吉林高速的拼音缩写。

（三）管护单位编码

编码范围：GHDW01~GHDW99.GHDW：管护单位的拼音缩写。

（四）桩号组成

采用公路里程桩以 0.000~9999 形式表示，整数部分表示公里，小数部分表示米；

（五）典型横断面类型编码

编码范围：DXHD01-DXHD99.DXHD：典型横断的拼音编写。

（六）横断面各部位编码

编码范围：HDBW01~HDBW99.HDBW：横断部位的拼缩写。

（七）植被种类编码范围

草本类：ZBCB01~ ZBCB99.ZBCB：植被草本的拼音缩写；

灌木类：ZBGM01~ZBGM99.ZBCM：植被灌木的拼音缩写；

乔木针叶类：ZBQZ01~ZBQZ99.ZBQZ：植被乔针的拼音缩写；

乔木阔叶类：ZBQK01~ZBQK99.ZBQK：植被乔阔的拼音缩写；

藤本类：ZBTB01~ZBTB 99.ZBTB：植被藤本的拼音缩写；

宿根花卉花：ZBSC01~ZBSG99.ZBSG：植被宿根的拼音缩写。

（八）（绿化）主要作用编码

编码范围：ZY01~ZY99.ZY：主要作用的拼音缩写，如 ZY01：防护栽植，ZY02：防声栽植。

（九）管护措施编码

编码范围：GHCS01~GHCS99.GHCS：管护措施的拼音缩写，如 GHCS01：打药；GHCS02：涂白。

（十）固定景点编码

编码范围：GDJD01~GDJD99.GDJD：固定景点的拼音缩写，CDD##00 为固定景点编码，GDJD##01~GDJD##99 为绿地的编码。

四、数据处理

系统提供了录入、修改和浏览功能，其中修改可以采用三种方式：个别修改（仅对个别数据进行修改）、替换修改（成批替换数据）、文件方式（通过读取规定格式的数据文件进行数据修改）。

统计功能中提供了按本年度和按历年资料，联合统计的选项提供了按固定条件和任意条件的统计功能，而查询条件则是任意选择的。统计或查询的结果预览和打印。

绿化评价功能中提供了草坪覆盖率、乔木郁闭度、保存率等计算项目；环境评价功能中考虑了自然景观、人文景观和公路建设影响等方面的问题。

有关的计算公式如下：

1. 费用计算费用 ＝ 单价 × 数量 /1000(万元)

2. 绿化评价计算草坪覆盖率 =(草坪面积 / 草坪所在绿地面积)×100%

树木郁闭度 =（树冠投影面积 / 树木所在绿地面积）×100%

保存率 =（现有数量 / 建设数量）×100%

3. 环境评价计算

$B=\Sigma XiFi$

式中：

B——某区域公路景观环境综合评价指数；

Xi——某评价因子权植某景现在某评价因子下的得分值。

Fi——某景现在某评价因子下的得分值。

$M=（B/B^*）×100\%$

式中：

B——理想景观环境综合评价指数；

M——景观质量分数。

4. 报表格式

《报表名称位置》《统计或查询条件位置》《统计单位位置》《统计日期位置》

五、文档与影像管理

系统提供了对合同、会议、论文政策课题、设计验收等方面文件的录入、修改、浏览、存档等功能，录像文件、照片图像、横断面图、平面图的游览和存档等功能，采用了嵌入对象开发技术，既适用于单机用户，也适用于局域网用户。

结 语

随着国家经济实力的不断增强，对基础道路交通建设水平的要求也越来越高。目前我国的公路施工还需要加强管理以确保完工项目的工程质量。因为公路工程的细节性工作较多，尤其是高速公路，其技术含量要求更高，建设也更复杂，所以在实际的施工当中一定要加强监督，从总体上对其进行把握，尽量排除可能会遇到的施工问题，进一步完善管理机制，进而保证施工质量。从细节来说，就是要对建筑材料质量严格把关、强化基础工作及建立切实可行的管理制度，从不同角度着手，以解决高速公路建设当中比较顽固的问题，从而保证最终的项目工程质量。

工程进程当中要注意选择合理的方式方法，一个好的方法能够十倍百倍地促进工作，一个不好的方法拖延时间，浪费材料，不符合对工程提高效率的要求，好的方法需要遵从的原则是科学、实用、节约，并能最终完成应有的道路畅通状况。但是施工方法是依靠人的灵活头脑，对人的调动是施工方法的最好体现，如果发现旧的方法不能及时符合新的工作要求，要酌情去除。

施工过程不是一条单线，而是由细小的部分组成，这些小的部分相互帮助也相互制约，一个小小程完不成将导致一连串的工程难以实现。这就要求施工人员一方面抓好每一个小小程的质量和程序，同时做好整个大工程的整合工作，快速有效地调动各个方面的工作，并按时完成。当然，一切工作都是人做的，所以应该灵活地掌握这种变化，该抓紧的时候抓紧，该放松的时候放松，一味地加紧步伐不一定是最好的。这是施工管理当中重要的一项原则。

参考文献

[1] 胡芝侠 . 高速公路工程施工成本造价的有效控制及管理 [J]. 居舍 ,2021(21):140-141.

[2] 张嘉兴 . 溧阳至宁德国家高速公路浙江省淳安段工程施工组织设计管理 [J]. 建筑技术开发 ,2021,48(13):50-51.

[3] 代刚 . 高速公路施工质量管理与安全风险控制措施 [J]. 智能城市 ,2021,7(12):87-88.

[4] 丁立言 . 高速公路机电工程施工进度管理与保障措施 [J]. 内蒙古公路与运输 ,2021(03):54-56.

[5] 余维 . 高速公路工程施工质量管理体系构建研究 [J]. 建材发展导向 ,2021,19(12):102-103.

[6] 付宪聪 , 蔡金呈 . 高速公路工程现场文明施工管理 [J]. 工程建设与设计 ,2021(11):197-199.

[7] 寇长春 . 高速公路机电工程施工技术及管理问题分析 [J]. 新型工业化 ,2021,11(05):141-142+145.

[8] 郭路毅 . 高速公路机电安装工程施工成本管理信息化分析 [J]. 科技经济导刊 ,2021,29(14):60-61.

[9] 霍明 . 新背景下高速公路工程施工招投标与造价管理分析 [J]. 黑龙江交通科技 ,2021,44(05):219+221.

[10] 李娟 , 吴忠广 , 戴晓栋 , 孙晓军 , 陈魁 . 高速公路改扩建工程施工安全管理评价方法 [J]. 交通运输研究 ,2021,7(02):122-130.

[11] 李雯雯 . 高速公路机电工程施工管理——评《高速公路机电工程》[J]. 工业建筑 ,2021,51(04):215.

[12] 王奇志 . 高速公路建设施工管理中存在的问题及防范措施 [J]. 工程与建设 ,2021,35(02):421-422.

[13] 王军 . 高速公路养护维修工程施工安全探究 [J]. 智能城市 ,2021,7(07):97-98.

[14] 徐凯鹏 , 冯涛 . 山区高速公路桥梁工程施工风险评估及研究 [J]. 建筑安全 ,2021,36(04):55-59.

[15] 李玉娜 . 高速公路机电工程施工质量管理措施 [J]. 交通世界 ,2021(10):157-158.

[16] 马晓燕 . 公路工程施工中的安全管理与风险控制分析 [J]. 运输经理世界 ,2021(10):99-101.

[17] 赵雅琳 . 高速公路施工过程成本控制措施分析 [J]. 运输经理世界 ,2021(10):10-12.

[18] 汪桂军 . 高速公路机电工程施工管理 [J]. 居舍 ,2021(08):118-119+135.

[19] 黄肖雷 . 高速公路隧道机电工程施工质量控制要点探析 [J]. 江西建材 ,2021(02):79-80.

[20] 任艳红 . 高速公路养护工程项目招标管理的创新策略研究 [J]. 低碳世界 ,2021,11(02):161-162.

[21] 管兵 . 高速公路桥梁混凝土工程施工技术管理要点探析 [J]. 居业 ,2021(02):101-102.

[22] 马蕾 .BIM 技术在山岭高速公路工程施工管理中的应用 [J]. 中国设备工程 ,2021(03):215-216.

[23] 刘昊 . 高速公路机电工程施工质量的影响因素及管理措施 [J]. 中国设备工程 ,2021(02):253-254.

[24] 邓永刚 . 高速公路工程施工单位工地试验室管理 [J]. 居舍 ,2021(02):94-95+99.

[25] 李芝云 . 公路土建工程成本管理措施 [J]. 智能城市 ,2021,7(01):87-88.

[26] 刘思远 . 高速公路桥梁工程施工管理的探讨分析 [J]. 黑龙江交通科技 ,2020,43(12):271+273.

[27] 王志兵 . 高速公路机电工程项目的质量管理探讨与实践 [J]. 工程建设与设计 ,2020(23):245-247.

[28] 张子凯 . 高速公路长隧道机电交安工程施工安全管理探索及应用 [J]. 公路 ,2020,65(12):220-223.

[29] 姜小飞 . 高速公路机电工程施工技术及管理问题研究 [J]. 住宅与房地产 ,2020(32):148-149.

[30] 刘芳 , 刘文双 . 对高速公路工程施工中的质量管理研究 [J]. 黑龙江交通科技 ,2020,43(11):196-197.